O BRASIL
E OS VENTOS
DO MUNDO

Luiz Felipe Lampreia

O BRASIL E OS VENTOS DO MUNDO

Memórias de cinco décadas
na cena internacional

OBJETIVA

Copyright © 2009 Luiz Felipe Lampreia

Todos os direitos desta edição reservados à
EDITORA OBJETIVA LTDA. Rua Cosme Velho, 103
Rio de Janeiro – RJ – CEP: 22241-090
Tel.: (21) 2199-7824 – Fax: (21) 2199-7825
www.objetiva.com.br

Capa
Jamil Antona Li Causi

Foto de capa
Angelo Pastorello/Getty Images

Preparação de originais
Bruno Porto

Revisão
Clarisse Cintra
Ana Grillo
Talita Papoula

Editoração eletrônica
Abreu's System Ltda.

CIP-BRASIL. CATALOGAÇÃO-NA-FONTE
SINDICATO NACIONAL DOS EDITORES DE LIVROS, RJ.

L234B
    Lampreia, Luiz Felipe
       O Brasil e os ventos do mundo / Luiz Felipe Lampreia. - Rio de Janeiro : Objetiva, 2010.

       343p.   ISBN 978-85-390-0067-8

       1. Lampreia, Luiz Felipe. 2. Brasil - Política e governo. 3. Brasil - Condições econômicas. 4. Brasil - História. 5. Brasil - Previsão. 6. Relações internacionais. I. Título.

10-1205   CDD: 981
                                                                  CDU: 94(81)

"Embora seja importante para a diplomacia a preservação de uma linha de conduta coerente, é essencial que a política externa sinta os ventos do mundo."

Fernando Henrique Cardoso, *A Arte da Política*

PREFÁCIO

MARCOS CASTRIOTO DE AZAMBUJA

Quando, em 1970, o Ministério das Relações Exteriores mudou-se para Brasília sua nova sede recebeu o nome oficial de Palácio dos Arcos, valorizando um elemento central da arquitetura do belo edifício que iria acolher a sede da diplomacia brasileira. O nome não vingou e renasceu no Planalto Central o nome Itamaraty que trazíamos do Rio e do velho casarão da rua Larga de São Joaquim como a sugerir que não se alteravam, com a mudança de endereço, o estilo, as tradições e mesmo os valores da nossa maneira de nos relacionarmos com o mundo.
Recordo isso para indicar como era e é enraizada a relação de confiança e afeto entre o país e aquele corpo encarregado de representá-lo "fuori muri". Não se quis perder — perdendo-se o nome — o fio condutor que nos havia guiado, quase sempre com acerto, ao longo de muitos anos e vicissitudes. Em Brasília — tão esperançosa então de uma nova alvorada para o Brasil — resgatava-se um nome que vinha do passado e através dele o espírito mesmo de uma corporação que o Brasil identificava como seu escudo e como sua primeira linha de defesa.
Luiz Felipe Lampreia é — por direito de conquista e por direito de nascença — uma expressão autêntica desse Itamaraty que sabe se renovar dentro da moldura da continuidade como uma vez disse melhor e com melhores palavras o chanceler Azeredo da Silveira. Veio também do armazém de "secos e molhados", para aproveitar um rótulo que nasceu com intenção pejorativa (como assinala o próprio autor em uma passagem de suas memórias) mas que o tempo resgatou, e foi ele um dos primeiros condutores de nossa política externa forjado primariamente nos embates comerciais e econômicos que substituíram em ampla medida os debates políticos e jurídicos que antes definiam nossas prioridades e opções. Não devo simplificar. O cuidar prioritariamente de assuntos com certa especificidade temática não fazia nem faz com que a elite da diplomacia brasileira deixasse de ser o que devia: uma escola de generalistas e o campo natural de ação para animais essencialmente políticos.

Luiz Felipe Lampreia trata, a rigor, de um prazo mais longo do que os cinquenta anos que aparecem no título de sua obra. Seu tempo de reflexão é aquele que se estende da posse do barão, em 1902, até o afastamento voluntário de Lampreia, em 2001, depois de seis anos de exercício do cargo, longevidade no posto até então só ultrapassada pelos dez anos da administração Rio Branco. Poderia Lampreia ter recuado ainda mais no tempo, o que reforçaria — pelo exemplo do Brasil Império e pelas etapas finais do ciclo colonial quando nos elevamos a Reino Unido e, depois, a sede de um grande império marítimo com projeções americanas, africanas e asiáticas além da matriz histórica europeia — a tese de que na condução das relações do Brasil com o mundo não costuma haver rupturas dramáticas nem abruptas mudanças de rumo.

Hoje a preocupação maior é a de que ocorra essa ruptura não por causa de ventos distantes, mas por turbulências na condução interna de nossos interesses exteriores. Por isso as memórias de Lampreia não só iluminam o passado, mas servem de advertência para que não joguemos fora herança tão vigorosa e coerente.

Não procuro fazer aqui uma resenha do livro que se pode ler com facilidade e que respeita, no mais das vezes, uma clara cronologia. Lampreia não precisa fazer nem o elogio nem uma defesa intransigente de sua administração. Foram anos em que o Brasil governado por Fernando Henrique Cardoso consolidou a racionalidade de suas políticas macroeconômicas; seu compromisso com a democracia representativa e sua adesão às boas causas dos direitos humanos e da proteção do meio ambiente. A política externa fluía, com naturalidade, desses pressupostos.

Olhando para trás noto apenas que sobre uma das principais decisões dos anos Lampreia perdura uma discussão que a passagem dos anos não fez desaparecer. Falo do debate sobre se o Brasil deveria ou não ter assinado o Tratado de Não Proliferação de Armas Nucleares. Acreditava então, e com mais fortes razões acredito hoje, que fizemos bem em assinar o TNP e que, se não o tivéssemos feito, sofreríamos hoje desconfianças e cerceamentos que representariam um ônus considerável em nossas relações com o mundo e com nossos vizinhos mais próximos.

Somos hoje — por causa do que dispõe a nossa Constituição, do que reza o Tratado de Tlatelolco, dos nossos compromissos com a Argentina, com a ABACC e com a Agência Internacional de Energia Atômica — o país que deu as mais amplas garantias possíveis de que seu legítimo interesse pelos usos pacíficos da energia nuclear não era contagiado por nenhuma outra motivação ou subterfúgio. O programa brasileiro de domínio do ciclo completo do combustível nuclear só será viável se alicerçado em uma política transparente de não aquisição de armas nucleares. Perdura, contudo, em setores de nossa opinião pública, a ideia de que fizemos uma concessão onerosa e desnecessária quando a verdade é que, ao abrirmos mão do que não precisávamos, garantimos o acesso a tudo aquilo que realmente nos interessa.

Das outras grandes batalhas da gestão de Luiz Felipe Lampreia à frente do Itamaraty algumas parecem bem resolvidas. Cito, como exemplo, o litígio de fronteiras entre o Peru e o Equador, que encontrou — em boa medida graças a nossos esforços — uma solução justa e que, acredito, será duradoura.

A ALCA de que tanto se falou parece morta, mas pode ser que, em outras circunstâncias, venha a ressuscitar. O mesmo se pode dizer da Rodada Doha, hoje tão malparada. Por outro lado, não se vê ainda a luz no fim do túnel do Oriente Médio. A situação ali continua intratável, e mais do que soluções o que se vê é uma permanente acumulação de riscos e complexidades.

A obra de Lampreia vem se juntar, na estante do memorialismo recente da diplomacia brasileira, às obras de Ramiro Guerreiro, Mario Gibson Barboza, Pio Correa, Roberto Campos, Celso Lafer e ao minucioso registro oral deixado no CPDOC da Fundação Getulio Vargas, entre outros, por Azeredo da Silveira e por Vasco Leitão da Cunha.

Existirão em gavetas e nas memórias de computadores alguns outros depoimentos que irão trazer luz e esclarecimentos adicionais sobre acontecimentos das últimas décadas que foram vividos com paixão e turbulência. Além das palavras e lembranças dos diplomatas de ofício há o tesouro das observações de cientistas políticos, jornalistas e outros atores significativos.

Ninguém terá sobre nada a última palavra, mas a soma dos depoimentos e as diferentes perspectivas farão com que se compreenda melhor quais eram os motivos e as esperanças dos principais protagonistas e quais eram e de onde vinham as pressões que sobre nós se exerciam. Não há como impedir que os ventos do mundo cheguem até aqui. A boa diplomacia, como a exerceu Lampreia, busca amainar esses ventos e fazer com que soprem a nosso favor.

Rio de Janeiro, 4 de março de 2010.

INTRODUÇÃO

Até décadas atrás, a nossa agenda diplomática interessava apenas a alguns poucos brasileiros. O país tinha uma projeção mundial modesta, só os muito ricos, os diplomatas ou os aventureiros viajavam para o exterior e raras grandes empresas estrangeiras possuíam investimentos no Brasil. Somente eventos internacionais extraordinários — como a Segunda Guerra Mundial, alguns episódios da Guerra Fria ou uma crise grave em um país vizinho — despertavam maior interesse na opinião pública. Ademais, até os anos 80, o Brasil apenas exportava um punhado de produtos agrícolas, como açúcar, cacau e, sobretudo, café, e pouquíssimas manufaturas, como calçados, ferro-gusa e tecidos. Importávamos apenas o que não podíamos produzir em quantidades suficientes, como trigo e petróleo, mantendo uma muralha de tarifas altas, reservas de mercado, quotas e outros instrumentos altamente protecionistas que nos isolavam do mundo. O nome "artigo importado" dava ao produto em questão um toque de fascínio e prestígio.
Os investimentos diretos estrangeiros no Brasil nesse período mal alcançavam a cifra de um bilhão de dólares por ano. Em suma, nosso país tinha um papel bastante secundário nas principais correntes internacionais de comércio e negócios. Em termos políticos, não éramos convidados a sentar nas mesas onde se tomavam as grandes decisões. Na América Latina, mantínhamos relações formalmente boas com os vizinhos, mas nosso comércio era insignificante e os investimentos, nulos.
Hoje o Brasil transformou-se numa das maiores economias do planeta, com uma inserção crescente nos círculos do poder mundial. Em nossa região, tornou-se um grande investidor e parceiro comercial, levando algumas vozes ideológicas a falar até em "imperialismo brasileiro". Com a retração dos Estados Unidos, que antes tinham influência hegemônica, passamos a ter um peso crescente na vida econômica e política da América do Sul. No plano global, a voz do Brasil conta muito mais, pois as transformações ocorridas aqui nos aproximaram das referências mundiais, nas quais democracia política, segurança jurídica e liberdade econômica são referências

fundamentais. Desta mudança de patamar derivam consequências positivas, mas também grandes responsabilidades e, por vezes, algumas querelas. O Brasil está em alta na hierarquia do poder mundial, embora certas vezes não seja claro de que lado se coloca, como chamou a atenção a revista britânica *The Economist*, em sua edição de 15 de agosto de 2009.

Não simplifico dizendo que haja uma receita fácil para as questões que derivam dessa mudança, muito menos que conheço todas as respostas. Minha intenção aqui é apenas convidar o leitor a acompanhar a evolução da trajetória internacional do Brasil. Não quis escrever um livro de história diplomática, pois já há excelentes, e sim prestar um depoimento sobre o que vi e vivi nas cinco décadas em que participei da cena internacional como figurante, coadjuvante, ator principal ou apenas analista, como sou hoje. Tive a grande oportunidade em minha carreira de trabalhar com alguns dos temas mais significativos de nossa agenda externa, e vou abordá-los aqui. Destaco em especial:

— A filiação do Brasil ao Ocidente, um dos pontos principais do meu pensamento e de minha ação diplomática. Não me refiro, obviamente, ao Ocidente geopolítico e militar, caracterizado pela Organização do Tratado do Atlântico Norte (OTAN), mas ao Ocidente da civilização secular da qual resultamos, da cultura na qual Machado de Assis e o barão do Rio Branco se formaram e, especialmente, dos valores e dos princípios. Refiro-me ao Ocidente da democracia, do pluralismo político, da observância do direito, do respeito aos direitos humanos. Creio que a minha gestão no Ministério das Relações Exteriores tenha sido a que mais postulou, de forma clara, nos últimos cinquenta anos, essa inserção no Ocidente e o fato de que este não é, seguramente, o pensamento dominante no Itamaraty de hoje.

— As relações com nossos vizinhos sul-americanos. A região é o nosso palco histórico desde antes da Independência. É necessário ter em mente, porém, que o Brasil sempre foi diferente: pela sua origem colonial e monárquica; pela forma dinástica como alcançou a independência; pela língua portuguesa; por ter-se mantido unido. Por isso sempre foi importante estrategicamente valorizar a diplomacia e o direito internacional como instrumentos de relacionamento com os demais países da região. Rio Branco levou essa política ao seu apogeu, definindo para sempre as nossas fronteiras. Mas não somos necessariamente objeto do temor reverencial que os líderes costumam provocar. É um equívoco acreditar na ideia de que a liderança brasileira é aceita e acatada de modo indiscutível na região. Desde que passamos a ter grandes ambições econômicas, o jogo se alterou e nós ainda não aprendemos a jogá-lo, pelo menos como governo. É verdade que o Brasil não se sente totalmente confortável no papel que hoje desempenha, de maior parceiro comercial de numerosos países vizinhos, nos quais investe muito. Por isso, oscila entre o que alguns chamaram de "generosidade" e o que muitos chamam que deve ser uma atitude moderada, mas pragmática. A única alternativa que excluímos por consenso é a da truculência, que seria totalmente descabida.

— As relações com os Estados Unidos, que figuram há mais de cem anos como um elemento central de nossa política externa, definidor de posicionamentos e reações positivas ou negativas. São contraditórios e agudos os sentimentos que esse grande país desperta no Brasil. Nessa ambivalência se localiza, parcialmente, a explicação para os ciclos de aproximação e afastamento que têm raiz, antes de mais nada, na política interna nacional.

— Comércio internacional, integração regional e protecionismo. As lutas por abrir espaço para as exportações brasileiras, mas também a fundamental inserção competitiva da nossa economia no mundo. As dificuldades do Mercosul, da Área de Livre-Comércio das Américas (ALCA) e, sobretudo, da Organização Mundial do Comércio (OMC).

— Democracia e direitos humanos, os dois grandes faróis das sociedades contemporâneas, hoje pilares de nossa concepção política internacional.

— O objetivo brasileiro de buscar o avanço tecnológico, que precisa ser totalmente alicerçado em nosso compromisso fundamental de renúncia às armas nucleares. Ainda haverá tentações não admitidas?

— O peso da ONU na política externa brasileira e a meta de obter um assento permanente no seu Conselho de Segurança.

— A questão do petróleo, que vai da dependência que nos fragilizava a uma nova afirmação internacional. O Pré-sal como divisor de águas e risco também.

Quero esclarecer de saída que este livro não é uma autobiografia. Creio que as circunstâncias detalhadas de minha vida não interessam ao público em geral. Só homens do quilate de Nelson Mandela, De Gaulle ou Barack Obama podem dedicar-se com legitimidade ao gênero. Vou apenas relatar a história de minha participação na cena internacional, procurando seguir o fio da meada — que tive o privilégio de acompanhar — da crescente inserção global do Brasil nas últimas cinco décadas. Ao final, procurarei tirar algumas conclusões sobre os desafios com que se deparará o Brasil nos próximos anos.

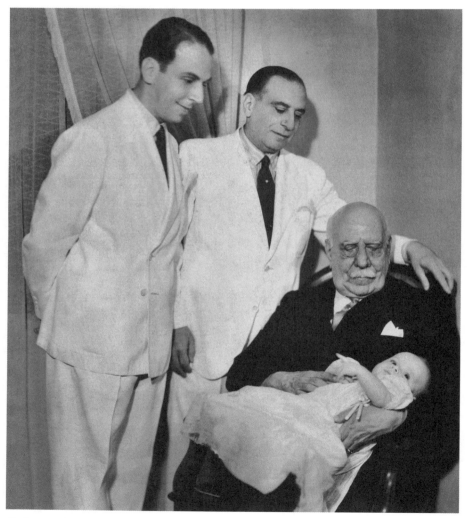

Os Lampreia

Permita-me, porém, algumas breves palavras sobre minhas origens e minha formação, à guisa de prólogo. Nasci no Rio de Janeiro, em 1941, um ano marcante em que houve o ataque japonês a Pearl Harbor e a invasão da Rússia por Hitler. Foram dois fatos capitais que mudaram o curso da Segunda Guerra e da História, fazendo que o que parecia, no início, ser um triunfo dos regimes totalitários tenha resultado, felizmente, no princípio de seu fim. Meus pais — João e Maria Carolina — residiam na casa de meu avô paterno, numa rua pacata e sem saída, chamada Guilhermina Guinle, em Botafogo. Lá havia chácaras com grandes árvores, que davam frutos maravilhosos como jambos, sapotis, jacas e mangas, e onde viviam muitos bichos, inclusive uma preguiça que ficava pendurada em um galho e muito me intrigava. Hoje é impossível encontrar uma vaga nessa rua e não há mais bichos nas árvores, salvo os passarinhos. O Rio de Janeiro de minha infância só continua a existir em seu cenário natural incomparável.

Meu rumo profissional foi traçado muito cedo, com a primeira mudança para o exterior de minha família, que ocorreu em 1945, pouco antes do fim da Segunda Guerra. Como não havia transporte regular do Rio para a Europa, meu pai conseguiu vagas num avião da Força Aérea dos Estados Unidos, a partir de Natal, no Rio Grande do Norte. Pegamos antes um hidroavião na pequena estação do Galeão, para chegar ao Nordeste. Depois de ter deslizado pela água da Baía de Guanabara, o aparelho fez uma pausa antes de decolar, e eu, acostumado apenas a viagens de Botafogo ao Flamengo, perguntei à minha mãe: "Já chegamos a Lisboa?" Sem que pudesse saber, era a primeira de centenas de vezes que eu cruzaria o Atlântico.

Do voo para Lisboa, só me ficou o impacto de sobrevoar o deserto do Saara, rosado e imenso. Há pouco tempo, voando de Paris para o Rio de dia, revi o deserto no sul do Marrocos, e foi como uma pequena viagem no tempo. Depois de uns dias em Lisboa, seguimos interminavelmente de trem para Paris. Passando pela cidade da Guarda, vi uma cena que ficou gravada em minha memória. Minha babá Maria, uma boa camponesa portuguesa que já tinha emigrado para o Brasil havia tempo, recebeu a visita de seus familiares, que levaram queijos, frutas e pães em cestos de cortiça. Foi uma alegria tão grande que a imagem permaneceu em minha imaginação infantil como um momento de doçura.

De Paris seguimos para Genebra em um trem militar, em pleno inverno. Os bombardeiros aliados sobrevoavam a cidade fazendo um barulho surdo, rumando na direção de seus alvos em território alemão. Quando a guerra terminou em maio de 1945, meus pais — que, lógico, estavam com os aliados — me levaram a uma grande festa na beira do Lago Léman, palco de um imenso extravasamento da alegria represada durante tantos anos de sofrimento. Quase cinco décadas depois, em 1994, eu — então embaixador em Genebra —, minha esposa, Lenir, e amigos assistimos à grande festa da vitória do Brasil na Copa do Mundo, nas margens do mesmo Léman. Só que eram 5 mil brasileiros a festejar e não milhares de suíços.

Mesmo a Suíça — ainda que neutra e incólume — foi muito afetada e teve que racionar comida, através do uso de cupons ou do plantio de legumes em vasos domésticos. Dois dos colegas mais chegados de meus pais eram Antonio Houaiss e sua mulher, Ruth, seres humanos maravilhosos que me fascinavam com suas histórias e seu carinho. Certa vez vínhamos de carro de Lausanne para Genebra e Houaiss pediu que meu pai parasse um instante, pois queria colher algumas folhas de parreira a fim de fazer um prato árabe. Fui com ele e, quando estávamos nos divertindo, surgiu o irado proprietário das vinhas, que, aos gritos, nos chamava de ladrões. Batemos em rápida retirada e os adultos riram muito do ocorrido. Mas para mim foi um grande susto: passei dias temendo que a polícia fosse nos prender.

Em Genebra, fui alfabetizado em um colégio suíço e dei meus primeiros chutes numa bola de futebol, no Parque Bertrand. Aos 6 anos, meu pai, que era diplomata, foi transferido para Roma, e começou meu caso de amor com a Itália, que dura até hoje.

A Itália estava ainda prostrada em 1948, por todas as violências que sofrera. As estradas eram acanhadas e, ao longo da cordilheira dos Apeninos, cartazes alertavam para o perigo das minas antitanques. Muitas cicatrizes da guerra ainda estavam visíveis e boa parte do povo passava fome. Por exemplo, era comum que guimbas de cigarros fossem catadas na rua por pessoas de aparência razoável para reaproveitar o fumo. Assisti à campanha eleitoral daquele ano, em que a democracia cristã, com grande apoio da Igreja, e o comunismo, sob Palmiro Togliatti, dirigente do Partido Comunista da Itália, travaram um duelo de morte. Com apenas 6 anos, pouco entendia daquilo tudo, mas fiquei impressionado com os verdadeiros comícios que representavam os sermões da missa de domingo, quando os padres invocavam Garibaldi, a Virgem Maria e São Miguel Arcanjo em suas pregações anticomunistas.

Meu pai me levou um domingo ao velho Estádio Flamínio, à epoca o único de Roma, para ver minha primeira partida de futebol: Lazio x Internazionale. Embora o jogo tenha terminado empatado, apaixonei-me para sempre pela Lazio, que, como o Botafogo, me dá bem mais tristezas do que alegrias. O que fazer? Continuei estudando em Roma, no Lycée Chateaubriand, colégio do governo francês, até completar o primário.

Voltamos para o Rio de Janeiro em 1951. A primeira visão da Baía de Guanabara e das montanhas foi hipnótica e tornou-se para mim a confirmação de estar em casa. Fomos morar no bairro do Flamengo, onde toda a família de minha mãe tinha suas raízes havia mais de um século. Entrei para o Colégio Andrews, na Praia de Botafogo. Um bom colégio, mas sem o rigor dos liceus franceses. Pouco tempo depois, vi passar por lá, primeiro, o cortejo fúnebre de Carmem Miranda e, pouco depois, o de Francisco Alves. Foram duas manifestações de grande tristeza popular que me impressionaram profundamente. Fiquei no Rio até 1955, quando, outra vez, meu pai foi transferido, desta vez para Paris. Lamentei muito ter que sair do cotidiano de adolescente carioca para o que já sabia ser a dura rotina de estudante na França.

Não houve surpresa. Em lugar da vida folgada, com praia e futebol, voltei ao colégio francês, o Cours Saint Louis (onde uma década depois estudou o atual presidente da França, Nicolas Sarkozy), para uma carga horária de 11 horas por dia, de segunda a sábado. Depois agradeci a meus pais por terem-me forçado a ir com eles para Paris, pois o sacrifício foi positivo, dando-me uma base que muito me valeu pela vida afora. E a combinação de que seria apenas por dois anos foi respeitada.

Voltei então para a casa de meus avós José e Carolina, de que recordo sempre com carinho, na Guilhermina Guinle. Cursei os três últimos anos do secundário no Andrews e entrei, em 1960, para a Escola de Sociologia e Política da PUC, que me marcou muito. Em janeiro de 1962, fiz o concurso de admissão do Instituto Rio Branco e ingressei para o serviço diplomático do Brasil em dezembro de 1963.

Fui criado numa família de várias gerações de diplomatas brasileiros e portugueses, com tradição de serviços públicos civil e militar que remonta ao início do século XIX. Em grande parte por esses atavismos, sempre me orientei para o serviço do Estado e nunca considerei uma opção pelas alternativas clássicas da época: advocacia, medicina e engenharia. Já aos 15 anos queria ser diplomata. Assim, para usar a bela frase com que Mário Gibson Barboza intitulou seu livro de memórias, definiu-se para mim, "na diplomacia, o traço todo da vida".

1ª PARTE: O PASSADO

No dia 1º de dezembro de 1902, o Rio de Janeiro vibrava de emoção, pois se preparava para receber o maior herói civil do Brasil, o vencedor de todas as contendas internacionais de fronteiras: José Maria da Silva Paranhos, o barão do Rio Branco. Ele dera ao país uma herança única: a solução pacífica definitiva, jurídica e politicamente inquestionável das disputas históricas com quase todos os nossos vizinhos. Ou seja, a consolidação do território nacional. Faltava apenas o Acre, primeiro grande desafio de sua gestão como ministro das Relações Exteriores.
O barão desembarcou da galeota que trouxera dom João VI à terra quase cem anos antes e desfilou pelas ruas do centro da cidade até o Clube Naval, em uma esquina da atual avenida Rio Branco. Lá pronunciou seu primeiro discurso de ministro, no qual fez uma afirmação capital para o entendimento de sua política. "Venho", disse ele, "servir ao Brasil, que todos desejamos ver unido, forte e respeitado." Seria seu moto permanente.
No dia 3 de dezembro, o barão tomou posse como ministro e já se defrontou com a gravíssima questão do Acre, que levou a um conflito com a Bolívia. O enfrentamento com o país vizinho tinha raiz na presença de milhares de brasileiros no território acreano, originários em grande parte do Ceará, de onde foram tangidos pela grande seca de 1887-89. Eles foram atraídos à Amazônia pelo eldorado da borracha, que vivia seu auge.
O Tratado de 1867 — marcado pela nossa generosidade (em geral, má norma de atuação diplomática) — e as opiniões de vários brasileiros ilustres pareciam ser obstáculo a uma solução para o caso, pois davam o Acre como pertencente à Bolívia. Era evidente que a questão não se punha no plano jurídico e histórico, como aquelas que Rio Branco vencera pela arbitragem antes de ser ministro. Havia basicamente um problema político, e assim o barão o encarava e procurou resolvê-lo. Como afirmara em exposição ao presidente da República, em 27 de dezembro: "Desde minha chegada da Europa observei que se manifestava unânime a simpatia nacional para com nossos compatriotas que se batiam no Acre. Seria impossível a um governo

como o nosso assistir indiferente ao sacrifício que faziam esses brasileiros para conseguir um dia viver à sombra de nossa bandeira."

Miguel Lemos, um dos líderes positivistas, em um artigo duro no *Jornal do Commercio*, chamou a questão do Acre de "a rocha Tarpeia" do novo chanceler, em referência venenosa ao despenhadeiro de onde eram atirados os que traíam a República de Roma. Usando sua pena de jornalista, Rio Branco respondeu que:

> "O novo Ministro das R.E. não partiu da Europa ignorando a existência dos despenhadeiros a que se refere o sr. Miguel Lemos. Porém, se tiver que cair de algum despenhadeiro, estamos convencidos de que há de fazer o possível para cair só, sem arrastar em sua queda os interesses do Brasil. Seja como for, as formas agora abolidas de nosso estilo de chancelaria não tiveram a virtude de impedir a horrorosa embrulhada do Acre em que estamos metidos, nem a constituição dos rochedos com que é ameaçado o novo ministro."

Bem ao início de sua gestão, Rio Branco foi informado de que o Congresso boliviano havia resolvido considerar criminosos os acreanos que pegaram em armas, fuzilando-os sem julgamento. Telegrafou ao seu contraparte boliviano afirmando que "tinha a declarar que tal medida não se estenderia, decerto, aos brasileiros residentes no Acre, pois estava resolvido a impedir, por todos os meios, que isso se verificasse".
No dia seguinte, um jornalista escreveu: "Temos homem no Itamaraty", e, em todo o Brasil, cansado da tibieza até então adotada na defesa dos brasileiros do Acre, houve grandes manifestações de apoio popular a Rio Branco.
Mas o barão sabia que utilizar uma linguagem dura não era um fim em si mesmo e que precisava jogar com várias cartas para lograr seus objetivos. O recurso que mais lhe havia valido no passado — a arbitragem internacional — não oferecia garantia, pois o tratado assinado em 1867, em plena Guerra do Paraguai, e, portanto, em posição de fragilidade, dera à Bolívia um trunfo jurídico importante, que poderia levar a um desfecho adverso.

Rio Branco procurou então, com paciência, encontrar uma combinação de iniciativas que levassem a um bom resultado final. Mobilizou as tropas brasileiras quando o exército da Bolívia, com seu presidente no comando, iniciou uma marcha para o Acre. Ele disse na ocasião, em mensagem ao chanceler boliviano, Eliodoro Villazón:

"O governo brasileiro não quer romper suas relações diplomáticas com a Bolívia. Continua pronto a negociar um acordo honroso e satisfatório para as duas partes e deseja muito sinceramente chegar a esse resultado. O presidente [José Manuel] Pando entendeu que é possível negociar marchando com tropas para o norte. Nós negociaremos também fazendo adiantar forças."

Em 1901, havia sido firmado um contrato entre um grupo de investidores de Nova York e o governo da Bolívia para a administração fiscal e policial e a exploração econômica do território do Acre, aprovado pelo Congresso e promulgado pelo presidente Pando. Em outra iniciativa importante, Rio Branco, que não desejava hostilizar os investidores, negociou uma fórmula que levou ao afastamento do grupo mediante uma indenização de 110 mil libras. Com isso, a Bolívia logo tornou-se mais conciliadora.

A terceira via na qual Rio Branco investiu foi a busca de um acordo que garantisse a primazia nacional no Acre e a segurança de nossos concidadãos que lutavam sob o militar brasileiro Plácido de Castro. Com muita paciência e perseverança, Rio Branco chegou ao Tratado de Petrópolis, que envolveu uma combinação de várias normas: a consagração da soberania definitiva do Brasil sobre o Acre, o que representou um acréscimo de 200 mil quilômetros quadrados ao patrimônio nacional; a cessão à Bolívia de 3.164 quilômetros quadrados; o acerto de questões econômicas, como a exportação de borracha e a construção da ferrovia Madeira-Mamoré; e, finalmente, um pagamento de 2 milhões de libras esterlinas ao país vizinho. Um grande exemplo de pragmatismo responsável. Rio Branco foi, sem dúvida, o maior expoente da diplomacia brasileira.

Hoje, o estado do Acre é um exemplo de boa gestão pública na Amazônia e de uma organização social equilibrada e moderna.

* * *

Desde a Independência, o Brasil tinha um horizonte estreito. Nossa única aliança (ou dependência) verdadeira era com o Império Britânico, com o qual possuíamos uma relação de amor e ódio. No Prata, desenrolavam-se nossas lutas de afirmação e nossas rivalidades. Lá tivemos alguns aliados, como Bartolomeu Mitre e Venâncio Flores, assim como inimigos tenazes, como Juan Manuel de Rosas, Manuel Oribe, Atanasio Cruz Aguirre e, sobretudo, Solano Lopez. Em 1849, começou a fase das intervenções brasileiras no Prata. Pouco depois, em 1870, após o fim da "maldita guerra" do Paraguai — na expressão com que Francisco Doratioto intitula seu excelente livro sobre o assunto —, houve uma reversão de nossa política externa.

Uma vez superada a Questão Argentina (os argentinos queriam a posse de uma região que pertencia ao Paraguai), em 1878, o Brasil deixou de entrar em conflito com seus vizinhos e aderiu firmemente ao princípio da não intervenção nos assuntos internos dos outros países, que se tornou o padrão-ouro de nossa diplomacia. No final do século XIX, com Rio Branco à frente, a diplomacia brasileira engajou-se na busca incessante e finalmente bem-sucedida de uma solução definitiva para todas as questões de fronteira. Por arbitragem internacional, foram resolvidas a favor do Brasil as pendências com a Argentina (questão de Palmas, em 1895) e com a França (questão do Amapá, 1900), em ambos os casos com uma atuação extraordinária de Rio Branco, com sua dedicação obsessiva e seu conhecimento enciclopédico dos assuntos em disputa. A questão do Acre era um caso particular, que teve uma solução especial, como foi descrito anteriormente.

Após a definição do nosso território e o fim dos conflitos regionais, o barão do Rio Branco pôde proclamar que "o Brasil nada mais tem a fazer na vida interna das nações vizinhas. É para um círculo maior que ele é atraído". O barão revolucionou a política externa do Brasil, ampliando-a para todo o nosso continente. Definiu uma orientação marcantemente simpática aos Estados Unidos — a nova potência emergente nas Américas e no mundo —, especificando, porém, que apoiaria a política de Washington sempre que possível, à luz de nossos interesses.

O Brasil desloca-se então para a área de influência americana e sai da órbita britânica, ainda que do ponto de vista financeiro Londres continuasse a ser nossa referência básica. Isso ocorreu porque os Estados Unidos haviam surgido irresistivelmente na cena continental a partir do final do século XIX. Ao derrotar a Espanha na Guerra de Cuba, em 1898, eles transformaram a Doutrina Monroe — "a América para os americanos" —, a princípio uma colocação simbólica, numa realidade geopolítica. Rio Branco via nessa aliança uma diversificação vantajosa e um seguro contra ameaças que pudessem vir de nossos próprios vizinhos, em especial da Argentina, então mais poderosa do que o Brasil.

O sucessor de Rio Branco, Lauro Müller, interpretou equivocadamente a concepção de aproximação com os EUA e adotou o lema "marchar com os Estados Unidos" como um mantra inflexível. Cinquenta anos depois, outro chanceler, Juracy Magalhães, cometeria o mesmo erro. O diplomata Domício da Gama puxou as orelhas de Müller em 1915. Embaixador em Washington e grande colaborador de Rio Branco desde as contendas de Palmas e do Amapá, Domício nutria a visão de um Brasil forte por méritos próprios e preconizava uma inserção internacional do país de modo pragmático, por autoescolha, e não por subordinação. Respondendo a uma instrução desastrada de Lauro Müller, insurge-se e envia para o então chanceler um telegrama nos seguintes termos:

> "Penso entretanto não devemos buscar nos EUA nenhum conselho nossa política sul-americana nem aprovação para resoluções tomadas a fim de não abrir caminho pretensões inadmissíveis, como vai sendo tendência."

Para mim, que nunca fui antiamericano como alguns colegas de minha geração, essas palavras de Domício da Gama sempre foram um balizamento essencial, uma norma de conduta altiva.

Desastre na Liga das Nações

Abrindo seu livro *Vencer ao Perder: a Natureza da Diplomacia Brasileira na Crise da Liga das Nações*, o historiador Braz Baracuhy afirma que "a atuação do Brasil na Liga deve ser entendida como a primeira grande questão diplomática depois da morte do barão do Rio Branco. O regime republicano enfrentava seu batismo de fogo internacional no campo das grandes potências, com o desafio de fazer política externa à sombra do barão". Homens que não tinham nem de longe a mesma estatura — como o presidente Artur Bernardes e seu ministro das Relações Exteriores, Félix Pacheco — pretenderam granjear prestígio global para o Brasil ao reivindicar para o país uma cadeira permanente no Conselho Executivo da Liga, sem ponderar realisticamente as possibilidades de êxito. O assento representava o reconhecimento de um status de grande potência na ordem mundial surgida depois da Primeira Guerra Mundial, que a diplomacia brasileira de então acreditava ser calcada basicamente na Liga das Nações.

A maioria dos historiadores considera que o exame objetivo dos elementos de poder do Brasil não justificava a pretensão nacional de alcançar essa posição elevada. Já mencionei o grave erro de Lauro Müller, sucessor do barão, de interpretar o "paradigma americanista" de Rio Branco como um alinhamento subordinado. Na década de 20, os formuladores da política brasileira erraram novamente ao avaliar que, tendo os Estados Unidos ficado fora da Liga das Nações, já que o Senado de lá assim decidira, desmoralizando o presidente Woodrow Wilson, o Brasil poderia ser o representante americano no principal cenáculo de poder mundial. Ocuparíamos o lugar deixado vago, como "direito do continente".

A partir desse ponto, o governo brasileiro desenvolveu uma atividade diplomática intensa em Genebra, sede da Liga, e em outras capitais europeias para estabelecer as credenciais do país. Mas, como viria a ocorrer sete décadas depois, na postulação de um assento permanente no Conselho de Segurança da ONU, as manobras brasileiras encontraram resistência entre os representantes latino-americanos, que passaram a propor a fórmula do rodízio para a cadeira regional.

Em dezembro de 1925, foi decidida a incorporação da Alemanha à Liga como parte da lógica de construção do equilíbrio europeu através de um sistema multilateral. O embaixador brasileiro em Genebra, Afrânio de Mello Franco, julgou equivocadamente que essa decisão, tomada na conferência de Locarno, abria a perspectiva de atendimento do pleito brasileiro, já que a Alemanha deveria ingressar na Liga como membro permanente. Ora, o pleito de admissão da Alemanha foi feito em base exclusiva. Isso provocou uma reação ultrajada de Mello Franco, considerando que a Alemanha tomara uma postura desleal, ainda que não tivesse havido nenhum entendimento prévio com o Brasil, apenas um compromisso nosso de apoio à candidatura alemã.

A partir desse momento, a diplomacia brasileira entrou numa ladeira escorregadia. Houve manobras junto à própria Alemanha e aos Estados Unidos para tentar reverter a situação, mas foram perda de tempo. Engolir a entrada da Alemanha sem outras reformas no Conselho seria uma humilhação, depois de ter ido tão longe na reivindicação. A outra alternativa, igualmente penosa, seria vetar a entrada da Alemanha na Liga, o que era possível pelos estatutos. O Brasil anunciou então que optara pelo caminho mais dramático: opor-se à inclusão da Alemanha. Malgrado as dúvidas do embaixador em Genebra, o presidente Artur Bernardes enviou instruções peremptórias para o veto, que efetivamente ocorreu.

No dia 10 de junho de 1926, totalmente isolado no cenário internacional, o Brasil completou o que terá sido talvez o maior vexame de nossa história diplomática, renunciando ao seu assento no Conselho e retirando-se da Liga. Bernardes tinha um moto semelhante ao dos treinadores de futebol mais defensivos: "Vencer ou não perder." No final, perdeu tudo. Como diz Eugênio Vargas Garcia, em seu *O Brasil e a Liga das Nações*, "o excesso de confiança e o voluntarismo que caracterizaram a campanha do assento permanente remetem a um caso típico de 'misperception' — *percepção equivocada* — do governo brasileiro, que superestimou as possibilidades de sucesso de sua aspiração, provavelmente iludido com as mensagens formais de apoio cordial que recebia". A frase bem pode ser aplicada aos esforços fracassados que o atual chanceler, Celso Amorim, vem desenvolvendo desde 1993, em sua obsessão com a cadeira permanente no Conselho de Segurança da ONU.

O pêndulo getuliano

Na marcha para a Segunda Guerra Mundial, a questão crucial da política externa de Getúlio Vargas foi a opção entre a aliança com os Estados Unidos e o alinhamento com a Alemanha e a Itália. A definição moldaria o futuro do Brasil duradouramente.

No mundo polarizado do final dos anos 30, o nazismo e o fascismo se apresentavam como a receita heroica e vencedora. Já as democracias ocidentais eram descritas como decadentes e hesitantes, simbolizadas pela "velha Europa", como diria depois Donald Rumsfeld, o secretário da Defesa de George W. Bush, com a mesma soberba que os ditadores usavam para denegrir seus rivais. As respostas à crise econômica mundial eram radicalmente diferentes. De um lado, a Inglaterra e os EUA apregoando os benefícios das doutrinas liberais. De outro, Alemanha e Itália preconizando o dirigismo estatal. Malgrado numerosas afinidades doutrinárias, até 1935 o governo Vargas procurou manter uma posição de neutralidade em face da confrontação crescente. Depois disso, as profundas diferenças entre os dois blocos foram levando a tomadas de posição da própria sociedade brasileira e condicionando a do governo.

Na verdade, Vargas nunca teve maior identificação com o integralismo, réplica nacional do fascismo, nem jamais cogitou partilhar o poder com Plínio Salgado, ideólogo do movimento. Ao contrário, rompeu com ele depois do levante integralista de maio de 1938, forçando a dissolução da Ação Integralista Brasileira. Mas, desde o golpe de 10 de novembro de 1937, que deu início ao Estado Novo, houve uma acolhida de Vargas particularmente entusiástica em Berlim. Joseph Goebbels, ministro da Propaganda de Hitler, louvou o realismo político do brasileiro. Em Roma, o ministro do Exterior, Galeazzo Ciano, declarou "toda a sua simpatia" e prometeu o apoio dos italianos ao Estado Novo.

As afinidades políticas e econômicas eram evidentes, e tanto a Alemanha quanto a Itália jogaram a cartada da aproximação com o Brasil, investindo fortemente nessa valiosa conexão sul-americana. As oportunidades comerciais oferecidas eram atraentes demais para serem desprezadas e o governo brasileiro aceitou essas vantagens de bom grado. Getúlio nunca deixou, porém, de marcar certa distância com as duas ditaduras europeias, negando-se, em especial, a aderir ao Pacto Anti-Komintern, base do proselitismo internacional nazifascista.

As diferenças afloraram quando o embaixador alemão no Rio protestou contra a política de assimilação das colônias estrangeiras e a extinção da seção brasileira do partido nazista. Mas as desavenças foram superadas e houve grande intensificação do comércio com ambos os países. As trocas foram dirigidas politicamente, em bases favoráveis para o Brasil. A aproximação estendeu-se ao domínio militar e à colaboração policial, para a satisfação dos generais Eurico Gaspar Dutra e Góis Monteiro e do chefe da Polícia, Filinto Müller, todos abertamente simpatizantes dos países do Eixo. Teceu-se assim uma teia de interesses que começou a preocupar o governo americano.

Havia, é certo, grandes diferenças entre os regimes políticos, mas Washington preocupou-se pragmaticamente em evitar que, depois do Estado Novo, o Brasil pendesse para a órbita de influência alemã. Oswaldo Aranha, que desejou renunciar ao seu cargo de embaixador nos Estados Unidos em protesto contra o golpe de 10 de novembro, foi dissuadido por Getúlio e terminou por ser nomeado ministro das Relações Exteriores. Do Itamaraty, onde permaneceu até 1944, Aranha tornou-se o principal baluarte da aproximação com os EUA, enfrentando seguidamente Dutra e Monteiro. Lá servira desde 1934 como nosso representante diplomático, tendo ficado muito impressionado com a vitalidade da democracia e a capacidade de recuperação que os americanos demonstraram. Sob a presidência de Franklin Roosevelt, os Esados Unidos superaram sua crise econômica mais grave: a Depressão do início da década.

Em torno desses dois polos, liderados por Aranha e Dutra, Getúlio Vargas flutuou e manobrou para que não houvesse predomínios. Ambos os lados tinham apoios e representavam forças políticas importantes. O general havia sido o grande fiador de Vargas no advento do Estado Novo e comandava o Exército. Aranha possuía a simpatia de aliados poderosos e tamanho prestígio junto à opinião pública que poderia ser o catalisador da oposição ao governo, se dele viesse a sair. O presidente não podia abrir mão de nenhum dos dois.

O dilema de Vargas foi-se acentuando em 1939, à medida que o governo americano — confiando em Aranha e antevendo a importância estratégica do Brasil num futuro conflito — multiplicou gestos e iniciativas. Mas continuamos praticando uma política externa de pêndulo, típica de países mais fracos, que possuem um ativo atraente para seus parceiros fortes e com eles jogam, procurando tirar o maior proveito. Roosevelt apelou a Vargas, através de Oswaldo Aranha, para que "o Brasil se preparasse para a eventualidade de uma guerra mundial, que estava próxima e seria de repercussão universal", e alertou para a ameaça nazista à América do Sul.

Getúlio era um líder sagaz e pragmático, que dosou habilmente seus pedidos e suas respostas a Washington e a Berlim em busca das maiores vantagens militares, econômicas e industriais. Em conversa a sós com o embaixador americano Jefferson Caffery, mostrou, entretanto, sua desconfiança em relação aos alemães, dizendo que "esta raça tem dado prova de que é perigosa. Nós temos mais de um milhão deles e sei perfeitamente bem que gostariam de me derrubar". Mas Vargas pareceu definir-se pelo Eixo quando, logo após a capitulação da França, em junho de 1940, no famoso discurso a bordo do encouraçado *Minas Gerais*, declarou que "os povos vigorosos, aptos à vida, necessitam seguir o rumo de suas aspirações", e atacou os "liberalismos imprevidentes".

Não creio que Getúlio tenha cogitado tomar o partido do Eixo, mesmo no momento em que o triunfo do exército alemão levava o III Reich ao ápice de sua dominação sobre a Europa, em 1940/41, deixando a Inglaterra sozinha na sua resistência tenaz. Não se pode imaginar que ele resolvesse lançar assim a sorte do Brasil. A prova disso é que, depois de fazer novo discurso reiterando o anterior e prever a derrota dos britânicos, assinalou que "não há motivos de espécie alguma que nos aconselhem a tomar partido por qualquer dos povos em luta". Logo após, Vargas iniciou com Aranha uma campanha diplomática para tranquilizar os Estados Unidos.

No momento em que a Alemanha parecia invencível, Getúlio achou útil saudá-la, fazendo assim um seguro para a eventualidade de uma vitória final dos nazistas, hipótese então plausível. Seu sentido de oportunidade e pragmatismo levaram-no a acentuar o balanço do pêndulo na direção da Alemanha. Por outra parte, Vargas certamente percebia que o momento da entrada dos Estados Unidos na guerra estava se aproximando e que, com isso, o território brasileiro e as potenciais bases no Norte e Nordeste teriam um valor estratégico cada vez maior. Como lance ousado desse jogo, fez saber ao governo americano que algumas empresas alemãs estavam dispostas a implantar uma usina de aço no Brasil. O resultado não demorou, e rapidamente chegou-se à assinatura de um acordo, em setembro de 1940, que previa fornecimento de crédito e cooperação americana para o estabelecimento de um complexo siderúrgico em Volta Redonda. Em três meses, a opção brasileira estava definida, com o objetivo atingido.

A partir daí, desbloquearam-se os entendimentos militares e abriu-se o caminho para a cooperação e o reequipamento das Forças Armadas nacionais com material bélico americano. Após o afundamento de diversos navios brasileiros em nossas costas por submarinos alemães, que tanta emoção gerou em nosso país, estava tomada a decisão e o pêndulo se imobilizara. O Brasil se alinhava aos EUA e buscaria uma participação significativa no teatro europeu da guerra, onde a partir de 1944 a Força Expedicionária Brasileira atuaria em conjunto com o 5º Exército americano, na Itália. Vargas buscou essa integração como parte de uma estratégia de reforçar o peso do Brasil no pós-guerra que já começava a desenhar-se.
A cadeira permanente no Conselho de Segurança da ONU seria o primeiro marco desse novo prestígio, mas, malgrado o apoio americano, ele não se concretizou pela oposição britânica e russa. Nos anos seguintes, após a deposição de Getúlio, novas expectativas de ajuda econômica maciça frustraram-se. Os EUA, vencedores e mais do que nunca poderosos, concentravam-se então em conter a União Soviética e reerguer os adversários de ontem, Japão e Alemanha, e toda a Europa Ocidental prostrada pelos terríveis anos da guerra. A lógica da bipolaridade mudara e nela a América Latina em geral e o Brasil em particular deixaram de ter prioridade.
O grande erro do presidente Dutra, no pós-guerra imediato, foi achar que, mantendo uma fidelidade completa aos EUA, o Brasil ganharia um Plano Marshall em agradecimento pela cessão do "trampolim da vitória" e o envio da FEB. Não ocorreu nada disso. O máximo que recebemos foi assistência técnica e equipamentos militares obsoletos, apesar do que o então futuro

ministro das Relações Exteriores, Azeredo da Silveira, chamaria mais tarde de alinhamento automático com os Estados Unidos.

O ressentimento que isso gerou no Brasil impulsionou o antiamericanismo. O ciclo da aliança com os EUA havia terminado. O presidente Dutra recusou, aparentemente após alguma tergiversação, os insistentes pedidos americanos para que fosse enviado um contingente à Guerra da Coreia. Quando criança, recordo-me de ter visto uma pichação engraçada na amurada da Praia do Flamengo que dizia: "Manda o Dutra pra Coreia."

Essa decepção marcou fundo o pensamento de formadores de opinião brasileiros, tanto na áerea civil quanto na militar. Entre os civis, a maior referência foi Getúlio Vargas, que adotou uma orientação nacionalista no seu segundo mandato, com a assessoria de homens como Celso Furtado, Rômulo de Almeida, Jesus Soares Correia e Cleantho de Paiva Leite. Entre os militares, consolidou-se uma linha nacionalista de esquerda, sob a liderança do general Estillac Leal, que em 1951 foi o primeiro ministro da Guerra de Getúlio e depois viria a disputar e perder para a corrente pró-americana a eleição para a presidência do Clube Militar, em 1952.

Operação Pan-americana

Na década de 60, esse antagonismo subiria à tona mais agudo com o enfrentamento entre o grupo de oficiais liderado pelo general Castello Branco — fiéis ao companheirismo forjado na Itália — e o dos generais Osvino e Assis Brasil, que tomaram o lado do presidente João Goulart e foram derrotados em 1964. Durante os 21 anos do regime militar, a oscilação entre aproximação e distância dos Estados Unidos perduraria, como se vai ver adiante.

A política externa brasileira, porém, continuaria antes disso a ser pró-americana e a incorporar todos os parâmetros da Guerra Fria. Na conferência ministerial de Caracas, em 1954, o Brasil apoiou a intervenção dos EUA na Guatemala, que visava depor o presidente esquerdista Jacobo Arbenz. Na ONU, um embaixador brasileiro afirmou, a um grupo de jovens diplomatas perplexos, que "aqui nós votamos com a melhor gente: os Estados Unidos, a Bélgica, a Inglaterra...". Foi assim durante todo o governo

Juscelino Kubitschek, até o lançamento da chamada Operação Pan-americana (OPA). Ela foi uma iniciativa interessante concebida originalmente por Augusto Frederico Schmidt — homem multifacetado, poeta e empresário, que exercia grande influência sobre Juscelino.

A gênese da OPA situou-se na malsucedida visita que o vice-presidente americano, Richard Nixon, fizera à América Latina em 1958. No Peru e na Venezuela, houve um fiasco total, já que Nixon teve que enfrentar multidões iradas que manifestavam seu ressentimento com os EUA. Acabou batendo em retirada. Em maio daquele ano, JK endereçou uma carta ao seu colega Dwight Eisenhower, em que constatava a deterioração das relações da América Latina com os Estados Unidos e propunha a sua revitalização através da OPA.

JK, em uma proposta moderada, queria que se buscasse um novo relacionamento entre os países das Américas, sob a forma de um programa multilateral de desenvolvimento econômico que constituiria, também, uma estratégia de defesa do continente contra a "possibilidade de que ideologias exógenas ganhassem influência junto às populações pobres da América Latina". Horácio Lafer, o último ministro das Relações Exteriores de Juscelino, conseguiu orientar nossa atuação diplomática nesse tema para uma linha muito pragmática. Sob a liderança brasileira, foi possível pôr em marcha conversações na Organização dos Estados Americanos (OEA), e se criou o Comitê dos 21, que deveria estudar o desenvolvimento econômico da América Latina e propor novas medidas de cooperação.

A OPA foi um ponto de inflexão positiva da nossa política externa, pois representou um esforço para assumir uma postura construtiva, mas autônoma, da orientação americana, interpretando os anseios dos países latino-americanos em contexto multilateral.

Em fevereiro de 1960, o presidente Eisenhower visitaria o Rio de Janeiro em fim de mandato e seria recebido de forma consagradora nas ruas. Eu, que tinha 18 anos, assisti emocionado à passagem do grande chefe militar do Dia-D em um enorme Cadillac aberto, ao lado do nosso JK.

A revolução cubana viria modificar todo o quadro do relacionamento dos Estados Unidos com os países latino-americanos. Em particular, depois que, em 1961, Fidel Castro deu uma forte guinada em sua linha política

— que tanta solidariedade gerara entre a juventude da América Latina — e declarou-se comunista. Pouco após, os EUA cortaram relações diplomáticas com Cuba, iniciaram um embargo econômico ao país e buscaram angariar o apoio das nações da região para o isolamento da ilha e para combater o comunismo, que pela primeira vez fincava bandeira no continente. Em seu afã de aniquilar a revolução cubana, inclusive mais adiante pelo apoio à desastrada invasão da Baía dos Porcos, já no governo Kennedy, os americanos cometeram um erro estratégico que já dura cinquenta anos: fortaleceram Fidel e seu regime, levando a União Soviética a apoiar Cuba, o que dava aos russos uma posição avançada no flanco dos EUA, como a crise dos mísseis de 1962 demonstraria.

Os frutos da Operação Pan-americana foram importantes. Seu resultado principal seria a criação do Banco Interamericano de Desenvolvimento (BID), que até hoje é um órgão fundamental para a região, sendo comandado desde sua fundação por latino-americanos ilustres como Felipe Herrera, Ortiz Mena, Enrique Iglesias e, atualmente, Luiz Alberto Moreno. A própria Aliança para o Progresso, do presidente John Kennedy, derivou dela e tentou ser uma resposta à revolução cubana. Mas, sobretudo, a OPA representou um momento importante de afirmação diplomática do Brasil em nosso continente. As etapas seguintes de nossa política externa seriam de aprofundamento dessa afirmação.

Em 1960, surgiu o fenômeno Jânio Quadros, que, na política externa, inovou muito, tornando-a até mesmo o elemento mais importante de seu governo de espetáculo.

2ª PARTE: OS ANOS 60

Foi nessa década que comecei minha carreira como servidor do Estado brasileiro, após formar-me no Instituto Rio Branco e ingressar na carreira diplomática em dezembro de 1963.
Muitas pessoas que foram jovens nos anos 60 viveram uma aventura apaixonante. As barreiras rígidas dos costumes sexuais começavam a cair, a lógica cartesiana caducava, os Beatles eram o Mozart da época. No Brasil, vivemos intensamente esses anos de transformação e rupturas. Na diplomacia não foi diferente.
O marco principal foi a esmagadora vitória de Jânio Quadros nas eleições de outubro de 1960. Hoje, quando existe uma adoração unânime por JK como a encarnação das melhores qualidades brasileiras, é difícil entender por que, ao final de seu governo, os eleitores rejeitaram seu candidato — o Marechal Henrique Lott — por larga margem. É verdade que a conta dos enormes gastos da construção de Brasília e outras obras públicas grandes já se fazia sentir sob a forma de uma inflação crescente, que por trinta anos iria castigar o povo brasileiro. Também é verdade que Lott — que, como ministro da Guerra, foi um importante sustentáculo militar de JK — era, eleitoralmente, um candidato com pés de chumbo. Mas, sobretudo, Jânio era um mago da comunicação, capaz de exercer poderes hipnóticos sobre toda uma sociedade. Com uma expressão corporal chapliniana, que hoje seria considerada ridícula, e um linguajar pernóstico, fazia um gênero político sedutor na época. Seu tom moralista, combinado com seus hábitos etílicos, levariam Afonso Arinos a descrevê-lo como "a UDN de porre".
Para mim, um garoto recém-ingressado na universidade, votar foi uma grande emoção, e a vitória de Jânio, o princípio de uma visão romântica da política que, rapidamente, seria atropelada pelos fatos. Depois de muito tempo passado no exterior, a eleição de 1960 tinha significado para mim um encontro com o Brasil e a participação numa onda de empolgação cívica.

Jânio capturara a imaginação dos brasileiros com a ideia de uma política externa independente de Washington e, por isso, altiva e orgulhosa. A revolução cubana, ocorrida em janeiro de 1959, criara um fato novo e mesmerizara os povos da América Latina. Jânio jogou com isso e foi a Havana para cobrir-se com o manto de Fidel e Che Guevara. Além disso, antes de chegar ao poder, ele havia viajado para o Egito, onde se entreteve com o presidente Gamal Abdel Nasser — um dos ícones do terceiro-mundismo, pois havia resistido com êxito à invasão colonialista franco-britânica em Suez. Estivera também com Tito, o marechal iugoslavo, herói da resistência antinazista na Segunda Guerra e então dissidente da ortodoxia soviética, que, diferentemente da Hungria e da Tchecoslováquia, não teve que arcar com o altíssimo preço da subordinação *manu militari*.

Não creio que Jânio tenha estado, antes de assumir o poder, com o outro integrante da trindade neutralista, Jawarlal Nehru, o primeiro chefe do governo indiano independente e herdeiro político de Mahatma Ghandi. Isso não impedira, creio eu, que em sua mente perturbada Jânio se sentisse como o D'Artagnan daqueles três mosqueteiros, embora não possuísse nem as credenciais históricas nem os motivos geopolíticos de qualquer um deles. As afinidades eram apenas aparentes, mas ele soube, com seu gênio de marketing, utilizar em seu favor todo o brilho desses personagens. Nascia assim, com seu governo, a política externa independente, que foi para a minha geração de diplomatas o auge de nossos sonhos de juventude.

Eu iniciei em 1960 o curso de sociologia e política na PUC do Rio de Janeiro. Fora atraído pelo brilho intelectual de seu fundador — o padre jesuíta Fernando Bastos Ávila — e de diversos professores, como Gláucio Soares, Geraldo Semenzato, Arthur Hehl Neiva, José Falcon e Hugo Weiss. Após muitos anos de formalismo e rigidez, que encontrara nos liceus franceses onde havia estudado e na minha educação familiar, abria-se para mim, aos 20 anos, o universo das ciências sociais e, sobretudo, do debate político. Florestan Fernandes, Gilberto Freire, Fernando Henrique Cardoso (então com apenas 30 anos, mas já um professor respeitado de sociologia), entre os brasileiros, e Merton, Abraham Kardiner, Wright Mills, o padre Lebret,

Seymour Martin Lipset, Gurvitch — todos grandes mestres, cada um de seu ângulo — revelaram-me um mundo novo e fascinante. Por um tempo, cogitei abandonar meu projeto de carreira e lançar-me na sociologia como uma opção de vida profissional.

Em 1961, Jânio Quadros havia tomado posse e conduzia um espetáculo de autoridade e marketing político tão inédito que até a *Hora do Brasil* — o velho programa radiofônico obrigatório das sete da noite, inventado pela propaganda estadonovista para divulgar os atos do governo e nacionalmente conhecido como "a hora do fala sozinho" — tornara-se um momento de encantamento nacional. Sua audiência era superior a de uma novela das oito bem-sucedida de hoje. Bilhetinhos teatrais do presidente proibiam biquínis e brigas de galo. Jânio cobrava e vigiava a execução de suas diretrizes supostamente moralizadoras e modernizantes, embora estivesse longe de comportar-se de maneira virtuosa na vida privada.

Até o tradicional terno e gravata era substituído pelo "safari jacket", que o bom humor nacional logo rebatizou de pijânio. Mas a política externa independente era a joia da coroa, por vezes turbinada por gestos de grande efeito, como a condecoração de um algo perplexo Che Guevara com a Ordem do Cruzeiro do Sul. Jânio era quase alçado ao status de mito. Diz Afonso Arinos, que foi ministro das Relações Exteriores de Jânio, em seu livro de memórias *Planalto*, que "a Política Externa Independente visava apenas a uma maior afirmação nacional do Brasil no mundo. Em primeiro lugar, procurava romper com a velha tradição do Itamaraty de votar com nossos amigos, os Estados Unidos, com a norma de sermos instrumentos de decisões alheias".

Mais adiante, Arinos elenca os principais fatores que desencadearam o que chama de "campanha" contra a política do governo, entre eles conflitos de interesse com grupos poderosos, e afirma que o impasse era inevitável. Conclui dizendo que a "necessidade de afirmação de nossa personalidade internacional se apresentará como corolário inevitável de nosso crescimento populacional e econômico". Essa mensagem era muito nova quando o Brasil mal começava a sair de um tempo em que, como dizia o genial Nelson Rodrigues, não conseguíamos ganhar "nem campeonato de cuspe em distância". Minha geração se sentia orgulhosa de viver aquele momento.

Marcou-me muito uma aula magna dado por Arinos, já chanceler, na Faculdade de Direito do Catete. Vestido com um jaquetão clássico de gabardine azul-marinho, o ministro dissertou durante uma hora sobre a política externa do governo. Seu português era tão límpido, suas ideias tão bem expostas, seu tom tão convincente, que não creio ter havido uma única pessoa no auditório lotado que não tenha ficado mesmerizada ou tido sequer uma dúvida. Muitos anos depois, falando em um grande auditório universitário como ministro das Relações Exteriores, recordei aquele momento e perguntei-me se estaria causando, ainda que remotamente, uma impressão comparável em alguém na plateia. Arinos tinha-me ficado como um paradigma.

De repente ocorreu o fato que marcaria profundamente o curso da história do Brasil: Jânio renunciou. Surpresa pública igual para mim só o assassinato de Kennedy e o ataque às Torres Gêmeas no dia 11 de setembro de 2001. De todas as explicações, a que sempre fez mais sentido a meu ver foi a que interpretou a renúncia como uma encenação de Jânio, que teria tentado estimular na população uma reação tão forte ao seu gesto que conduziria ao seu retorno triunfal e com poderes políticos muito maiores. Tudo acabou pifiamente, numa comédia bufa, como descreve Saulo Ramos — testemunha ocular — em seu esplêndido *O Código da Vida*.

Hoje tenho a convicção de que Jânio foi uma personalidade psicologicamente desequilibrada em alto grau. Mas era também um homem extremamente sagaz. Em 1990, quando Fernando Collor, presidente eleito, fazia uma visita a Roma, encontrou-se com Jânio, que estava hospedado na embaixada do Brasil, então sob o comando de Carlos Alberto Leite Barbosa, um amigo dileto do ex-presidente. Com seu sotaque estudado, Jânio disse: "O senhor é tão moço, presidente!" Collor respondeu-lhe: "Sou meses mais velho do que o senhor quando assumiu em 1960." E Jânio retrucou: "E deu no que deu!"

Eu cursava o segundo ano de sociologia na PUC. Vivemos na época a emoção da crise militar que se desencadeou contra a posse de João Goulart na Presidência da República. Goulart era uma figura nada carismática ou emocionante, poucos estudantes se sacrificariam por ele. Mas a ideia de um veto de anciães militares, comandantes das Forças Armadas, ao cumprimento da Constituição nos chocava. No campus da Marquês de São

Vicente, no bairro da Gávea, houve assembleias, discursos inflamados, planos de ações de sabotagem, vigílias para ouvir a Rádio Gaúcha descrevendo a resistência do general Machado Lopes em Porto Alegre... Enfim, uma grande agitação. Entre os que mais se destacavam na liderança dos estudantes da Católica estavam Cacá Diegues e Arnaldo Jabor. Para muitos de nós, foi a primeira experiência de participação política engajada. Mal sabíamos o que em breve viria pela frente.

O exemplo de Santiago Dantas

Jango tomou posse, em regime parlamentarista, no dia 7 de setembro de 1961, depois de um sinuoso trajeto de regresso ao Brasil, vindo da China, onde se encontrava em missão oficial. Possivelmente por orientação de Jânio, para mantê-lo longe no momento em que tentasse a pantomima da renúncia.
Logo após a posse foram abertas as inscrições para um concurso vestibular extra para o Instituto Rio Branco e, pela primeira vez, eu teria a idade mínima requerida — 20 anos — para ser candidato. Naquele tempo não se exigia curso universitário completo. Mergulhei no estudo com uma determinação e um afinco que provavelmente nunca mais tive na vida. Durante cinco meses, sentava-me às oito da manhã para estudar e só levantava na hora de dormir, já bem tarde, quase sem interrupções.
A orientação da política externa independente foi mantida e refinada pelo grande ministro Francisco de Santiago Dantas, jurista e intelectual do mais alto gabarito, com qualificações de inteligência e cultura que o colocavam muito à frente de políticos de seu tempo (e, seguramente, mais à frente dos atuais também, com as honrosas exceções de praxe). Talvez por isso mesmo, depois de atingir o seu ápice no Itamaraty, sua carreira tenha declinado depressa, até que a doença o levou prematuramente. Como chanceler, ainda que apenas por poucos meses, Santiago teve uma atuação marcante na conferência ministerial de Punta del Este, em janeiro de 1962, ao resistir à pressão avassaladora dos Estados Unidos para expulsar Cuba da OEA. Regressando ao Brasil, foi à televisão em cadeia nacional para explicar as razões do voto minoritário brasileiro. Sua fala

foi tão eloquente que fez dele um verdadeiro ídolo para todos que se interessavam por política externa.

Conheci Santiago pessoalmente já no final de sua vida. José Guilherme Merquior, Jerônimo Moscardo de Sousa e eu, em representação dos outros colegas, fomos à sua casa na rua Dona Mariana, em Botafogo, para convidá-lo a ser paraninfo de nossa turma do Rio Branco. A turma, em geral, possuía uma postura esquerdista clara. No final de 1963, alguns colegas tinham querido escolher Miguel Arraes, então um líder radical destacado, mas a maioria preferiu um moderado como o nosso ex-ministro, que tanto brilhara em sua breve gestão.

Santiago era um homem de grande bom gosto, polidez e sofisticação intelectual. Seu livro *Dom Quixote, Apólogo da Alma Ocidental* é das mais belas e refinadas obras que já li. Suas análises e colocações tinham o condão raro de dar ao ouvinte a sensação de estar face a revelações mesmo quando não houvesse particular novidade no que dizia. Ele ficou genuinamente comovido pelo convite que já o alcançara doente e em pleno ocaso político. Convidou-nos depois para almoçar no Bife de Ouro, famoso restaurante do hotel Copacabana Palace, em companhia também de José Gregori e Marcílio Marques Moreira, e deu-nos uma aula inesquecível de relações internacionais. No dia de nossa formatura no Itamaraty, com a presença do presidente da República, Santiago pronunciou um longo discurso, que era um verdadeiro testamento político. Poucos meses depois, morreria aos 53 anos, deixando uma lacuna insanável.

O fiasco da UNCTAD

Ao ingressar na carreira diplomática em novembro de 1963, fui designado para a Divisão de Política Comercial. Era uma designação prestigiosa, pois o setor representava a vanguarda. Fui logo comentar a nomeação com meu tio-avô, Samuel de Sousa Leão Gracie, que havia sido secretário-geral do Itamaraty. Dele ouvi, com desapontamento, a seguinte frase: "Isso não é coisa de diplomata, não fomos feitos para cuidar de secos e molhados." O tempo em que os diplomatas tinham preconceito com relação à promoção de negócios já havia passado, felizmente, e a maior parte de minha carreira seria dedicada a essa área.

Estava sendo preparada a nossa participação na I Conferência de Comércio e Desenvolvimento das Nações Unidas, Unctad, na sigla em inglês. Naquele momento havia a crença ingênua de que a união dos países subdesenvolvidos nos daria força para mudar a face do comércio internacional, uma velha ideia que tinha raiz no brado "proletários do mundo, uni-vos", de Karl Marx. O nosso capitão era Jayme de Azevedo Rodrigues, chefe da área econômica do Itamaraty. Um homem sedutor, elegantíssimo e muito inteligente, que se formara em Harvard quando serviu como cônsul em Boston. Lá imbuiu-se de liberalismo anglo-saxônico e tornou-se um democrata radical, mas nunca um homem de esquerda. Ele trouxera Jório Dauster, Álvaro Alencar e Carlos Átila Alvares da Silva, jovens e brilhantes diplomatas com orientação de esquerda, para seu gabinete e procurara cercar-se dos melhores profissionais do Itamaraty com formação econômica, como Geraldo Holanda Cavalcanti e Octavio Rainho Neves, agregando depois alguns recém-saídos do Rio Branco, como eu.

Jaime era a versão mais apaixonada da política externa independente, cujo grande evento aglutinador naquele momento era a Unctad, que tinha sido uma ideia do economista argentino Raúl Prebisch — mítico secretário-geral da Comissão Econômica para a América Latina e o Caribe (Cepal) — e pretendia ser um marco transformador das relações comerciais internacionais.

A Unctad traria possibilidades inéditas aos países subdesenvolvidos (ainda não havia a delicadeza de chamá-los de "países em vias de desenvolvimento", como hoje), exportadores tradicionais de produtos de base. Um dos motos era combater a deterioração dos termos de troca, que levavam os produtores de commodities (os subdesenvolvidos) a receber cada vez menos por suas exportações e a pagar cada vez mais pelas manufaturas produzidas pelas nações industrializadas.

Durante a escalada de preços das matérias-primas da década atual, frequentemente pensei o que Raul Prebisch teria dito dessa inversão de situações. Era uma utopia, fundada na premissa fantasiosa de que uma conferência da ONU pudesse transformar a ordem econômica internacional. Mas não percebíamos isso na época, assim como até hoje há muitos que não o percebem. Ao contrário, julgávamos que estávamos numa cruzada do bem, dos justos contra os expropriadores. Éramos a "turma do Bardhal", referência a um anúncio muito divulgado na televisão, em que as partículas desse óleo se mexiam freneticamente para limpar o motor de um carro, espantando um bando de pequenos mascarados que representava a sujeira.

Bardhal significaria Bureau Azevedo Rodrigues de Desenvolvimento Histérico da América Latina. A brincadeira ácida fora inventada pelo ministro das Relações Exteriores da época, João de Araújo Castro, um grande gozador que não escondia seu desconforto com a radicalização dos útlimos meses do governo João Goulart. Fora o único ministro a não comparecer ao comício da Central, o baile político da Ilha Fiscal de Jango.

No Brasil, o grande idealizador da conferência tinha sido Miguel Ozório de Almeida, um diplomata e economista brilhante que exercia grande influência sobre os jovens diplomatas incumbidos da preparação para a Unctad. Em reunião do Conselho Econômico e Social da ONU em Nova York, pouco antes, Miguel fizera um longo discurso que ficou conhecido entre nós como *"the zoo story"*, aludindo à peça famosa de Edward Albee. Após apresentar análises econômicas e estatísticas muito expressivas, Miguel concluiu, teatralmente:

> "Senhor presidente, se estas tendências desfavoráveis persistirem e se agravarem, como prevejo, em pouco tempo chegará a hora em que os cidadãos dos países ricos irão ao jardim zoológico para ver habitantes de países subdesenvolvidos em exibição."

Mas a utopia não durou muito. Pouco após o início da Unctad, em Genebra, aconteceu o golpe militar de 31 de março de 1964, e Jayme de Azevedo Rodrigues tornou-se muito visado. O novo ministro das Relações Exteriores, Vasco Leitão da Cunha, que estava tentando proteger o Itamaraty ao máximo dos expurgos que vinham sendo promovidos em todo o governo, pediu a seu chefe de gabinete que telefonasse para Genebra e pedisse calma e discrição a Jaime. O efeito foi exatamente o contrário. Brioso como era, sentou-se e redigiu uma mensagem dura ao ministro Vasco, demitindo-se e afirmando que "não servia a governos gorilas".

Com isso, Jayme encabeçou a primeira lista de diplomatas cassados, na qual figurava também, lamentavelmente, Antonio Houaiss. E nós ficamos órfãos.

A guinada pró-americana de Castello

Tínhamos começado a trabalhar e fomos logo alojados no prédio velho — localizado do outro lado do lago dos jardins do Itamaraty — que era chamado de Niterói, um pardieiro onde quase nada funcionava, muito menos o ar-condicionado. Durante o verão quentíssimo que se seguiu, trabalhávamos sem gravata nem paletó, amontoados em salas exíguas.
À medida que Jango perdia o controle da situação, os setores mais radicais de seu grupo político recrudesciam na campanha das reformas de base e da revolução social, com acirramento de ânimos. Houve então o famoso comício da Central, no dia 13 de março, em que o presidente tentou retomar as rédeas da situação com uma consagração pública. Assisti pela televisão ao comício, que mobilizou uma grande massa. Estava na casa de meu pai, no Parque Guinle, quando Jango retornou em caravana ao Palácio Laranjeiras.
Em meio a um silêncio gélido, todas as janelas estavam às escuras, e na maioria delas havia velas acesas em repúdio ao presidente. Jango era um fraco. Havia radicalizado, mas não controlava mais a situação. Tinha contra si a classe média e, pior, as forças armadas. O golpe de misercórdia no governo foi a revolta dos sargentos e marinheiros, que confirmou a convicção dos chefes militares de que não podia haver retorno no seu propósito de derrubar o presidente.
No dia 31 de março de 64, encontrei-me com meu caro amigo Evaldo Cabral de Mello, que me disse: "Parece que houve coisa séria em Minas." Mas naquele tempo as notícias corriam mais devagar, e a rotina continuou. No dia seguinte, fomos almoçar no Bife de Zinco — primo pobre do Bife de Ouro —, nosso restaurante do Itamaraty. Ronaldo Sardenberg, sempre sério e com as credenciais de filho de general, fez uma análise do quadro militar para avaliar quem sairia vencedor do confronto entre o 1º Exército, supostamente aliado de Jango, e o 2º, que apoiava o levante de Minas. Ficamos muito preocupados e fomos para casa.

Acabou não havendo confronto nenhum, mas sim um acordo à brasileira, em torno da liderança do general Castello Branco. Quanto ao propalado dispositivo militar de Jango, revelou-se tão patético quanto o de Luiz Carlos Prestes em 1935: era pura invenção. O movimento militar venceu sem disparar um tiro.

Afora os quatro cassados iniciais, o Itamaraty não sofreu outra repressão. O embaixador Azeredo da Silveira ajudou Vasco Leitão da Cunha, o novo chanceler, a proteger o ministério de expurgos. Havia, porém, entre os mais novos, muita apreensão e inquietude. Um general foi designado para investigar a presença de "subversivos" no Itamaraty e fez uma lista de cerca de vinte diplomatas, quase todos jovens, que foram ouvidos. Mas nada resultou disso.

Poucos meses depois, Castello Branco, já presidente, fez um discurso sobre "a política externa da revolução", a que assistimos com enorme constrangimento no grande salão da biblioteca do Itamaraty. Era o fim da política externa independente e uma volta ao alinhamento automático com os Estados Unidos, nos moldes de Lauro Müller ou do governo Dutra. O pior momento dessa fase foi a participação brasileira na invasão da República Dominicana, à frente do contingente militar que foi derrubar o regime nacionalista do coronel Caamaño.

Desempenhamos o papel de subxerife dos EUA. A infeliz iniciativa suscitaria a ideia de uma força permanente de intervenção — a Força Interamericana de Paz, FIP — que o governo brasileiro apoiava com determinação e que significava a violação completa de um dos pilares jurídicos do continente: o princípio da não intervenção nos assuntos internos dos países.

Aconteceu então algo incrível. Azeredo da Silveira, que era chefe do Departamento de Administração do Itamaraty (portanto, um funcionário de terceiro escalão), foi designado secretário-geral da Conferência de Chanceleres, que seria realizada no Rio de Janeiro em dezembro de 1965, e resolveu assumir posição oposta à do governo. Nada mais, nada menos. Com audácia e coragem, saiu percorrendo a América Latina, a pretexto de preparar a conferência, mas na verdade fazendo proselitismo contra a FIP. Acompanhei-o num périplo que incluiu Chile, México, Colômbia, Argentina e Uruguai, justamente os países que maior resistência de princípios opunham à ideia. Suas colocações eram música para os ouvidos dos interlocutores e Silveira foi recebido pelos presidentes de todas as nações que visitou. No final, a conferência do Rio nem chegou a examinar em profundidade o assunto, que felizmente ficou arquivado para sempre.

* * *

Desgostoso com o fim da aventura empolgante da Unctad com Jayme de Azevedo Rodrigues, pedi, em 1964, para deixar a divisão em que servia, a de política comercial. Tive a sorte de ser lotado na Divisão de Produtos de Base. Seu chefe, o boa-praça Jorge Alberto de Seixas Corrêa, perguntou-me do que eu gostaria de tratar. As vagas estavam todas abertas porque havia uma renovação completa da equipe. Respondi com a ousadia dos moços que, já que me era oferecida a opção, preferia o setor de café. Seixas concordou. O café era o principal produto exportado pelo Brasil, com perto de 80% de nossa receita total. Desde os anos 50, porém, nossa supremacia mundial estava sendo erodida. O café robusta africano tinha ganhado forte peso no mercado global por causa do lançamento do Nescafé. Nesse novo produto, o gosto e o aroma eram neutralizados pelo processo de fabricação, e por isso ele podia ser preparado com cafés mais baratos e de qualidade inferior, caso do robusta.
O Brasil ainda era o maior exportador mundial, com cerca de 40% do mercado, mas segurava sozinho o "guarda-chuva" do preço internacional, dado o peso do item em nossa balança. Com isso permitia que, além dos africanos, muitos latino-americanos vendessem mais barato e abocanhassem, à nossa sombra, uma fatia crescente de mercado. Surgira no início da década o Convênio Internacional do Café — uma tentativa de partilhar o guarda-chuva, criando um esquema multilateral de sustentação dos preços. Seu impulsionador tinha sido o embaixador Sérgio Armando Frazão, então presidente do Instituto Brasileiro do Café (IBC). Frazão era um homem de muita liderança. Os delegados africanos o chamavam de *Napoléon*, por sua pequena estatura, compensada por grande sentido de autoridade.
Graças à posição dominante que o Paraná tinha então entre os produtores de café, o IBC foi entregue em 1964 ao competente empresário curitibano

Leônidas Bório, que trouxe com ele alguns esplêndidos colaboradores, como Alexandre Beltrão, Abílio Abreu e Karlos Rischbieter, mais tarde ministro da Fazenda. Rapidamente, eles fizeram o diagnóstico de que, para ser realmente eficaz no controle dos preços, o Convênio Internacional precisava ter mais instrumentos de controle sobre o mercado. Iniciou-se então uma negociação em que o Itamaraty e o IBC se empenharam a fundo para criar um sistema de ajuste automático da oferta, através da redução das quotas, a cada queda de preço ou vice-versa, se fosse o caso.

O chefe de minha divisão, Octavio Rainho — um excelente diplomata, que vinte anos depois seria ele próprio presidente do IBC —, e eu passamos a trabalhar em afinação estreita com Leônidas Bório e sua equipe. Até que, em 1965, a Organização Internacional do Café adotou o chamado mecanismo quota-preço, que provocava ajuste imediato das quotas exportadoras de cada país, conforme as variações dos preços do mercado. Era a época em que se acreditava na força reguladora dos convênios internacionais, que seriam capazes de sobrepujar-se aos mercados. Hoje, não há mais tal expectativa, nem ambiente político. O próprio Convênio Internacional do Café ainda existe em Londres, mas não tem mais função reguladora.

Quando chegou a hora de ir para um posto no exterior, em 1966, fui designado para a missão junto às Nações Unidas, em Nova York. Tinha grandes esperanças e ilusões sobre a ONU. Pensava que seria uma instituição superior, capaz de criar um cenário internacional de paz e segurança, uma ordem econômica mais justa que atendesse aos reclamos dos países subdesenvolvidos. Por causa de minha atuação anterior, fui colocado na 2ª Comissão, a de assuntos econômicos.

Em pouco tempo, já havia me desencantado completamente. Encontrei em Nova York debates intermináveis e negociações de filigranas de textos de resolução, que não guardavam relação alguma com a realidade, nem teriam jamais incidência sobre a vida econômica internacional. Minha primeira Assembleia Geral arrastou-se sem destino. O Brasil tinha má imagem na ONU, sobretudo por aliar-se ao Portugal salazarista, então um país colonialista totalmente isolado.

O ministro das Relações Exteriores da época, Juraci Magalhães, fez um discurso tão negativo que as cópias do texto, distribuídas depois do pronunciamento, encalharam. Ninguém tinha interesse na palavra do Brasil. Confesso que esse mau início deixou em mim para sempre um certo ceticismo e uma desilusão quanto à eficácia da ONU, em particular na área econômica, só revisto mais tarde por causa de Sérgio Vieira de Melo, o grande brasileiro que morreu defendendo suas ideias em Bagdá. Ele era uma combinação raríssima de idealista e homem de ação. Tinha-o conhecido muito jovem, quando estudava filosofia em Paris com Flávio, filho do embaixador Azeredo da Silveira. Depois trabalhamos juntos em Genebra e em Nova York. Sérgio era o paradigma do servidor público internacional. Há muitos poucos de seu quilate, e isso constitui um dos problemas cruciais da ONU: a maioria dos funcionários forma uma burocracia acomodada. Sua morte foi uma perda sentida para mim.

Os dois anos que passei em Nova York foram, contudo, muito marcantes no plano pessoal. Pouco depois de chegar, em agosto de 1966, empurrava o carrinho de bebê onde estava Helena, minha filha recém-nascida, quando vi que quase todos os carros na rua tinham seus faróis acesos ao meio-dia. Por que seria? Logo soube que era um modo de apoiar a decisão do governo Lyndon Johnson de aumentar a presença militar no Vietnã.

Ao longo de muitos meses, a televisão mostrou os desastres e infâmias da guerra. O impasse que se aprofundava, malgrado a presença de meio milhão de soldados americanos no conflito. Em abril de 1968, participei de um comício na praça Dag Hamarskjold, em frente à sede da ONU, em que milhares de pessoas protestavam contra o envolvimento dos Estados Unidos, e a bandeira do inimigo vietcong flutuava. Em menos de dois anos, o sentimento popular havia mudado a tal ponto que o presidente Johnson fora forçado a renunciar a candidatar-se à reeleição. Os conflitos raciais tinham-se intensificado tanto que Washington, Newark e outras cidades viraram cenários semelhantes a Londres ou Roterdã na Segunda Guerra Mundial. A tensão social em Nova York era tão forte que tornava o quotidiano muito pesado.

Em termos profissionais, a experiência seguinte só fez aprofundar o desencanto com a ONU. De janeiro a março de 1967, realizou-se em Nova Delhi a segunda Unctad, e fui incluído na delegação brasileira. Aquilo que havia sido o tema fascinante de meu começo da carreira transformara-se numa enorme perda de tempo. Ao cabo de duas semanas, já se percebia claramente que não havia como a conferência decolar. Na prática, juntava poeira e tédio, embora eu e meus amigos da delegação brasileira tenhamos nos divertido muito na Índia. Logo após fui transferido para Genebra, a pedido do embaixador de lá, Azeredo da Silveira, onde a atividade diplomática era muito mais interessante. Minha atribuição mais importante era assessorar o chefe da delegação permanente nas questões de desarmamento.

O Tratado de Não Proliferação leva o Brasil a desafiar os poderosos

O Comitê de Desarmamento sediado em Genebra, também conhecido por Comitê dos 18, nunca foi um local de atrito entre as superpotências, embora estivéssemos em plena Guerra Fria. O Tratado de Não Proliferação de Armas Nucleares — seu produto mais notável — era uma iniciativa conjunta dos Estados Unidos e da União Soviética. Antes de mais nada, constituía um entendimento entre as duas superpotências para congelar o equilíbrio de poder nuclear existente e impedir o surgimento de novos detentores de armas atômicas.

Portanto, não se sentia agudamente em Genebra o problema da disputa estratégica entre os dois grandes polos de poder. Ao contrário, as superpotências entendiam-se bilateralmente sobre o tratado de limitação de armas estratégicas (Salt e Salt II), por exemplo, e não estavam dispostas a assinar um tratado de suspensão definitiva dos testes nucleares. Só faziam avançar a sua própria agenda. Em suma, davam o ritmo, e não havia como mudar a pauta. A única alternativa que restava era se recusar a acompanhar a música, e foi o que fez o Brasil, juntamente com a Índia e alguns poucos países. O desafio de aguentar a pressão dos dois gigantes caía como uma luva para o temperamento aguerrido de Azeredo da Silveira, nosso embaixador em Genebra, onde se reunia o Comitê de Desarmamento.

Nas décadas de 50 e 60, prevalecia no Brasil o pensamento de que o país ainda iria ocupar a posição de destaque que lhe competiria no mundo. Ficava subentendido o desejo de que um dia viéssemos a nos tornar uma

potência nuclear, embora creio que jamais tenha passado pela cabeça de ninguém em posição de responsabilidade na época que pudéssemos embarcar num programa com esse fim. Nosso contexto regional não apresentava desafios de segurança que encaminhassem para esse rumo, ao contrário da Índia e do Paquistão, entre outros. Mas era impossível aceitar um tratado que contivesse obrigações taxativas para os países não nucleares e apenas intenções vagas de redução de seus arsenais por parte dos que detinham armamentos de fato.
Em seu livro sobre os discursos brasileiros feitos na abertura da Assembleia Geral da ONU a partir de 1946, Luiz Felipe de Seixas Corrêa diz:

"O objetivo central da política externa brasileira em termos estratégicos passaria a ser o de evitar a cristalização de uma superestrutura internacional predicada na divisão do mundo entre as superpotências, ou seja, o congelamento do poder mundial tal como simbolizado pela copresidência dos Estados Unidos e da URSS da Conferência do Desarmamento."

O chanceler Magalhães Pinto pronunciou, em 1967, um discurso em que afirmou:

"Não podemos deixar de verificar que os projetos (dos EUA e da URSS) não implicam qualquer redução dos armamento nucleares existentes, nem sequer desestimulam o incremento e o aperfeiçoamento dos mesmos por aqueles que já os possuem. A adesão a esses propósitos (de não proliferação) não deve acarretar renúncia ao direito de desenvolver tecnologia própria."

A negociação em Genebra foi concluída em julho de 1968. O Brasil decidiu não aderir ao Tratado, recusando-se assim a participar de um ato internacional que considerava prejudicado pela desigualdade de obrigações entre estados. Com isso, tomamos uma posição de discordância básica dos Estados Unidos, em matéria de importância transcendente para os interesses de segurança dos americanos. Era uma das primeiras e mais ousadas demonstrações de autonomia do Brasil.

O nascimento do pragmatismo responsável

Em setembro de 1968, Azeredo da Silveira foi convidado por Magalhães Pinto a assumir a secretaria-geral do Itamaraty, em substituição a Mário Gibson Barboza, que fora nomeado embaixador em Washington. Não sei exatamente por que Silveira não seguiu imediatamente para o Rio, a fim de assumir seu posto, como seria normal e como eu faria 24 anos depois, quando, convidado pelo recém-nomeado ministro das Relações Exteriores, Fernando Henrique, parti de Lisboa para Brasília em 24 horas.

Essa delonga teve duas vantagens grandes. A primeira foi que Silveira só veio para o Brasil depois de decretado o AI-5. Portanto, com o quadro político mais definido — para pior, obviamente. Nessa ocasião, já estava armada a jogada política que fecharia a porta para Silveira. A segunda e mais importante vantagem consistiu em permitir que houvesse tempo para que fizéssemos uma grande reflexão sobre a política externa brasileira, o Itamaraty e seus métodos de trabalho. Durante quatro meses, até a partida de Silveira para o Rio, não houve assunto pertinente que não fosse estudado, discutido e finalmente posto no papel.

Havia um "plenário", que se reunia à noite na grande mesa da sala de jantar da residência de Silveira, situada na rue de Monnetier 10, e diversos pequenos grupos de trabalho. Participavam os diplomatas lotados na delegação em Genebra (Renato Denys, Sérgio Paulo Rouanet, José Nogueira, Jorge Ribeiro, Alcides Guimarães e eu) e outros que eram chamados ou passavam pelo país (Jório Dauster e Sebastião do Rego Barros).

O tema mais interessante era a política externa no ano 2000, só discutida no "plenário". Na época, estava muito na moda a futurologia do americano Herman Kahn e nós fizemos o nosso exercício também. Na verdade, o que se discutia era o rumo de política externa que o Brasil devia tomar desde logo, com a chegada de Silveira ao poder.

Duas correntes se formaram, o que gerou polêmicas. Uma delas achava que o Brasil devia incorporar-se ao grupo neutralista, liderado por Índia, Egito e Iugoslávia. A outra, em que eu me situava, argumentava que nosso país não tinha razão ou condições políticas internas para seguir esse caminho. Preconizava que o Brasil devia nortear sua inserção internacional por uma ênfase no melhor relacionamento possível com seus vizinhos da América do Sul e com os grandes países do Ocidente.

O Brasil deveria ter boas relações com os Estados Unidos, mas precisava preservar sua especificidade cultivando parcerias alternativas sólidas — especialmente com a França, a Alemanha e o Japão — que contrabalançassem a força de gravitação americana. Foi o ponto de vista que prevaleceu afinal, porque Azeredo da Silveira tinha um enorme sentido de realismo político — que depois se transformou na doutrina do pragmatismo responsável —, sabendo que não havia nenhum fundamento nem credibilidade para uma alternativa terceiro-mundista.

Aquelas discussões lembravam-me uma reunião no gabinete de Getúlio Vargas, quando foi discutido se o Brasil ia ficar com o Eixo ou com os Aliados na Segunda Guerra. Oswaldo Aranha teria perguntado: "Se nós vamos tomar o partido do Eixo, quem é que vai nacionalizar as empresas americanas e canadenses que prestam todos os serviços essenciais? Por exemplo, a Light. Quem é que vai nacionalizar a Light?" Ficou demonstrado que as nossas principais parcerias eram ocidentais e, por isso, todo o nosso tecido vital econômico e cultural nos vinculava ao Ocidente, e não estava ligado ao nazismo. Não tenho certeza de que a história seja verídica, mas, de qualquer modo, *è bene trovata*.

Silveira sabia muito bem que o neutralismo indiano se baseava no socialismo fabiano inglês, num tipo de trajetória independente com forte parceria russa. E o mesmo valia para a Iugoslávia, que desde 1949 buscava escapar do jugo stalinista. E o próprio Egito também, com Gamal Abdel Nasser. Todos tinham uma história com vínculos não ocidentais. Esse não era e continua não sendo o caso do Brasil.

Esse era o ponto central que Silveira compreendia, mas os que hoje invocam seu nome e seu pensamento, como falsos intérpretes, não o percebem. O terceiro-mundismo para o Brasil é apenas uma fabulação ideológica completamente destituída de sentido, que apenas alguns poucos ainda insistem em acalentar. A estratégia que Silveira definiu finalmente consistia em ter as melhores relações com os Estados Unidos, mas reforçando as "diagonais" estabelecidas (Japão, França, Grã-Bretanha e Alemanha) e novas (África e China), que nos permitiriam sair de uma configuração de dependência.

Essa estratégia tomaria corpo na gestão de Silveira no Itamaraty, durante o governo Geisel. Por essa época estava em marcha uma *détente*, situação política em que as superpotências rivais procuraram reduzir as tensões da Guerra Fria através de uma diplomacia ativa, na busca de acordos de limitação de armamentos, que criava oportunidades para países como o Brasil.

As viagens de Henry Kissinger e Richard Nixon à China e à União Soviética haviam rompido o imobilismo da Guerra Fria, pois criavam uma maior flexibilidade no cenário internacional e permitiam, assim, a muitos países tomar posições mais assertivas e menos alinhadas sistematicamente com as diretrizes americanas. Esses eram os alvos das nossas iniciativas diplomáticas. Desejávamos que, através da parceria com empresas e governos desses países, pudéssemos implementar grandes projetos nacionais: o projeto nuclear, o projeto de energia hidrelétrica, projetos de indústria pesada, projetos de infraestrutura etc.

Na área militar, é bom ressaltar, havia um segmento que divergia profundamente da linha do presidente Castello Branco e dos seus companheiros. Castello Branco e seus colegas de Força Expedicionária Brasileira (FEB), que tinham servido com os americanos na Itália e possuíam uma solidariedade de camaradas de armas com eles. Mas muitos militares brasileiros não haviam tido essa experiência e nutriam um ressentimento contra os Estados Unidos. A Marinha sentia isso muito, a Aeronáutica também, e no próprio Exército havia um sentimento difundido de que o Brasil não recebia um tratamento condigno da parte dos EUA. Portanto, haveria mais oportunidades para a aquisição de sistemas modernos de armamentos com países europeus. Esse era o fundamento militar. E nós estávamos em um regime militar. Silveira, que tinha uma aguçada percepção política, não perdia isso de vista.

Com a decretação da expansão do seu mar territorial para 200 milhas, em 1970, o Brasil reforçou a posição nacionalista que havia começado com a recusa de assinar o Tratado de Não Proliferação de Armas Nucleares. Não existia, na época, norma internacional uniforme que estabelecesse a extensão territorial do mar de cada país, salvo a definição tradicional de 3 milhas, calcada no livro *Mare Liberum*, que Grotius publicou em 1605.

Esse limite tem como referência o alcance de um tiro de canhão a partir do litoral.

A regra seguida pelos Estados Unidos e por todos os principais países desenvolvidos naquele momento era a mesma que o Brasil adotava: 12 milhas de mar territorial. Mas vizinhos nossos proclamaram unilateralmente um mar territorial de 200 milhas — a Argentina em 1966, o Uruguai em 1969 —, deixando o Brasil como o único país da costa atlântica sul a permanecer com um regime de exploração econômico, inclusive a pesca, de 12 milhas, o que trazia desvantagens.

Também era invocada a possibilidade de localização de reservas de petróleo (numa antevisão que deve ser creditada à Petrobras). Em Genebra, o Comitê de Desarmamento — onde eu trabalhava — discutia a questão da utilização dos fundos marinhos para fins militares e isso sublinhava o aspecto de segurança na discussão no seio do governo brasileiro sobre a adoção das 200 milhas de mar territorial. Combinavam-se assim fatores políticos, econômicos e militares, o que finalmente levou o país a decretar a ampliação do mar territorial. O governo teve que suportar pressões dos EUA e fazer um esforço considerável em foros internacionais para conseguir o reconhecimento de sua resolução, mas manteve-se firme na rota da autonomia decisória que tão bem casava com a visão militar de Brasil potência.

3ª PARTE: OS ANOS 70

Em meados de 1970, o embaixador Ramiro Guerreiro, que havia assumido a delegação permanente em Genebra havia poucos meses, chamou-me à sua sala. Lá anunciou, sem mais detalhes, a chegada de um grupo de autoridades de Brasília, que desejavam falar comigo com urgência. Sob a chefia de um coronel do Serviço Nacional de Informações (SNI) e composto também por um major e um diplomata da área de informações, o grupo era responsável por um Inquérito Policial Militar (IPM) destinado a apurar o envolvimento de funcionários do Itamaraty na "disseminação de informações negativas" sobre o Brasil. Tinha havido uma acusação sobre o envolvimento de diplomatas em um esquema destinado a veicular na imprensa internacional notícias sobre prisões e outras violações de direitos humanos. Miguel Darcy de Oliveira, que também servia em Genebra, participava ativamente dessa iniciativa. Ele fora chamado a serviço ao Rio de Janeiro, onde foi preso e interrogado.
Eu dividia uma sala e mantinha boa amizade com Miguel. Com essa proximidade, tornara-me suspeito. Na realidade, eu não integrava a iniciativa e, ainda que tivesse uma vaga ideia de sua existência, nunca falara nisso com Miguel, sua mulher, Rosiska, ou qualquer outra pessoa. Os três inquisidores me pressionaram com perguntas absurdas, como, por exemplo, por que o nome de minhas filhas era um codinome utilizado pelos acusados. Na minha ingenuidade, respondi: "Nem sei o que é codinome." E era verdade. Não houve consequências, mas foi um episódio muito desagradável. Deixou em mim uma sensação de medo e insegurança que custou muito a passar.

Em meados de 1973, o ministro das Relações Exteriores, Gibson Barboza, iniciou uma viagem aos países andinos da América do Sul, cujo objetivo básico era traçar as primeiras linhas de um processo de integração energética do continente, centrada no mercado brasileiro, que então passava por grande expansão. Eu o acompanhei. Gibson lançou as bases de um acordo de gás com a Bolívia e discutiu o tema do petróleo com o Equador e a Venezuela. A concepção era interessante: incentivar o comércio regional de hidrocarbonetos e construir as infraestruturas necessárias, vinculando assim os países da região a uma teia de interesses comuns que geraria investimentos e empregos para todos.

Mas, já nessa ocasião, os representantes do governo brasileiro eram vistos com desconfiança. Na Venezuela, chegou ao ponto de o ministro das Relações Exteriores, Aristides Calvani, retirar-se de Caracas para não receber Gibson: o venezuelano não queria aparecer ao lado do ministro de uma ditadura. No Equador, os militares nacionalistas que estavam no poder também não desejavam vincular seu país ao Brasil. Entre os militares peruanos também havia desconfiança, como se evidenciaria depois. Mesmo na Bolívia, presidida pelo general Banzer, uma corrente de esquerda nacionalista trabalhava em surdina contra o acordo para fornecer gás ao Brasil. O que era racional do ponto de vista econômico enfrentava resistências. Passados mais de trinta anos, a integração energética regional continua se deparando com obstáculos desse tipo.

O choque do petróleo nos atingiu em plena euforia do "milagre brasileiro". Foi a primeira vez que, vivendo uma grave crise por dentro, pude sentir a extensão da vulnerabilidade do Brasil. Esse pesadelo iria repetir-se nas décadas seguintes. No passado, tínhamos sofrido baques externos, como o desabamento do preço do café na década de 30, que nos levou à moratória. No futuro, voltaríamos a sofrer consequências graves de eventos econômicos não causados por nós, como ocorreu nos anos 80 e 90, como veremos mais adiante. Mas o episódio de 73/74 pareceu na época o fim de uma era, assim como em 2008 o mundo teve uma sensação de catástrofe sistêmica com a crise financeira.

O petróleo era, até o fim dos anos 60, uma questão puramente comercial, de enorme peso estratégico, mas sem uma dimensão política importante para o Brasil. As grandes empresas multinacionais, as chamadas sete irmãs (Esso, Chevron, Texaco, Gulf, BP, Total e Shell), dominavam todos os aspectos do negócio, desde a produção no Oriente Médio e na América do Norte até o refino, o transporte e a distribuição de produtos. Era assim havia cem anos, desde a fundação da Standard Oil, nos Estados Unidos.

Mas no começo da década a Organização dos Países Exportadores de Petróleo (OPEP) vinha se tornando um contrapeso cada vez maior.

Em 1970, um trator danificou o grande oleoduto transarábico — que ligava os gigantescos campos sauditas a portos do Mediterrâneo — interrompendo o suprimento de óleo. Muamar Kadafi, o ditador líbio, ficou numa posição forte de barganha, uma vez que seu óleo, de excelente qualidade e muito próximo do mercado europeu, era a melhor alternativa disponível.

Pela primeira vez, houve uma brusca elevação de preço, em decisão unilateral de um país produtor, naquele que era um mercado até então muito estável. Tinha começado a politização do petróleo sob a égide da OPEP, uma associação de produtores que existia desde 1960, mas pouca força tinha demonstrado como instrumento comercial. Seu impacto inicial fora limitado e os preços baixos continuaram a prevalecer. Raros analistas previram uma alta que levasse o preço a mais de dois dólares por barril. Tinha impressionado a muitos um artigo de jornal que falava da possibilidade de, até o fim da década de 70, o barril passar a custar cinco dólares. Comentei isso com o então diretor comercial da Petrobras, Shigeaki Ueki, um jovem e brilhante advogado de São Paulo, com grande tino para negócios. Sua resposta foi: "Nem pense nisso."

A Petrobras até então tinha uma posição comercial extremamente confortável. O Brasil consumia em torno de 600 mil barris de petróleo por dia, produzia um quarto disso e comprava o restante no mercado. Individualmente, fora do sistema das *majors*, era um grande cliente. O mercado de petróleo era muito mais simples: todas as transações eram físicas, não existiam ainda os contratos para entrega futura, que só surgiram em 1983, provocando movimentos especulativos pesados.

As sete irmãs dominavam o cenário. A Petrobras, como empresa avulsa no mercado, era dona de muita liberdade. Vender para a Petrobras era importante, até porque diversas das grandes companhias tinham interesses significativos na comercialização de combustíveis no mercado brasileiro, como a Esso, a Shell e a Texaco (a Petrobras Distribuidora ainda não tinha sido criada). Todos os anos ela publicava um edital, no mês de abril, anunciando um leilão de compras de suprimento. Todas as companhias compareciam, oferecendo o melhor preço, mas a Petrobras tinha uma posição tão forte

que podia dar-se ao luxo de negociar a terceira casa decimal: "Não pago 1,635. Eu só pago 1,630." Mas essa situação estava chegando ao fim.
Ernesto Geisel, então presidente da Petrobras, e Ueki percebiam que a posição vantajosa da empresa estava sendo erodida e o petróleo, se politizando. E o Brasil não tinha qualquer relação com os grandes países produtores do óleo, que, cada vez ficava mais claro, iriam dar as cartas. À exceção de Teerã e Caracas, não existiam embaixadas brasileiras em nenhuma das capitais de países petrolíferos. Havia um amplo campo de trabalho a ser desenvolvido pela diplomacia brasileira.
Ronaldo Costa, então chefe do Departamento Econômico do Ministério das Relações Exteriores, procurou-me em meados de 1972 e disse: "O Itamaraty foi solicitado pelo Geisel a dar apoio diplomático nas questões internacionais relacionadas ao petróleo. Estou precisando de você para assumir um setor novo que vamos criar para isso. Você topa?" Encantado, é claro que topei.
Mergulhei com entusiasmo no universo do petróleo. Fui muito bem aceito na Petrobras, onde estabeleci relações ótimas com os principais executivos da área comercial, como Carlos Sant'Anna, que depois foi presidente da empresa, Portos Lima, que era superintendente do Departamento Comercial, Plínio Junqueira e muitos outros que tinham posições-chave. Fui adquirindo a confiança de todos e, sobretudo, aprendi muito com eles. Minha função era participar das avaliações estratégicas, fornecer informações sobre o quadro político e diplomático e assessorar em negociações. Promovemos um grande seminário em Roma no verão de 73, em que participaram os embaixadores e funcionários das principais embaixadas da Europa e do Oriente Médio, juntamente com Ueki e outros executivos da Petrobras. O objetivo era a troca de informações e a definição de métodos de atuação e comunicação. A iniciativa foi muito útil para a capacitação de nosso pessoal.
Durante o ano, houve algumas altas do preço do petróleo, mas não foram significativas. Ele estava em torno de três dólares em fins de setembro. Ocorreu então um evento que viria a ter profundo impacto sobre o mundo. Em 6 de outubro de 1973, para surpresa geral, inclusive das forças armadas de Israel, que celebravam o dia mais sagrado dos judeus — o Yom Kipur —, começou um ataque do exército egípcio, com a travessia do Nilo e o

desembarque no Sinai. Paralelamente, o exército sírio realizava uma ofensiva nas colinas de Golan.

O conflito durou três semanas, até 26 de outubro, mas logo no terceiro dia Israel tinha conseguido reverter a situação militar. Se a vantagem nos primeiros dias tinha enchido os árabes de júbilo, depois de décadas de derrotas humilhantes, a reação israelense, fortalecida por suprimentos americanos, provocara o temor do pesadelo recorrente da derrota, que eles já tinham sofrido nas três guerras anteriores.

No dia 15 de outubro, os governos islâmicos, através da Organização dos Produtores Árabes de Petróleo (Opaep), resolveram transformar o petróleo numa arma política e começaram embargando o seu fornecimento para os Estados Unidos, como punição por seu apoio a Israel. Ao mesmo tempo, cortaram fortemente a produção total de petróleo. Era o desdobramento de um acordo secreto, decidido pouco antes da guerra, entre o rei Faiçal bin Abdelaziz, da Arábia Saudita, e o presidente egípcio Anuar Sadat.

Nos dias seguintes, o embargo foi estendido à maior parte dos países ocidentais. O Brasil, assim como a França e a Espanha, foi excluído da punição, o que para nós foi uma surpresa agradável, já que quase todas as nossas importações vinham do Oriente Médio e não tínhamos outras alternativas. Nunca soubemos exatamente por que fomos poupados, já que nossa posição em relação à região era dúbia, não podendo ser interpretada como pró-árabe. Talvez tenha sido a expectativa de que um futuro governo Geisel fosse mais sensível às posições daqueles países.

Ainda em meio à guerra, a OPEP teve uma primeira reunião, em que dobrou o preço *benchmark* — o do petróleo leve saudita — para seis dólares. Em 5 de novembro, dez dias após o cessar-fogo, os países árabes anunciaram um corte de 25% em sua produção e ameaçaram com outros 5%. Visavam usar seu peso relativo para aumentar suas receitas de petróleo, que vinham em queda havia anos. A essa altura, a Petrobras já estava muito apreensiva com o fornecimento de petróleo do Brasil e temia o desabastecimento. A combinação do embargo e dos cortes da produção dos Estados árabes desorganizava completamente o comércio internacional e expunha a vulnerabilidade de nosso país, que dependia em 75% do fornecimento externo. Geisel, que já havia deixado a Petrobras para tornar-se presidente, percebeu a gravidade da crise e resolveu enviar uma missão para o Oriente Médio, a fim de examinar a situação *in loco* e conversar com os principais *players*. A missão foi chefiada por Ueki e integrada, do lado da Petrobras, por Portos Lima e Carlos Sant'Anna e, do lado do Itamaraty, por Paulo Nogueira Batista (que havia assumido recentemente o lugar de Ronaldo Costa), por mim e por Maurício Magnavita, um diplomata que falava árabe muito bem e já tinha servido na região. Partimos de jatinho de Paris e iniciamos um périplo que começou em Trípoli, na Líbia, no dia 23 de novembro.

O coronel Muamar Kadafi era um expoente da facção radical árabe e tinha o comportamento de um *maverick* internacional, pois fazia suas próprias leis. Não revelou qualquer interesse por nossa delegação. Seus funcionários tiveram longas mas inconclusivas conversas conosco. No último dia, estávamos deixando a chancelaria líbia, um belo prédio da época da colonização italiana, quando um militar fardado veio subindo a grande escadaria de quatro em quatro degraus. Os líbios colaram-se à parede, petrificados. Era Kadafi. Quando chegou no topo, com um olhar esgazeado, foi abrindo as portas uma a uma e, não encontrando o que buscava, passou de novo por nós, qual vendaval, e desapareceu no carro que o esperava. Foi meu único encontro com Kadafi. Da Líbia nada levamos.

Seguimos para o Egito. Encontramos o Cairo ainda em clima de guerra, a qual terminara um mês antes. As lâmpadas dos postes haviam sido pintadas de azul, para não atrair a atenção do inimigo. A bela cidade, pousada nas margens do Nilo, era uma visão fantasmagórica à noite. Também havia certo orgulho, porque os egípcios, mal ou bem, tinham atravessado o Canal e conseguido surpreender Israel. Depois perderam, mas pelo menos fora um progresso em relação às guerras anteriores.

Visitamos as pirâmides, conversamos com José Coutinho, o representante local da Petrobras — que mais tarde se tornaria, como diretor de exploração, o grande comandante do salto tecnológico da empresa —, e com nosso embaixador, Luiz Bastian Pinto, mas do Egito também não levamos nada. Resolvemos então tomar uma iniciativa que abriria novos horizontes nas relações do Brasil com o mundo árabe: visitar Bagdá.

O Iraque foi o primeiro país do Oriente Médio onde se encontraram grandes reservas de petróleo, em Kirkuk, no Curdistão e na região sul. Nos anos 20, havia sido criada a Irak Petroleum Company, multinacional habilmente arquitetada por Calouste Gulbenkian e de controle majoritário britânico. Mas a frágil monarquia que os ingleses tinham instalado lá não resistiu às tempestades políticas e foi substituída por diversas ditaduras. Finalmente, o Partido Baath assumiu o poder e, nos anos 70, tinha o completo controle do país, com Saddam Hussein ocupando o posto de vice-presidente, mas dando as ordens de fato.

No segundo dia após a chegada, houve um convite para uma reunião inicial na National Iraki Oil Company (NIOC). Ueki resolveu ir sozinho, e ficamos aguardando-o na embaixada recém-instalada. Ele retornou triunfante, horas depois, dizendo que tinha obtido um acordo de grande alcance. Era um contrato plurianual, inicialmente de 150 mil barris por dia, com garantias de suprimento e preços com descontos significativos sobre o mercado. Empolgado e audacioso, Ueki dizia: "Meu teto autorizado como diretor é de um milhão de dólares. Estourei muito, mas o general Geisel vai aprovar." Uma parte substancial de nossas necessidades estava garantida, mas ainda faltavam cerca de 300 mil barris por dia.

De lá fomos para o Irã. E chegamos a Teerã talvez no momento mais dramático da crise de mercado. O país, governado pelo xá Reza Pahlevi, era o único que não tinha decretado o boicote de petróleo ao Ocidente. O xá sentiu que havia uma grande oportunidade naquela situação e botou em leilão um contrato de 500 mil barris diários, muito grande na época. Logo convergiram sobre Teerã executivos de todas as companhias de petróleo, grandes, médias e até pequenas, estatais ou privadas, e também numerosos representantes de governo.

O Hotel Hilton, em Teerã, onde estávamos, e os outros cinco estrelas tinham se transformado em uma espécie de panela de pressão, em que se falava apenas do leilão. Combinamos que cada um manteria contato com um grupo de pessoas sobre as quais tivesse maior conhecimento e que nos encontraríamos à noite na cafeteria do hotel. Ueki e os executivos da Petrobras foram conversar com as empresas japonesas, americanas e canadenses, e nós, os diplomatas, falamos com os franceses, outros europeus e latino-americanos.

Sentamos na cafeteria já tarde da noite para comparar informações. Concluímos que, embora o preço *benchmark* fosse de seis dólares por barril, aquele contrato robusto não sairia por menos de doze dólares por barril, na melhor das hipóteses. Em guardanapos de papel, começamos a fazer as contas e verificamos que toda a nossa receita de exportação não daria para pagar o petróleo a aquele preço. O Brasil estava quebrado, o milagre dos últimos anos se desvanecera. Passava de meia-noite, estávamos cansados do dia pesado e ficamos muito abatidos. Foi um dos momentos mais angustiantes de minha carreira.

A sensação em Teerã era de fim de uma época. Na Europa traumatizada, os ícones Piccadily Circus e Champs-Elysées estavam às escuras, e os automóveis não circulavam nos fins de semana. O mundo ocidental vivia um estado de choque. Na capital iraniana, todos disputavam o leilão milionário da salvação. Constatamos que o Brasil não tinha condições de fazer um lance competitivo.

Ueki tomou um avião e veio consultar Geisel, neste momento a três meses da posse e muito preocupado com o quadro do petróleo. Tendo confirmado a orientação de participar do leilão iraniano somente de forma simbólica, Ueki obteve sobretudo a aprovação de seu chefe para o aprofundamento da relação com o Iraque. Fizemos uma oferta pró-forma de oito dólares por barril. O lance vencedor foi da Mitsui, a grande *trading* japonesa, que ofereceu 17 dólares, tal era o pânico. Ou seja, o preço do petróleo explodira. Estava ocorrendo um maremoto na economia internacional que viria a atingir em cheio o Brasil.

De Teerã voltamos a Bagdá para confirmar o contrato com o Iraque. Estava lançada uma aliança estratégica que duraria 18 anos e que nos valeu muitíssimo naquela crise de 1973 e mais ainda na de 79/80. Mas que terminaria mal, com mais de quinhentos trabalhadores brasileiros sequestrados nas areias do deserto por Saddam Hussein durante a Guerra do Golfo de 1991. Na verdade, poderia ter sido ainda pior, se nos tivéssemos lançado em projetos suspeitos na área nuclear e de mísseis balísticos, como parece ter sido esboçado.

De lá fomos para Riad, sem Ueki, que regressara ao Brasil. Como a Arábia Saudita tinha incluído o Brasil na lista dos países isentos do boicote, o propósito da visita era de agradecimento. Ao chegar a Riad, então uma pequena cidade no meio do deserto, vedada à residência permanente de estrangeiros, nos registramos num hotel muito simples. Meia hora depois de nossa chegada, um funcionário do protocolo veio dizer-nos que o ministro do Exterior, Omar Sakkaf, desejava que ficássemos na casa de hóspedes do rei.

Depois de atravessar muros altíssimos, entramos num verdadeiro Shangrilá. Árvores frutíferas, gramados ingleses, flores em profusão cercavam a enorme mansão. No interior, visões de mil e uma noites, como uma mesa de banquete para cem pessoas, com talheres e pratos de ouro, lustres imensos de cristal, tapetes fabulosos, camas de nove metros quadrados, um luxo inacreditável. Depois do jantar, fomos passear nos jardins e desatamos a rir da situação, surpresos, mas contentes, depois dos momentos humilhantes de Teerã, de sermos tratados com tanta deferência.

No dia seguinte, fomos recebidos pelo rei Faiçal, um dos filhos mais velhos de Abdelaziz ibn Saud, o fundador da dinastia e do próprio reino. Causou-me forte impressão. Era um homem alto, de porte impressionante. Nacionalista e governante moderno ao mesmo tempo. Embora fosse muçulmano wahabita ortodoxo, acreditava em mudanças sociais lentas e graduais. Dois anos depois, foi assassinado por um parente perturbado e fanático durante um festival religioso.

Até chegar à sala do trono, era preciso atravessar um longo pátio onde chefes tribais encontravam-se sentados no chão, com suas espadas cravejadas de pedras preciosas, em vassalagem permanente. Faiçal nos recebeu de pé e nos fez sentar em cadeiras dispostas ao longo da parede. Paulo Nogueira Batista disse então: "Majestade, o Brasil quer agradecer a honra de termos sido incluídos na lista positiva dos fornecimentos de petróleo." Faiçal, olhando sempre em frente, retrucou: "Não agradeça. Os amigos não agradecem. O que fazemos por eles não precisa ser agradecido."

O rei lançou-se numa longa exposição sobre as causas da guerra e das crises do Oriente Médio. Seu perfil aquilino transparecia através do véu de cabeça. Tinha uma visão muito peculiar, porque achava que, na raiz de todos os problemas, havia uma conspiração marxista-sionista. Era exatamente a teoria de Hitler, que o levou à decisão catastrófica de invadir a União Soviética e exterminar os judeus. Faiçal acreditava que Israel era uma ponta de lança do comunismo internacional, quando, na verdade, era exatamente o contrário: os amigos de Israel eram os Estados Unidos, e os aliados dos árabes, os soviéticos. Ouvimos calados, sem pestanejar, satisfeitos por estarmos fora do embargo, sem sequer termos tido que negociar para isso, e sem a menor vontade de polemizar com o soberano saudita.

O inspirador daquela situação surpreendente era Omar Sakkaf, com quem Azeredo da Silveira estabelecera uma relação de grande cordialidade e amizade logo após tomar posse como ministro do Exterior de Geisel. Creio que o ministro saudita achava que o Brasil era uma boa diversificação de parcerias, capaz de oferecer oportunidades de comércio e investimento. Tanto que, pouco depois, Sakkaf visitou nosso país e foi recebido como um rei, com direito a Rolls-Royce presidencial. Enfim, com a amizade iraquiana e o apoio saudita, estávamos relativamente protegidos, pelo menos contra os piores perigos da crise do petróleo, que seriam o desabastecimento e a impossibilidade de pagar as importações.

Restava uma última escala: o Kuwait. Pouco tínhamos a pleitear ou esperar desse país, mas julgamos importante visitá-lo, pois o seu ministro do Exterior, o xeique Sabbah, era um grande líder diplomático dos países árabes. A audiência correu mal. Paulo Nogueira fez uma profissão de simpatia à causa árabe. Sabbah retrucou que tinha opinião diferente. Tendo comparecido a todas as Assembleias Gerais da ONU, conhecia bem a posição do Brasil: julgava-a dúbia e pouco confiável.

Ficamos lívidos, especialmente porque sabíamos que era verdade. Só uma mudança da posição brasileira poderia dar-nos credibilidade junto aos árabes. Foi o que reportamos a Azeredo da Silveira, que meses depois assumiria o Itamaraty. Semanas mais tarde, já convidado para assumir o ministério, Silveira foi comigo ao Maracanã para assistir a um massacre de nosso time, o Botafogo, por Pelé e seus companheiros do Santos. Já desinteressado da sorte do time alvinegro, ele passou a arguir-me sobre a crise do petróleo e suas implicações para o Brasil. Ele sabia que aquele era o primeiro desafio de política externa do governo.

O choque de 1973 ocasionou um grande impulso à produção nacional do petróleo, levando a Petrobras a investir pesadamente na exploração das plataformas continentais, em particular na bacia de Campos. O Programa Nacional do Álcool (Pró-alcool) também resultou do enorme susto que sofremos ao sentir na pele a grande vulnerabilidade do Brasil em matéria de petróleo.

A política externa independente ganha força

Silveira tinha uma visão central de que o Brasil era grande demais para ficar circunscrito ao seu cantinho regional. Deveria ter uma presença mundial mais assertiva. Por que ele achava que o Brasil ainda não havia feito isso?

Porque o Brasil era provinciano e tinha ficado muito preso na disjuntiva de ou ser 100% pró-americano ou ser antiamericano. Toda a nossa política externa lembrava um pouco a situação do passarinho com a cobra: ficávamos hipnotizados pela jiboia simbolizada pelos Estados Unidos. Claro que os EUA eram, são e vão continuar a ser, por muito tempo, uma presença forte no cenário internacional, mas o Brasil não tinha por que só pensar em termos americanos. Silveira sempre dizia isso: o Brasil não pode fingir que é Honduras. Nós não éramos mais um país sem peso da América do Sul. Necessitávamos ter jogo próprio.

Entre o Natal e o Ano-Novo de 1974, Geisel, então presidente eleito, recebeu-o em sua residência temporária do Jardim Botânico, para uma conversa longa e cheia de consequências. Silveira tinha inimigos na área de informações do governo, na qual um fato e uma fofoca podiam ter o mesmo peso, e muitos descartavam seu nome para o ministério por essa razão. Mas ele achava que Geisel não daria ouvidos a intrigas desprovidas de base. Partiu confiante para o encontro.

Oficial de Estado-Maior, Ernesto Geisel preparava o megaprojeto de presidir a república por cinco anos com seu rigor germânico. Queria causar — pela força de sua vontade, aplicação e seu poder — mudanças profundas na face e na imagem do Brasil. Sua concepção do país envolvia uma economia robustecida, uma sociedade gradualmente mais aberta e uma projeção internacional mais bem resolvida. Para ficar apenas na dimensão que nos interessa aqui, o presidente eleito julgava que o Brasil precisava ter uma política externa que acrescentasse dimensões a seu programa. Considerava que a linha seguida pelo presidente Médici era tímida e requeria modificações profundas. Talvez não soubesse exatamente como.

Naquela tarde de verão carioca, Silveira explicou-lhe como a nossa política externa tinha-se fossilizado em apoios imutáveis às causas mais retrógradas — como Taiwan, a África do Sul do apartheid ou o Portugal salazarista. De como nossa postura tinha levado o Brasil a um distanciamento desvantajoso em relação aos seus vizinhos latino-americanos. De como o esforço de ser equidistante para poder ajudar a mediar o conflito entre Israel

e o mundo árabe havia se revelado inócuo. Geisel, com seu fascínio pela inteligência, viu no interlocutor o homem que buscava e, ao final da conversa, disse-lhe: "O senhor é o ministro que eu preciso para executar a política externa que tenciono praticar." E completou: "Vão lhe jogar muitas pedras, mas pode estar certo de que estarei ao seu lado para recebê-las também." Para um homem com a visão e o gosto pela luta de Silveira, essas palavras soaram como a Marselhesa.
Passado um breve período de reflexão solitária, o ministro designado arregaçou as mangas e iniciou o trabalho. Incumbiu seu velho escudeiro, Dário Castro Alves, de começar a agir em Brasília e chamou-me ao Rio de Janeiro para ajudá-lo a pôr ideias no papel e preparar munição para Geisel. Pouco após, incorporou-se Geraldo Holanda Cavalcanti, vindo de Bonn, então capital da República Federal da Alemanha. Até a posse em 15 de março de 1974, seguiram-se dois meses muito empolgantes em minha jovem carreira de diplomata.
Se houvesse nascido na Idade Média, Silveira teria sido considerado um bruxo e queimado, dizia o embaixador Marcos Azambuja. Neto do senador Azeredo, um dos grandes políticos da República Velha (que, por coincidência, era grande amigo de meu bisavô, o conselheiro João Lampreia, embaixador de Portugal no Rio de 1900 a 1908), Silveira tinha a política no sangue. Sua vida alternara entre o poder e o exílio, auges e tragédias. Era tudo, menos linear. Em face do desafio que o destino, muito improvavelmente, lhe apresentava naquele instante, Silveira, entretanto, depurou-se e tomou-se de uma concentração e de uma clarividência extraordinárias. Na verdade, ele iniciou o trabalho como um solista que conhece perfeitamente a sua partitura e que, concluída a introdução da orquestra, executa-a com paixão controlada e grande método.
Os atuais ocupantes da direção do Itamaraty comprazem-se em apresentar Silveira como seu mentor e põem seu retrato nas paredes mais importantes. Silveira merece todas as homenagens, mas devia ser lembrado como o que era e não como o descrevem as lentes da ideologia. Se vivesse — e infelizmente ele viveu bem menos do que diversos de seus contemporâneos mais destacados —, jamais teria seguido uma linha esquerdista.
Era inteligente e perspicaz demais para praticar na década atual uma política externa alicerçada nos anos 50, com ranços de antiamericanismo

sistemático. O pragmatismo responsável não era sinônimo da concepção ideológica terceiro-mundista exumada agora. A política externa do governo Geisel não buscava alianças sul-sul: era uma tentativa de dar um perfil mais afirmativo ao Brasil. Ela talvez tenha sido prematura, pois o Brasil ainda não possuía fundamentos sólidos e o endividamento externo nos anos 70, que visava fortalecer nossa economia, apenas mascarou essa debilidade, com consequências trágicas.

Ele tinha a estratégia pronta na cabeça em 1974: faltavam os recheios tópicos e a parte braçal. Sabia, por exemplo, que o problema mais candente do momento — a querela de Itaipu com a Argentina, que não queria a construção da hidrelétrica, como veremos adiante — não podia ser a primeira meta, porque o processo ainda não tinha amadurecido o bastante. Dava-se conta de que, passado apenas um mês do grande choque do petróleo, nossa posição a respeito do Oriente Médio era, por força, a primeira das muitas tarefas ingerentes com que se deparava o Brasil.

Nossa vulnerabilidade ficara cruelmente exposta tanto em termos de abastecimento de petróleo quanto de impacto dos novos preços sobre a economia brasileira, então em pleno "take off". Compreendia que o Brasil precisava, antes de mais nada, ter aceitação no seu contexto natural latino-americano se quisesse se afirmar.

Em segundo lugar, conhecia a necessidade de cultivar uma relação harmoniosa com os Estados Unidos e o imperativo de criar contrapesos suficientemente fortes com a Europa Ocidental e o Japão para viabilizar este equilíbrio no trato com o imenso vizinho do Norte. Tinha, por fim, a percepção exata de que a grande revolução que estava por causar na nossa política externa não podia ser operada em um passe de mágica. Precisava ser desvendada no "timing" certo, ou seja, gradualmente. Funcionava com os pés plantados na realidade brasileira, que conhecia e de que se sentia profundamente participante.

No que tange ao Oriente Médio — a questão mais premente — foi preparada uma circular telegráfica que seria enviada a todas as embaixadas no dia da posse de Geisel. Era um texto conciso e denso, no qual se abandonava o malabarismo hipercauteloso e se definia uma linha clara de posicionamento, baseada em três pontos:

— Um país como o Brasil, cujas fronteiras foram estabelecidas por via diplomática e jurídica, não podia aceitar situações de fato, como a ocupação de territórios árabes pela força, a exemplo do que fizera Israel em 1967 e 1972.

— O Brasil fundaria sua posição na resolução 242 do Conselho de Segurança da ONU e propugnaria pela busca de uma solução negociada, dentro de uma moldura jurídica aceita pela comunidade internacional e, reconhecendo o direito à existência de Israel, defenderia também os direitos do povo palestino.

— Por ser alheio à região, o Brasil não pretenderia desempenhar qualquer papel protagônico significativo.

Essa circular estava pronta ao fim de dois dias de trabalho e, autorizada pelo presidente Geisel, seria expedida em 15 de março.
A atitude de Silveira em relação aos Estados Unidos não era dogmática. Tinha morado lá quando jovem, na década de 30, e nutria grande admiração pelo país como sociedade e nação, e citava isso sempre. Passou mais de um ano trabalhando no consulado do Brasil em São Francisco, como auxiliar contratado, e tinha apreço pelo povo americano. Dizia sempre que tinha estudado pouco e aprendido muito nos EUA. Geisel, de origem cultural alemã e nacionalista de formação, nutria muito mais preconceitos antiamericanos.
Silveira dava-se conta de que não podia deixar de criar logo um modelo forte para as relações com os EUA. Não esquecia que a influência militar sobre a política externa tinha sido fortíssima nos dez anos anteriores e não podia ser desprezada sem graves riscos políticos para os autores de tal simplificação. Ora, a doutrina militar ainda preponderante entre os chefes do Exército (embora talvez não entre oficiais mais jovens) era a percepção dos Estados Unidos como aliados na Segunda Guerra, o líder do mundo livre no confronto com o comunismo.
O ministro propôs então que a grande inovação nesse segmento essencial do nosso espectro internacional fosse a doutrina do "não alinhamento automático". Dela só os mais fanáticos americanófilos podiam discordar.

Ao mesmo tempo, a posição granjeava a simpatia de quase todos os integrantes do serviço diplomático brasileiro e dos especialistas em política exterior, cansados da dependência explícita e da subordinação retratada na frase do embaixador Juraci Magalhães. Este quase matou de vergonha os diplomatas que o acompanhavam quando, em conferência feita logo após a participação brasileira na ocupação da República Dominicana, em 1965, declarou enfaticamente, com seu forte sotaque baiano: "Daqui por diante em qualquer lugar do mundo em que disserem 'yankees vão embora', terão que dizer também 'Brasil vai embora'."

Silveira preparou para Geisel um longo memorando que propunha este corte sutil mas decisivo: dali em diante o Brasil se arrogaria o direito de formular sua posição em função de considerações próprias e não visando a satisfazer aos reclamos americanos. Essa, aliás, era exatamente a mesma linha que Domício da Gama — discípulo do barão de Rio Branco e embaixador em Washington — utilizara, como se viu, para responder a instruções do ministro Lauro Müller, no sentido de acompanhar fielmente a posição dos EUA numa querela entre dois países latino-americanos que não nos dizia respeito de forma direta.

Também era essa a linha do barão do Rio Branco no início do século XX. Afinal, o máximo que o alinhamento total nos relegara fora a frase de Richard Nixon: "Para onde for o Brasil irá a América Latina." E sabe-se o preço de ressentimento e "mala sangre" que custara esse afago no nosso ego. Silveira ainda não preconizava gestos heroicos que iam ocorrer alguns anos mais tarde (em função da grande irritação que o governo Jimmy Carter, em sua cruzada moralista, ancorada na defesa dos direitos humanos, causara no Brasil e, em especial, entre os militares), mas sabia que, tomando suas distâncias, mais cedo ou mais tarde, o Brasil atrairia a fúria de Washington.

Silveira também tinha deixado muito claro que não ia fazer uma política antiamericana, mas que, ao contrário, sempre que possível, buscaria diálogo e entendimento com os Estados Unidos, com posição altiva e própria. Muito rapidamente essa postura casou-se com a visão de Henry Kissinger, secretário de Estado americano na época, de que o Brasil era um país que devia ser objeto de maiores atenções por parte do governo dos EUA. Contrariando a burocracia de Washington, que não achava relevante dar importância ao Brasil, Kissinger havia decidido atribuir-nos prioridade na região. Por isso, houve grande sintonia entre os dois ministros do Exterior. Além das coisas insondáveis que ligavam um ser humano a outro, houve também essa concordância de visões.

O primeiro encontro com Kissinger deixou Silveira muito animado. Antes de mais nada porque o secretário de Estado era uma grande celebridade mundial. Ele ainda é até hoje, mas naquele momento era dez vezes mais, pois tinha acabado de ganhar o Prêmio Nobel da Paz e promovido as espetaculares visitas de Nixon a Pequim e Moscou. Um verdadeiro *pop star*. Encontrar-se com Kissinger era como passear numa avenida concorrida com os Beatles. E Kissinger sentiu-se logo muito atraído intelectualmente por Silveira, a ponto de ter-lhe dito que via nele uma inteligência intuitiva de primeira. Ele próprio se considerava dono de uma inteligência analítica elevada, mas de uma inteligência intuitiva de segunda classe.

Foi criada uma sintonia muito forte entre os dois, que era uma via de duas mãos, já que Kissinger procurava ouvir seu colega brasileiro e respeitava-lhe o julgamento. Segundo o livro *Kissinger e o Brasil*, de Matias Spektor, "apesar das diferenças, eles haviam começado a relação com o pé direito. Ambos acreditavam que uma aproximação íntima poderia render poder, prestígio e influência não apenas para um, mas para os dois".

Silveira não tinha dúvida em criticar aquilo que lhe parecia equivocado na visão do americano. Lembro-me de que houve uma reunião entre os dois em Paris, na embaixada americana, à rue du Faubourg Saint-Honoré, onde ocorreu uma grande discussão sobre os rumos da Europa. Kissinger falava do risco de que se produzisse uma reação em cadeia pela qual, como dominós, países como Portugal, Espanha e Itália teriam regimes comunistas. Silveira respondeu-lhe que não era assim, pois cada nação tinha suas particularidades e haveria fortes reações conservadoras. Sua opinião mexeu com Kissinger. Silveira tinha razão.

Creio que a mensagem básica que Silveira recebeu de seu colega foi que os Estados Unidos compreendiam que o Brasil desejasse se fortalecer como presença internacional e que não aceitasse constituir uma espécie de satélite americano. Kissinger respeitava isso, pois tinha a concepção dos países--chave em cada região e gostaria de delegar poder ao Brasil. Silveira sentiu que tinha campo para a construção de uma parceria nova, que não fosse nem uma parceria de submissão, nem de oposição sistemática, como tinha sido a nossa história.

Kissinger com Lampreia e Azeredo em 1975

O presidente Geisel decidira que não optaria pelo caminho da recessão e da discrição para fazer face à terrível encruzilhada que o choque do petróleo criara para o Brasil. Ao contrário, decidira buscar ativamente as oportunidades que a crise (como todas as crises) oferecia para fortalecer a economia brasileira em seus segmentos básicos — energia, agricultura, indústria, transportes e mineração. Silveira preconizou então uma aproximação com a Europa Ocidental e o Japão, para atenuar o peso dos Estados Unidos em nossas relações internacionais. Em fevereiro e março de 1974, o futuro chanceler não discernia com precisão as categorias operacionais dessa diversificação, mas já lhe formulara o desenho estratégico com toda a clareza. Sua mente e suas ideias atuavam em grande sinergia com os desígnios do presidente eleito. Formava-se assim uma dupla de personagens muito diferentes, que se ligaram indissoluvelmente para a ação política e para toda a vida.

De mais outros dois pontos ocupou-se Silveira na sua fase de gestação: da China e da África. Quanto à China, sua decisão era claríssima: se Kissinger costurara e Nixon consolidara o estabelecimento de relações com Pequim, não havia mais razão para que o Brasil se mantivesse instalado na cidade de Taipé e de costas para o país mais populoso do planeta. Urgia agir rapidamente para remover esse anacronismo. Geisel concordou, e o reconhecimento da China Popular acabou sendo feito em poucos meses. Havia um lobby militar forte contra a China. O general Sílvio Frota, ministro do Exército, quando demitido, saiu atirando e fez da China uma de suas principais peças de acusação. O pessoal da linha dura achava que reconhecer a China era coisa de comunistas.

Quanto à África, Silveira sabia que Gibson Barboza iniciara uma aproximação importante com seu périplo de 1972, mas também conhecia o relatório secreto, tristíssimo, que relatava o fracasso total de uma tentativa de mediação entre a África negra e o Portugal colonialista de Salazar e Marcelo Caetano. A ideia era promover uma demarcação do Brasil em relação à política portuguesa, que seria a segunda, porque a primeira tinha sido de Jânio Quadros, que mandara Affonso Arinos dizer a Salazar que nós não íamos mais apoiar incondicionalmente o colonialismo de seu país.

Silveira não podia adivinhar que, quarenta dias após a posse de Geisel, a Revolução dos Cravos lhe facilitaria muito a tarefa, mas tinha a consciência de que não faria o Brasil passar pelos constrangimentos inúteis e pela duplicidade que até então tanto afetara sua postura internacional. Nesse ponto Silveira também aplicara seu modelo de não alinhamento automático. Só que, neste caso, seria apenas um prólogo para uma ação afirmativa que culminaria no ousado reconhecimento da República Popular de Angola, no dia 11 de novembro de 1975.

Geisel e Silveira anteciparam sua postura quando, no discurso de posse, o presidente referiu-se à aproximação com nossos vizinhos de aquém e além--mar. O projeto era de executar uma política africana ambiciosa, que conquistasse a opinião pública e, juntamente com os demais ingredientes antes mencionados, servisse de primeiro capítulo da abertura política que Geisel desejava promover no Brasil. A visão de Silveira para a África não era comercial, e sim de que o povo brasileiro, tendo uma ligação tão forte com o continente, devia ter uma proximidade maior com ele. E, sobretudo, uma solidariedade especial com a África independente, ainda em fase de afirmação. E isso mesmo que os movimentos independentistas africanos estivessem dando sinais de que, no contexto da Guerra Fria, se situariam à esquerda.

A Gulf Oil, que detinha a concessão de exploração de petróleo em Cabinda, Angola, resolvera sair do país temendo sua evolução política. O presidente da Gulf pediu uma audiência ao ministro Silveira em Nova York, em setembro daquele ano, e ofereceu vender seus direitos à Petrobras. Havia nisso uma oportunidade interessante, pois Cabinda já produzia boa quantidade de petróleo. Mas Silveira recomendou ao presidente que não aceitássemos a oferta, já que envolveria o Brasil excessivamente nas questões angolanas.

Ao reconhecer o "governo estabelecido em Luanda" — artifício eufemístico usado também por outras chancelarias para não dar a entender apoio ao Movimento Popular de Libertação de Angola (MPLA), enquanto facção —, o governo brasileiro abriu mais uma frente de críticas ao Itamaraty. Um editorial do *Globo* de 18 de novembro de 1975 dizia:

> "Os desvios da política externa brasileira dos históricos balizamentos ocidentais — vale dizer, das fontes do compromisso democrático de nossa civilização — constituem hoje não só motivo de enigma, mas também de uma preocupação que vai envolvendo intensamente a consciência nacional (...). Em Angola, corremos sofregamente a dar cobertura à facção comunista de Agostinho Neto, sem levar em conta

que se tratava de uma declaração unilateral de governo (...), tampouco levamos em conta o apoio político e ideológico (...) da União Soviética ao MPLA. Preferimos, no lugar de todas essas considerações e cautelas, adotar uma esdrúxula opção geográfica: o reconhecimento daquele governo instalado em Luanda, capital (colonial) do país, quem quer que fosse o pretenso detentor do poder. Através deste conflito, verdadeiro circunlóquio diplomático, tornamo-nos os campeões internacionais da legitimação do governo marxista e pró-soviético de Agostinho Neto. Nem o Kremlin ousou ser tão expedito, ou tão óbvio."

Quando Kissinger voltou a Washington depois de uma viagem ao Brasil, em 1975, foi alvo de um questionamento muito forte sobre a aceitação pelos Estados Unidos de que o Brasil tivesse sido o primeiro país a reconhecer a independência de Angola, sabendo que já havia tropas cubanas lá. Kissinger deu uma resposta evasiva a seus críticos americanos, dizendo que o Brasil não tinha tal informação. Na realidade, o secretário de Estado não havia informado Silveira do que sabia sobre o movimento das tropas de Fidel Castro, nem havia tentado articular-se com seu colega brasileiro neste assunto.
Como registrou Geraldo Holanda Cavalcanti na *Revista de Política Externa* de dezembro de 2009, mais adiante, em outubro de 1976, Kissinger agradeceu a Silveira, em encontro que tiveram em Washington, por "ter o Brasil, com sua postura, mantido uma porta aberta do Ocidente em Luanda".
A informação da presença das tropas cubanas em auxílio ao MPLA já era pública antes mesmo do dia 11 de novembro — tendo sido veiculada pelo jornal francês *Le Monde*; pelos ingleses *The Observer* e *The Daily Telegraph* e até mesmo pelo *Jornal do Brasil*. Isso porém não fora suficiente para demover Geisel e Silveira da decisão tomada dia 6, de reconhecer a independência angolana, passo fundamental para o posterior incremento nas relações comerciais com o continente africano.

Geisel deixou uma marca profunda na face do Brasil. Era um homem inteligente, íntegro e basicamente decente. Encontrou o país à beira da esclerose política após os anos Médici, tão bem-sucedidos economicamente, mas tão paralisantes. Recebeu, pouco antes de sua posse, a terrível bomba do choque do petróleo — que poderia ter prostrado nosso país, deixando-o mais vulnerável e subdesenvolvido. Mesmo assim, resolveu seguir com seu caminho de fortalecimento da economia e de abertura política lenta e gradual.

Enfrentou os dinossauros das casernas e demitiu os generais Sílvio Frota e Ednardo Ávila em condições de alto risco, sinalizando fortemente que não toleraria abusos e violações de direitos humanos. No Itamaraty, mandou investigar casos que configuravam perseguições e restabeleceu a situação profissional dos que estavam sendo vitimados injustamente por motivos ideológicos, como Jório Dauster e outros.

Sua concepção de governo era fortemente dirigista. Ele via o Brasil quase como uma União Soviética sem partido comunista, mas com o predomínio absoluto do Estado. Deu impulso decisivo à formação de uma infraestrutura industrial que nos protegeu de sobressaltos ainda piores nos anos 80. Isso se fez através de um endividamento externo que, na década seguinte, com a elevação brusca dos juros internacionais, levaria o Brasil à insolvência e à moratória.

Foram realizados investimentos em infraestrutura em cooperação com outros países, que aportaram tecnologia e financiamentos em alguns programas que se revelaram apostas equivocadas, como o ambicioso plano decorrente do Acordo Nuclear com a Alemanha. Mas também houve grandes êxitos, como Itaipu, a Hidrelétrica de Tucuruí, a Açominas, e os projetos em parceria com o Japão, como a Companhia Siderúrgica Tubarão, a Alumínio Brasileiro S.A. (Albrás), o Programa de Desenvolvimento do Cerrado (Prodecer) e a Celulose Nipo-Brasileira S/A (Cenibra). Uma boa parte da infraestrutura do Brasil foi construída nessa época.

Desde 1972, tínhamos iniciado negociações com a Bolívia para que eles nos fornecessem gás. O principal executivo brasileiro envolvido era Paulo Belotti, então vice-presidente da Petroquisa e um dos mais competentes operadores do sistema Petrobras, que me incorporou à sua equipe como representante do Itamaraty. Ficamos muito amigos e trabalhamos juntos por muitos anos. Belotti é o que os ingleses chamam a *"no nonsense man"*.

A concepção brasileira refletia o espírito da época de que "ninguém segura este país". O gás boliviano serviria, sobretudo, para criar uma indústria petroquímica. Era, nesse sentido, bem diferente do projeto que veio a ser implementado nos anos 90. O general Geisel, quando secretário da Conselho de Segurança Nacional do governo Castello, estudara a questão e chegara à conclusão de que o Brasil não podia ficar à mercê dos fornecimentos de um país tão instável quanto a Bolívia. Dizem que perguntara: "E se eles fecharem a válvula? O que fazemos? Invadimos?" Vetara o projeto. Mas, no início da década de 70, pelo aumento das necessidades brasileiras, reviu sua posição. Contribuiu para isso a tomada do poder pelo general Hugo Banzer, que governava com mão de ferro e ainda por cima tinha um sobrenome alemão. Como presidente da Petrobras, Geisel autorizou o início das negociações e colocou o gás boliviano entre as prioridades nacionais. Belotti era seu homem de confiança para essa operação, confirmando a ênfase na produção de insumos petroquímicos.

Os bolivianos não aceitavam em nenhuma hipótese um acordo que ficasse restrito ao suprimento de gás natural. Nosso governo considerava que o crescimento econômico brasileiro gerara tal pressão de demanda de gás natural e derivados que valia a pena buscar um acordo mais amplo, que desse à Bolívia garantias e vantagens capazes de criar um vínculo inabalável de interesses compartilhados.

Geisel assina acordo na Bolívia

Depois de muitas peripécias (o cartesianismo não era o forte de nossos interlocutores), chegamos a um texto final de um acordo de complementação e cooperação industrial. O tratado foi assinado em Cochabamba em maio de 1974, na primeira visita internacional do recém-empossado presidente Geisel. Era uma verdadeira bonança para a Bolívia, pois previa não apenas a compra garantida de gás natural, mas também de quantidades significativas de ureia, ferro-gusa e eletricidade.
O acordo teria mudado a face da Bolívia, mas nunca se concretizou, malgrado o interesse continuado do Brasil. Uma oposição tenaz bloqueou sua implementação, mesmo indo contra a forte posição do presidente Hugo Banzer, que o assinara pela Bolívia.
Nem o ditador de direita conseguiu anular a reação da esquerda boliviana. Soube depois que um dos integrantes dessa resistência ideológica visitou Luiz Orlando Gélio, um dos principais negociadores brasileiros, mas já em outras funções, e disse-lhe, chorando: "Gélio, eu cometi um erro terrível. Sabotei o acordo de Cochabamba, que teria sido uma redenção para a Bolívia. Ajuda-me agora a redimir esta falha tão grave." O brasileiro respondeu: "O que posso fazer? Agora é tarde." Voltarei ao assunto mais à frente.

O acordo nuclear com a Alemanha

O acordo nuclear com a República Federal da Alemanha, firmado em Bonn em 27 de junho de 1975, foi um marco na trajetória diplomática do Brasil. Primeiro, pela afirmação de uma parceria internacional nova e importante. Segundo, pelo sentido de independência desafiadora do qual se revestiu em relação aos Estados Unidos. Para a República Federal da Alemanha, também havia esse aspecto político trinta anos após o fim da Segunda Guerra Mundial, mas, sobretudo, representava o maior contrato de exportação da história da indústria do país, que geraria para o consórcio Siemens e AEG-Telefunken de 16 mil a 20 mil novos empregos.
O contexto internacional de 1975 era assinalado por um declínio relativo do poder americano. Um ano antes, os EUA vivenciaram o primeiro processo de impeachment de um presidente da República, Richard Nixon.

Depois houve a fuga desordenada das últimas tropas de Saigon. Logo, os Estados Unidos não eram mais vistos como os líderes incontestáveis do mundo ocidental. Além disso, como vimos, o choque do petróleo provocara uma recessão global e abalara os fundamentos da economia americana, baseada em energia barata.

Eugênio Gudin, reputado economista e ex-ministro da Fazenda, mensurou essa perda de poder no *Globo* de 9 de junho de 1975: o PIB americano representava 51% do total mundial em 1945, passou para 36% em 1955 e, finalmente, chegou ao patamar de 27% em 1975. Diversas rachaduras já se tinham verificado no bloco ocidental: a revolução cubana e a saída da França da Otan, na década de 60, e, posteriormente, a abertura alemã para o Leste, através da *Östpolitik* de Willy Brandt. Era mais fácil desafiar os Estados Unidos naquele momento.

O Brasil havia decidido se dotar de uma indústria nuclear que cobrisse o ciclo completo do átomo. Em outras palavras, queria ir muito além da simples compra de reatores nucleares, para a geração de energia elétrica, adquirindo também a tecnologia para produzir o combustível requerido, através do reprocessamento do plutônio e do enriquecimento de urânio. Almejava ainda a capacidade de fabricar componentes para todos os estágios.

Em 1974, seguindo um plano elaborado pela Eletrobrás de construção de oito ou nove usinas, num negócio de 4 bilhões de dólares, o governo passou a negociar com a mesma Westinghouse que nos havia vendido um pequeno reator a ser instalado em Angra dos Reis. Em junho, o Brasil chegou a depositar 800 mil dólares como adiantamento à agência de energia atômica americana. O negócio malograria antes do final do ano, com os americanos devolvendo o montante ao cancelar a exportação com o intuito de preservar seus estoques de combustível nuclear face à crise decorrente do choque do petróleo.

Ficava claro que dos Estados Unidos não viriam nem tecnologia nem garantias de suprimento de urânio. Paulo Nogueira Batista, que continuava chefiando o Departamento Econômico do Itamaraty, assumiu a liderança na busca de um caminho alternativo. Eu havia trabalhado com ele em Genebra e em Brasília e sabia de sua inteligência, determinação e capacidade de mobilização. Antes de Genebra, Paulo servira em Bonn, então capital da Alemanha Ocidental, e tecera uma rede de amigos e conhecimentos que lhe seriam muito úteis naquele momento. O apoio total de Shigeaki Ueki, então ministro de Minas e Energia, e, através dele, do presidente Ernesto Geisel constituía o alicerce do empreendimento.

Começou então uma negociação para dotar o Brasil de tecnologia e de instalações para dominar o ciclo completo do combustível nuclear. Os entendimentos tiveram lugar paralelamente com a França e a República Federal da Alemanha. A oferta francesa revelou-se atraente em muitos aspectos, mas não incluiu o enriquecimento de urânio, o que a eliminou. Com isso, a opção alemã passou a ser a única.

A criação de uma nova fonte energética era o motivo apresentado, mas não o único, nem talvez o principal que movia o governo Geisel. O Brasil não tinha necessidade real de um investimento desse porte, já que encontrava nas hidrelétricas (Itaipu já estava em construção e entraria em serviço dentro de poucos anos) uma energia barata, segura e completamente doméstica. O motivo principal do regime militar, creio eu, era dotar o Brasil não necessariamente de armas nucleares, mas sim da capacidade de fazê-las. Isso nunca foi explicitado, nem sequer nos entendimentos internos, pelo menos que eu tivesse ouvido ou mesmo apenas tomado conhecimento. Mas há diversos registros como os que foram citados por Elio Gaspari no livro *A Ditadura Encurralada*. O mais contundente é a seguinte frase do general Hugo de Abreu, chefe da Casa Militar de Geisel: "Devemos ter presentes as vantagens estratégicas e políticas conseguidas por qualquer país que chegue à explosão nuclear, com maiores motivações para aqueles que necessitem restabelecer prestígio internacional e coesão externa com impactos desse vulto."

Gaspari conclui: "Não podia ser mais claro. A bomba atômica representaria a quintessência do Brasil Grande." Como o reprocessamento de plutônio, uma das tecnologias alcançadas através do acordo, só poderia servir para a fabricação mais barata de uma bomba atômica "suja", sempre me pareceu que esse era o objetivo final. Havia no Brasil, em particular entre os militares, uma corrente que julgava importante dotar o país de uma arma estratégica desse quilate.

Os Estados Unidos fizeram de tudo para desfigurar o acordo, apontando riscos de disseminação da tecnologia necessária para produzir armas nucleares nas cláusulas relativas às centrais de reprocessamento e enriquecimento, embora tanto a Alemanha quanto o Brasil se mostrassem dispostos a assumir todas as salvaguardas internacionais vigentes. As semanas que antecederam a assinatura do acordo em Bonn foram marcadas por pressões americanas, partindo desde a burocracia governamental até parlamentares e editoriais de jornais importantes. "O uso da tecnologia nuclear para fins pacíficos, acompanhado de garantias adequadas, é uma preocupação constante dos Estados Unidos", declarou John Trattnor, porta-voz do Departamento de Estado.

Houve manifestações contra o acordo por parte da mídia americana. Segundo um editorial do *The New York Times* do dia 9 de junho:

> "Não há razões comerciais válidas para que Paquistão, Brasil ou Coreia do Sul instalem usinas nucleares com capacidade de separação de plutônio (...) As salvaguardas existentes não são adequadas para impedir a difusão de materiais físseis, depois que esses países ingressarem no campo nuclear (...) Uma vez que malograram os esforços norte-americanos para dissuadir Bonn de assinar um amplo acordo nuclear, os Estados Unidos estão exortando a Alemanha Ocidental e o Brasil a ajustarem uma administração conjunta, além da propriedade das facilidades brasileiras para dar-lhes caráter multinacional (...) O que especialmente preocupa Washington acerca deste assunto é que o acordo compreende não só tecnologia de reatores de energia e de separação de plutônio, como também facilidades para o enriquecimento de urânio e o reprocessamento de combustível, o que significa a posse brasileira de um ciclo completo de combustível, o primeiro a ser vendido até agora a um país não nuclear (...) O perigo maior no acordo germano-brasileiro é o precedente que abriria para outros países, particularmente o Irã, que também está interessado em instalar uma usina de separação de plutônio."

Quatro dias depois, o mesmo jornal publicaria um editorial ainda mais contundente que o primeiro:

> "Se a Alemanha impuser este pesadelo ao mundo, porá em risco três décadas de esforços para obter a alta consideração de seus vizinhos

e aliados (...) Pagará um alto preço político que será muito maior do que os lucros econômicos. Um caminho muito mais sábio seria unir-se aos Estados Unidos para impedir tais vendas e exortar outras nações fornecedoras a atuar imediatamente em busca de normas comuns de exportação (...) Ação imprudente que poderá desatar uma corrida armamentista nuclear na América Latina, precipitar o armamento nuclear em meia dúzia de nações em outras partes do mundo e pôr em perigo a segurança dos Estados Unidos e do mundo todo (...) Os brasileiros dominando a tecnologia alemã serão capazes de duplicar o equipamento alemão e produzir explosivos nucleares, livres da supervisão internacional, como o fez a Índia."

Enquanto isso no Senado americano, vozes importantes, como Lloyd Bentsen, futuro secretário do Tesouro, alertavam para os riscos da proliferação nuclear. Walter Mondale, que viria a ser o vice-presidente de Jimmy Carter, declarou: "O perigo é duplo. Em primeiro lugar, o país adquire a tecnologia e poderá desviar o plutônio das usinas nucleares para desenvolver bombas atômicas, e, em segundo lugar, nunca se pensou em garantias adequadas para impedir o roubo de plutônio das fábricas por elementos terroristas ou criminosos."
Em Brasília, o embaixador americano, John Crimmins, tornava-se cada vez mais agressivo em suas colocações e teve mais de um entrevero com o chanceler Azeredo da Silveira. Mas nem o Brasil nem a Alemanha cediam às pressões e o texto do acordo passava pelos últimos retoques. Já os respectivos contratos comerciais — que não eram do conhecimento do Itamaraty — estavam prontos com antecedência. Na realidade, Henry Kissinger, ainda secretário de Estado, não se afligia particularmente. Em conversa com Kissinger, o chanceler soviético, Andrei Gromiko, afirmou que "o Brasil estava no rumo de produzir armas nucleares com ajuda da Alemanha Ocidental. Este não é um problema político que concerne a nossos países como membros do Tratado de Não Proliferação?" O secretário de Estado respondeu que não acreditava que o Brasil tivesse decidido fazer armas nucleares. Embora dissesse que estava preocupado, Kissinger abreviou a conversa convidando Gromiko para almoçar.

Para sair da atmosfera sufocante das pressões, Silveira resolveu partir com antecedência de Brasília, fazendo uma escala de alguns dias na Costa do Marfim e chegando a Bonn na véspera da assinatura. O ministro brasileiro tinha desenvolvido uma amizade próxima com o seu colega alemão Hans Genscher, e os dois foram jantar no restaurante Maternus, onde foram saudados pelos frequentadores. Havia euforia no ar. No dia seguinte, no grande salão do *Auswertiges Amt*, o ministério alemão do Exterior, os ministros assinaram o acordo sob intenso aplauso dos presentes.

A assinatura do acordo nuclear teve um apoio popular enorme no Brasil: para o líder da oposição, senador Franco Montoro, o acordo rompia com o "imobilismo do Brasil no terreno nuclear (...) esse imobilismo que já se prolongava por muito tempo e foi superado graças à ação da Nuclebrás". Até mesmo o ex-presidente Juscelino Kubitschek, então cassado, deu seu endosso: "É um instrumento que nos incluirá entre as nações diante das quais terão que se curvar amanhã as grandes potências." O Brasil, nas palavras do então arenista José Sarney, "é o último dos grandes países de grande extensão territorial a ocupar seu lugar na distribuição de poder mundial".

A falta de contestação na época — ressalvado o protesto da Sociedade Brasileira de Física, que julgava excessivamente ambicioso o acordo — contribuiu para a criação de um clima de euforia nacionalista que dificultava muito uma avaliação mais objetiva e impedia a expressão de opiniões críticas. Houve várias manifestações de júbilo na imprensa. A mais expressiva foi uma caricatura de Ziraldo, que mostrava um sambista enorme com a camisa do Flamengo e um violão, proclamando aos quatro ventos: "Tô com a bomba, gente!"

Brasil e Alemanha haviam assumido compromissos rígidos de não proliferação de armas nucleares. O artigo II do acordo incorporava esse compromisso taxativo. Os artigos III e IV versavam sobre exportação e importação de materiais físseis, tendo embutida a obrigatoriedade de acordo de salvaguardas junto à Agência Internacional de Energia Atômica (AIEA). Ou seja, o Brasil e a Alemanha se submetiam, por meio desses artigos, ao controle internacional de suas transações nucleares.

À AIEA, somaram-se ainda a Agência Europeia de Energia Atômica, a Euratom, à qual a Alemanha teve de submeter o acordo previamente, e o Tratado de Tlatelolco, no âmbito da Organização para a Proscrição de

Armas Nucleares na América Latina e Caribe (Opanal), ao qual o Brasil se tornara signatário em 9 de maio de 1967.

Nessas circunstâncias, o objetivo de chegar eventualmente a explosivos nucleares somente poderia ser alcançado por caminhos tortuosos. Deve ser dito, porém, que o Brasil continuava a não ser signatário do Tratado de Não Proliferação de Armas Nucleares. Por isso havia a apreensão, em muitos observadores, quanto aos propósitos de correntes mais radicais do estamento militar brasileiro, já que chegar a uma bomba atômica seria o auge do projeto Brasil-Potência. O famoso túnel subterrâneo da Serra do Cachimbo, que depois foi obliterado de modo teatral pelo presidente Collor, era provavelmente parte de um programa clandestino visando a desenvolver explosivos nucleares.

O acordo acabou tendo uma implementação muito parcial. Dos oito reatores, só um foi construído. Há material estocado até hoje para um segundo. A fábrica de componentes foi erguida, mas o restante nunca saiu do papel. Pode-se dizer que a história do Acordo Nuclear Brasil-Alemanha de 1975 é a de uma promessa não cumprida. Muito contribuiu para este retrocesso a ascensão de Jimmy Carter na campanha eleitoral de 1976, quando ele desfraldou a bandeira do combate à proliferação nuclear. Essa atitude preocupou muito o governo alemão, levando-o a reavaliar seus compromissos com o Brasil, em particular no que se referia ao reprocessamento e ao enriquecimento de urânio. Como diz Matias Spektor, em seu já citado livro, antes mesmo de assumir a presidência, Carter terminara por afundar o acordo nuclear Brasil-Alemanha.

O programa nuclear foi vendido, pelo governo, pela mídia e mesmo pela oposição, como motor para o desenvolvimento do país. Não ocorreu assim, mas pelo menos não adquirimos capacidade de fabricar armas nucleares. Como concluiu Elio Gaspari, "esse acordo viria a ser o maior e mais custoso erro do governo Geisel". Perseguir a bomba atômica teria sido um desperdício gravíssimo de recursos escassos, um verdadeiro crime contra o povo brasileiro e o fator de criação de uma corrida armamentista totalmente desnecessária na América do Sul.

* * *

Antes mesmo de assumir a presidência da República, em janeiro de 1977, Jimmy Carter havia assinalado sua intenção de rever completamente as relações com o governo brasileiro, tendo caracterizado o memorando de entendimento Silveira-Kissinger como "um tapa na cara do povo americano". Carter julgava que os Estados Unidos não podiam atribuir um papel destacado ao Brasil, que ao seu ver era governado por um regime militar ditatorial que não respeitava os direitos humanos e, ainda por cima, embarcara em um programa nuclear ambicioso.

Iniciou-se assim um capítulo inédito em nossas relações com os EUA: a confrontação aberta. Warren Christopher, um advogado prestigioso de Los Angeles, fora nomeado vice-secretário de Estado e 15 dias depois despachado para Brasília, a fim de virtualmente exigir o fim do programa nuclear brasileiro, ou, pelo menos, dos segmentos mais ambiciosos, como o reprocessamento de plutônio e o enriquecimento de urânio.

O acordo nuclear com a Alemanha era um marco de afirmação nacional. Que a primeira iniciativa do governo Carter tenha sido justamente pressionar o Brasil para desistir do projeto foi visto como uma ofensa. A missão de Christopher foi abortada por uma forte reação negativa.

Dezenove anos depois, em 1996, Warren Christopher voltou ao Brasil como secretário de Estado de Bill Clinton e assinou comigo um acordo de cooperação nuclear em termos muito equilibrados. Eu o provoquei sobre sua visita de 1977, dizendo: "Quem diria que você voltaria como ministro e, sobre o mesmo tema, teria uma posição completamente diferente?" Ele me confessou: "Você sabe, eu estava com um mês só em Washington e não tinha ideia da encrenca em que estava me metendo. Na verdade, foi um péssimo episódio, que nunca esqueci para não repetir a situação."

Depois de Christopher, vieram a primeira-dama Rosalyn Carter e o secretário de Estado, Cyrus Vance. Este era um patrício, uma espécie de navio-escola do establishment de política externa da Costa Leste, que tinha feito uma longa carreira pública na agenda da Guerra Fria. Mas quando esteve em Brasília, ele talvez estivesse doente ou perturbado. Andava despenteado, inclusive, fato raro para um homem público americano. Veio acompanhado de Robert Pastor, assessor para a América Latina, um intelectual ambicioso e espertinho. Pastor tinha preparado um roteiro, um *briefing book,* para

Vance, com uma série de especulações, provocações e acusações para orientar suas conversas com Silveira e Geisel.

Após discussões difíceis no Itamaraty sobre energia nuclear, Vance foi recebido pelo presidente no Palácio do Planalto e começou a apresentar toda a agenda americana daquele momento. Geisel era uma pessoa que, quando irritado e provocado, parecia Netuno saindo das águas com seu tridente. Falava em tom cada vez mais alto e contradizia o interlocutor com veemência.

Ao sair do gabinete, Vance ficou tão atarantado que deixou sobre a mesa de apoio o tal livro preparado por Pastor. Eu estava na antessala aguardando que Azeredo da Silveira me desse instruções sobre como reportar a reunião para a imprensa na qualidade de porta-voz do Itamaraty, cargo que assumira havia pouco. O secretário de Estado, bastante perplexo, veio logo em minha direção, segurou-me pelo braço e disse: "Precisamos combinar como vamos contar a conversa para a imprensa." Relatei isso a Silveira. Ele me respondeu: "Deixa ele para lá! Ele diz o que ele quiser e nós dizemos o que nós queremos."

Nunca houve combinação. O *briefing book* consta do arquivo de Silveira, hoje confiado ao Centro de Pesquisa e Documentação de História e Contemporânea do Brasil (CPDOC), da Fundação Getulio Vargas, e pode ser consultado por interessados. O ministro brasileiro chegou triunfante ao Itamaraty, com o livro debaixo do braço. Mandou tirar cópias e depois o devolveu à embaixada americana, com um cartão irônico. Era um documento polêmico que comprovava o componente provocativo da política americana, ao ponto de nos ameaçar com uma possível aliança nuclear Estados Unidos-Argentina, se o Brasil não cedesse.

O presidente Jimmy Carter veio ao Brasil em março de 1978. Um Mirage da FAB aproximou-se do Boeing presidencial. O piloto americano reagiu e houve troca de palavras ríspidas. Era o clima existente. Carter aterrissou em Brasília e ainda na base aérea fez um discurso cordial, o que descontraiu o ambiente. A essa altura, Geisel tinha pedido ao ministro da Justiça, o senador Petrônio Portela, que iniciasse uma missão exploratória sobre o que desejava que viesse a ser uma "abertura lenta, gradual e controlada". Carter veio a encontrar-se com alguns integrantes da missão e reuniu-se em São Paulo com personalidades destacadas da oposição, inclusive Fernando Henrique Cardoso.

Carter visita o Brasil

Creio que Carter havia comprendido que a atitude provocativa preconizada por Bob Pastor não era a mais eficaz e se comportou de modo muito mais suave do que as autoridades que o antecederam em Brasília. Geisel também sabia que uma confrontação direta com o presidente americano não era politicamente desejável. Na realidade, ambos baixaram o tom.

Quando terminou a reunião de mais de uma hora entre os presidentes, perguntei a Silveira o que devia informar à imprensa. Ele instruiu-me a dizer que o assunto direitos humanos não havia sido tratado entre os dois. Havia uma quantidade enorme de jornalistas brasileiros e estrangeiros no auditório do Itamaraty. O ambiente era de Fla-Flu.

Perguntaram logo: "Como foi a conversa sobre direitos humanos?" Respondi como instruído por meu chefe, o que gerou um rebuliço na plateia. Mais tarde, o porta-voz de Carter, Jody Powell, foi confrontado com essa afirmação e ficou perplexo, a ponto de dizer que "o senhor Lampreia é um grande mentiroso". Ficou nisso. Não tive acesso às notas tomadas durante a reunião, mas creio que Carter realmente optou por não insistir na questão.

Fundamental para isso foi a convicção que começava a se formar em Washington de que o regime militar já se encaminhava para o ocaso. Há pouco tempo, a abertura de arquivos da CIA revelou que, em 25 de setembro de 1978, Zbigniew Brzezinski, conselheiro de segurança nacional, escreveu a Carter dizendo que o general Figueiredo, já ungido como sucessor de Geisel, tinha afirmado em privado a interlocutores americanos que, depois de sua posse, "as coisas vão melhorar".

Talvez o próprio Geisel tenha se surpreendido com o desabrochar de um democrata em Figueiredo. E o assessor de segurança nacional de Carter concluía: "Não precisamos nos preocupar muito com o Brasil. Vamos deixar passar, deixa o novo governo começar e aí as coisas mudam." E de fato mudaram, com a revogação do AI-5, a anistia e o retorno dos exilados.

Em 1975, as relações com a Argentina começaram a ficar bastante estremecidas, devido à rivalidade gerada pela construção da usina hidrelétrica de Itaipu. Setores militares argentinos influentes consideravam que a obra constituía uma ameaça à segurança nacional. Chegaram mesmo a formular a tese absurda de que a barragem no rio Paraná era uma bomba atômica líquida, pois a liberação descontrolada das águas represadas poderia levar à inundação de parte substancial do seu território, ameaçando até Buenos Aires.

Tendo-se preparado historicamente para uma hipótese de conflito com o Brasil, as forças armadas argentinas, então no poder, só raciocinavam em termos adversativos e promoveram uma campanha de alarme na opinião pública portenha. Sete anos depois, a invasão das Malvinas foi o paroxismo dessa postura. No nosso caso, deve ser dito que eram regimes militares aqui e lá, e isso pesava decisivamente. Naquele momento, Brasil e Argentina tinham uma rivalidade que se estendia a uma competição por influência regional.

A estratégia argentina no que tocava a Itaipu era de conseguir, através da via multilateral, a validação da tese da consulta prévia. Segundo ela, não era possível levar adiante uma obra de tal impacto, em um rio de curso sucessivo, sem o consentimento da população ribeirinha. Alegavam que a construção de Itaipu no modelo de engenharia que tínhamos adotado causaria danos graves à Argentina.

Não havia, porém, nenhuma hipótese de ocorrerem prejuízos sensíveis para tudo que estivesse rio abaixo de Itaipu. O tempo o comprovou plenamente. Mas os argentinos tentaram de todos os modos e em todos os foros internacionais — especialmente na ONU, onde seu embaixador, Ortiz de Rosas, foi o grande comandante dessa empreitada diplomática — ver consagrada a tese da consulta prévia. E, de certo modo, tiveram sucesso, porque, no plano multilateral, a Argentina conseguiu prevalecer em organismos internacionais com votações por vezes muito expressivas. Mas esse sucesso se revelaria inócuo.

Em entrevista aos anais do Consejo Argentino para Las Relaciones Internacionales, publicada em abril de 2007 sob o título *La batalla de Itaipú*, Ortiz de Rosas afirmou:

> "Em um determinado momento, tivemos uma relação muito tensa com o Brasil por conta das questões da represa de Itaipu sobre o rio Paraná. A Argentina tinha uma visão fantasmagórica de que nos iriam bloquear as águas do rio Paraná e a febre nacionalista se elevou a um ponto muito grande contra o que o Brasil estava fazendo. O Brasil dizia que era um país soberano para fazer o que quisesse junto com o Paraguai. Tivemos relacionamentos muito tensos com os dois países, mas especialmente com o Brasil.
>
> Nas Nações Unidas então se formulou a questão dos recursos naturais compartilhados. O Brasil, que tem uma política de aproximação de longa data com os países africanos, mandou que seu ministro fizesse uma turnê naquele continente para obter o apoio africano na resolução. Tratava-se do chanceler Mário Gibson Barboza, grande amigo

meu e um diplomata de primeira linha, muito inteligente. A Argentina não tinha muitas embaixadas na África, e eu me dediquei a fazer nas Nações Unidas a campanha que Gibson Barboza fazia na África. Qual foi o resultado da votação? Argentina, cem votos. Cem justos, redondo. Um, zero, zero. Por quê? Por causa do apoio dos africanos. O Brasil obteve apenas a abstenção da Etiópia. Nenhum voto a favor e somente a abstenção. Por quê? Porque a Etiópia estava águas acima do Nilo. Quer dizer, ela podia controlar as águas do Nilo da sua situação geográfica, como o Brasil podia controlar as águas do rio Paraná. Então por sua própria situação, votaram pela abstenção. Felizmente anos depois a situação se resolveu e hoje temos uma relação muito boa com o Brasil."

Embalado por essa onda positiva, o governo argentino resolveu mandar para Brasília, como embaixador, um homem de grande qualidade e vigor intelectual. Oscar Camillión tinha servido anteriormente na embaixada da Argentina no Rio, falava português fluentemente e tinha muitos amigos aqui. Era ademais um jornalista consagrado do *Clarín*.
Buscando aumentar em Brasília a vantagem que Ortiz de Rosas dera à Argentina na ONU, Camillión começou a cultivar a imprensa brasileira. Diariamente convidava para um café na sua embaixada um grupo de jovens jornalistas talentosos, entre os quais se destacavam Miriam Leitão, na época repórter da *Gazeta Mercantil* encarregada de cobrir o Itamaraty, Mariângela Hamu, do *Globo*, Carlos Marchi, do *Jornal do Brasil*, e vários outros. A pauta, claro, era Itaipu. Ele vinha conseguindo, através de sua eloquência, influenciar muito a posição da imprensa, que passava a refletir cada vez mais a postura do governo argentino contra a do brasileiro. E isso estava aborrecendo muito Azeredo da Silveira, pois evidentemente estávamos perdendo o jogo na área política e diplomática. Nesse momento, ele resolveu mudar o time.
Na época, eu estava no Rio de Janeiro — por razões familiares, tinha tirado uma licença de seis meses e vinha trabalhando na Vale do Rio Doce, nas negociações com os japoneses para a criação da Albrás, nossa nova empresa estatal de alumínio. Silveira me chamou e disse que precisava que eu assumisse o lugar de secretário de imprensa, substituindo Guy Brandão. A

orientação era: "Você tem carta branca para fazer o que achar melhor. Agora, você só não pode me pedir para eu conversar com duas pessoas. Uma é o Carlos Chagas e a outra é o Conde." Carlos Chagas, que ficava em Brasília, e Carlos Conde eram repórteres de muito prestígio do *Estado de S. Paulo*. Ambos eram, de certo modo, os mais agressivos contra a posição brasileira. Cheguei à conclusão de que, em uma circunstância como aquela, seria essencial fazer o contrário do que vinha sendo feito: era preciso dar informações, correr riscos, raciocinar com os repórteres, procurar convencê-los com argumentos. Comecei um procedimento que não se usava no Brasil, mas que o coronel José Maria de Toledo Camargo, porta-voz do presidente, iniciara: um briefing diário, com declarações atribuíveis ao porta-voz. Todo dia, às quatro horas, a imprensa vinha ao auditório da Secretaria de Imprensa. Podia fazer a pergunta que quisesse, e eu respondia como achasse que devia.

Eu não era obrigado a comentar tudo, mas estava disponível até para dizer que não tinha comentários a fazer, sendo assim uma fonte de informação oficial citável. Também comecei a visitar editores dos grandes jornais. No *Estado de S. Paulo*, o chefe da redação era Oliveiros Ferreira, que me ajudou muito nesse sentido. Passado algum tempo, veio um convite da família Mesquita, proprietária do jornal desde o início do século, para uma conversa.

Fui a São Paulo para um encontro com eles. Tive uma grande vantagem, porque Ruy Mesquita tinha sido amigo de meu pai e me tratou com muita consideração, embora tenhamos divergido sobre a maior parte dos assuntos. Pouco depois, o *Estadão* publicou um editorial favorável à política externa do governo, quando nos meses anteriores chamava o ministro de "senhor A. da Silveira". O jornal usava esse recurso quando queria atingir alguém — fizera o mesmo com o governador de São Paulo Adhemar de Barros, por exemplo, que virou "o senhor A. de Barros".

Geisel ficou perplexo. Ele detestava o *Estadão*, que era um bastião liberal e democrático, a ponto de não permitir que exemplares seus entrassem no Palácio da Alvorada. Chamou Silveira e disse: "O que você fez com o *Estado de S. Paulo* para que eles mudassem completamente de ponto de vista?"

Pouco a pouco, nosso relacionamento com a imprensa foi se equilibrando. Até hoje conservo grande amizade com vários daqueles jornalistas.

A tarefa não foi fácil, pois a atitude dominante dentro do governo era de que diplomacia não se faz sob holofotes e, certamente, o presidente Geisel pensava assim. A verdade, porém, é que me deixavam trabalhar usando transparência máxima. Antonio Azeredo da Silveira sempre foi um verdadeiro pai, de uma generosidade enorme comigo. Embora pudesse ter dúvidas quanto ao método, ele nunca me criticou. Creio que percebeu que politicamente a estratégia era eficaz e fazia sentido. Portanto, nunca houve censura ao meu trabalho. Mesmo aquela pergunta de Geisel foi mais uma curiosidade do que uma crítica.

Nossa advocacia era muito facilitada, pois a posição brasileira nada tinha de espúria, nem de ilegítima. O Brasil queria construir uma hidrelétrica, naquele ponto do rio Paraná, que tivesse viabilidade econômica e fosse capaz de atender nossa demanda. Portanto, a barragem tinha que ser suficientemente alta para permitir a geração do máximo de energia elétrica sem causar, naturalmente, nenhum prejuízo sensível à Argentina.

O Paraguai, nosso condômino, estava de pleno acordo. A argumentação principal dos argentinos era que, se o Brasil fizesse a barragem na altura programada, ia inviabilizar projetos seus, como o da hidrelétrica Corpus, por falta de condições técnicas.

Depois disso, construíram a hidrelétrica Yacyretá com o Paraguai e jamais ergueram Corpus. Não porque nós não tenhamos permitido, mas porque Corpus não fazia muito sentido mesmo. Em suma, a causa era boa e nossos argumentos eram sólidos e se apoiavam nos pareceres de grandes engenheiros, como Mário Behring, presidente da Eletrobrás, dono de inesgotável conhecimento e fino sentido de humor. Isso acabou ficando claro e a imprensa brasileira passou a apoiar a posição do governo. No dia 19 de outubro de 1978, houve o desvio do rio para o início da construção da barragem. Itaipu tornou-se irresistível, acabando-se a polêmica. E desde então responde por mais de 30% da energia total do Brasil. Creio que todos os brasileiros deveriam fazer uma peregrinação a esta verdadeira catedral que é Itaipu.

Foi uma ironia que, ao final dos seus cinco anos de gestão, embora tivesse realizado uma obra enorme de política externa, Silveira houvesse encaminhado, mas não resolvido, a grande querela das águas do rio Paraná. Só nos primeiros meses da gestão de Saraiva Guerreiro seria assinada a paz do Acordo Tripartite. Guerreiro, em gesto elegante, enviou um telegrama a Silveira, compartilhando o sucesso: "Isso que eu estou assinando é o que você deixou sobre a mesa."

4ª PARTE: OS ANOS 80

Terminado o governo Geisel, Azeredo da Silveira assumiu a embaixada brasileira em Washington. Não era sua primeira opção, que teria sido permanecer à frente do Itamaraty, nem a segunda, a embaixada de Paris. Mas era o posto mais importante do nosso serviço diplomático. Segui com Silveira como seu ministro conselheiro. Ele não teria como saber quanto os anos de Washington seriam difíceis, em todos os planos. Acumularam-se problemas comerciais e, sobretudo, houve o desastre da dívida externa, que inaugurou nossa década perdida e enfraqueceu o Brasil.

Com o esgotamento de nossa capacidade de endividamento, no fim dos anos 70, teria sido necessário fazer um forte ajuste recessivo da economia brasileira. O governo Figueiredo não quis seguir por esse caminho espinhoso, preferindo uma política expansiva. Ela poderia até ter dado certo, mas, com a extrema vulnerabilidade de nossas contas, em virtude da grande dívida externa, a tempestade do segundo choque do petróleo (a produção iraniana foi paralisada, como consequência da revolução islâmica liderada pelo aiatolá Khomeini) foi devastadora para o Brasil, inviabilizando a estratégia de crescimento.

O governo de Jimmy Carter encerrou-se melancolicamente, com a humilhação dos reféns na embaixada americana em Teerã, uma inflação a taxas inéditas de dois dígitos e um sentimento geral de mal-estar nacional, que o próprio Carter definiu inabilmente de *"malaise"*. Ronald Reagan, com seu charme de ator experiente de cinema e suas ideias simples, mas tão americanas, cativou o eleitorado e venceu facilmente a eleição em novembro de 1980. Carter havia nomeado Paul Volcker, um gigante de dois metros, para a presidência do Federal Reserve — o banco central americano — em agosto de 1979. A meta de Volcker era focar no problema da estagflação, que vinha minando a economia dos Estados Unidos.

A inflação chegara a 13,5% em 1981 e Volcker teve todo o apoio de Reagan para um ataque enérgico, que envolveu uma forte redução da oferta monetária e uma elevação drástica das taxas de juros. As taxas dos fundos federais chegaram a 20% e a *"prime rate"* subiu até 21,5% no mesmo ano. Isso liquidou a inflação, que caiu para 3,2% em 1983, mas provocou uma recessão, com o consequente aumento do desemprego nos EUA. Como resultado desse fortíssimo aperto monetário, o Brasil quebrou, entrando numa crise que mutilou os sonhos de uma geração, pois levou a muitos anos de estagnação, taxas de inflação elevadas e insolvência externa.

A questão mais importante do início de nossa missão em Washington foi a do acesso de aviões fabricados no Brasil ao mercado americano. A Embraer havia desenvolvido um avião novo — um turboélice de trinta lugares batizado de *Brasília*. Vendê-lo nos Estados Unidos, o maior mercado mundial, era essencial. Se não houvesse a homologação do avião pela Federal Aviation Administration (FAA), a agência americana de aviação civil, o *Brasília* não decolaria.

Com a ajuda do coronel Ozires Silva, que era presidente da Embraer e um estrategista inteligente, montamos a defesa da posição da empresa. Mas havia fortes pressões contrárias que se traduziam numa aliança de vários produtores de aviões pequenos, com destaque para a empresa americana Cessna Aircraft. Os produtores ficaram irritados porque o lucrativo mercado brasileiro havia sido fechado para eles pouco tempo antes, sendo reservado para a produção nacional. Essa aliança liderada pela General Aviation Manufacturers Association (GAMA) tinha como ponta de lança um deputado do Kansas, Don Glickman, hoje presidente da Motion Pictures Association.

Tínhamos alguns aliados contra esse lobby, principalmente a empresa americana Piper, que colaborava com a Embraer na fabricação do *Brasília*, e, sobretudo, a Boeing. Em dado momento, Silveira me mandou a Seattle para conversar com a direção da Boeing. A Varig, grande cliente da Boeing, tinha pedido que a companhia americana recebesse um representante do governo brasileiro.

Fui muito bem recebido. O *chairman* da Boeing era um dos maiores líderes empresariais americanos, um *businessman* lendário chamado T. Wilson. Com a objetividade típica dos americanos, ele começou dizendo que queria entender melhor o quadro. Expliquei o que estava havendo, a resistência da GAMA, a relutância da FAA, os lobbies de Washington. E fui direto ao ponto, dizendo que importávamos cerca de 500 milhões de dólares de aviões americanos da Boeing a cada ano. Por outro lado, não exportávamos quase nada de produtos aeronáuticos brasileiros, embora possuíssemos um bom avião que com certeza encontraria mercado. Se aquele quadro se mantivesse, provavelmente passaríamos a comprar jatos da europeia Airbus. T. Wilson entendeu perfeitamente. Poucos meses depois acabou a briga: o poder da Boeing em Washington superava de longe o de seus colegas menores. O *Brasília* entrou com tanta força no mercado americano que algum tempo depois era possível percorrer o país de ponta a ponta em linhas comerciais equipadas com nosso avião.

Na relação com os Estados Unidos, não se falava mais em energia nuclear ou em direitos humanos. Os assuntos principais agora eram de natureza comercial. Naquela época o Brasil já tinha se tornado um exportador relevante de alguns produtos, como calçados, têxteis, suco de laranja e ferro-gusa, o que estava incomodando os lobbies americanos dessas áreas. Começaram a aumentar nesse período as pressões contra nossa política de comércio exterior, em especial o crédito-prêmio do Imposto sobre Produtos Industrializados (IPI), que viabilizava as exportações brasileiras. O ministro do Planejamento, Delfim Netto, ia regularmente a Washington e sabia das dificuldades crescentes que se antepunham ao Brasil na política comercial. Numa dessas visitas, houve uma entrevista no USTR, órgão equivalente a um ministério do comércio exterior, em que o embaixador Bill Brock foi particularmente contundente. Ele nos ameaçou com os instrumentos duros da Lei de Comércio Exterior, que previa inclusive retaliações unilaterais. Delfim saiu dali convencido de que teríamos de modificar nossas práticas, tornando-as mais sofisticadas. Surgiram também no período as primeiras dificuldades com nossos produtos siderúrgicos, tema que por vários anos seria o contencioso central.

Missão em Paramaribo

Nunca pensei que um dia fosse servir em Paramaribo, que para mim durante muito tempo foi um sinônimo de exotismo. Um amigo surinamense resumiu bem a questão: "Ainda não é o fim do mundo, mas posso vê-lo daqui." Estava em minha casa em Washington, no dia 9 de dezembro de 1982, quando recebi um telefonema do Departamento de Estado americano, manifestando grande preocupação quanto à situação naquele país e indagando qual era a opinião do Brasil a respeito. Foi o primeiro ato de meu envolvimento no Suriname.

O Suriname, antiga Guiana Holandesa, situa-se na América do Sul, mas, por sua história e formação socioeconômica, não se vincula à região. Fruto da política colonial holandesa, foi trocado com os ingleses pela pequena ilha de Manhattan, no século XVII, naquele que deve ter sido o pior negócio imobiliário de todos os tempos. A *rationale* da transação, que hoje soa tão bizarra, foi a necessidade de assentar os agricultores holandeses que exploravam o açúcar do Brasil, mas foram expulsos após a derrota militar de Guararapes. O país só alcançou a independência em 1975 — mais por iniciativa da Holanda, que desejava evitar a pecha de imperialista em tempos de descolonização —, seguindo uma trajetória completamente atípica na região.

Toda a lógica da colonização holandesa girou em torno da exploração do açúcar. No século XIX, para fazer face ao aumento da demanda internacional, o governo holandês começou a importar mão de obra semiescrava da Ásia (mais especificamente de Java, China e Bengala), que se somou aos escravos africanos e aos indígenas nativos na exploração das plantações da margem direita do rio Suriname.

Dessa combinação de origens resulta, em primeiro lugar, a diversidade extraordinária da população surinamense. De modo geral, os descendentes dos colonos originais mantiveram suas culturas praticamente intactas. Preservam seus templos e costumes, casam-se entre si, unem-se em partidos, clubes e associações próprias. Um grupo significativo, os afrodescendentes são chamados de "bush negroes" e habitam antigos quilombos transformados em aldeias, onde tudo é igual ao que se encontra em qualquer povoado do interior da África Ocidental.

Apenas cerca de 30% dos surinamenses são *créoles*, ou seja, oriundos de casamentos mistos, geralmente entre negros, brancos e índios, na boa receita brasileira. Por fim, há um pequeno contingente de ameríndios e um grupo ainda menor de brancos, muitos dos quais descendentes de judeus que originalmente saíram do Brasil, na época colonial, expulsos junto com os holandeses ou por ordem do marquês de Pombal.

Com tais história e estrutura demográfica, não surpreende que o Suriname tenha chegado muito mais tarde do que os demais países sul-americanos a ter um sentimento de nação. O próprio processo de independência, que se desenrolou já no ocaso do colonialismo, em 1975, foi, como já disse, muito mais incentivado pelos Países Baixos do que resultante de uma aspiração do povo surinamense. Um segmento importante — os indianos agrupados no partido VHP — opôs-se à independência por temer a maioria *créole*. A votação final na Assembleia Nacional foi muito apertada.

Em consequência, os anos que se seguiram à proclamação da independência foram assinalados por uma grande agitação política, em razão do surgimento inédito de posições nacionalistas e esquerdistas em um movimento de militares de baixa patente. Em 1980, liderados pelo militar Desi Bouterse, os sargentos deram um golpe de Estado que triunfou apesar da forte resistência civil. O confronto chegou a um ponto de explosão em dezembro de 1982.

No dia 8 daquele mês, os militares surinamenses resolveram reprimir as lideranças civis do país, que estavam organizando uma forte resistência aos seus arbítrios. Prenderam 15 pessoas — jornalistas, radialistas, advogados, profissionais liberais — e as torturaram, massacraram e devolveram os corpos. Foi um choque tremendo para a população de Paramaribo, até então uma pacata cidadezinha de 200 mil habitantes. Por causa das mortes, os Estados Unidos e a Holanda, antiga potência colonial, cortaram a ajuda econômica e militar e congelaram as relações diplomáticas.

O nosso embaixador estava lá havia vários anos e era muito bem relacionado na sociedade local. Nestor Santos Lima era um homem direito, que ficou muito ofendido com a violência dos sargentos e levou a questão para o plano pessoal: resolveu confrontar os militares. Foi uma atitude digna, mas imprópria para um agente diplomático numa situação grave como aquela. O ministro das Relações Exteriores, Ramiro Guerreiro, deu-se conta de que seria inevitável tirá-lo de lá, até para sua segurança. Naquele momento, mandou seu chefe de gabinete, meu amigo Orlando Carbonar, telefonar-me. Eu servia em Washington como ministro-conselheiro de Azeredo da Silveira e não cogitava receber uma sondagem daquela.

Com todo o cuidado, Carbonar perguntou-me se eu estava disposto a assumir a embaixada em Paramaribo. Mal refeito da surpresa, disse: "Carbonar, eu sou profissional e obedeço às instruções. Mas eu tenho mulher e filhos pequenos. Não posso ir para um lugar assim sem pelo menos dar uma olhada. Preciso ver se tem colégio, se há condições mínimas de levar a minha família. Não vou largá-la para ser embaixador no Suriname." Depois ele me telefonou e disse: "O ministro concorda que você vá como encarregado de negócios durante um período de três meses e depois o efetivamos ou não." Minha carreira tomava um rumo surpreendente.

Num domingo de carnaval, em fevereiro de 1983, segui de Belém do Pará para Paramaribo, chegando lá às duas horas da manhã. O país estava em estado de choque e havia toque de recolher das 19h às 7h. O aeroporto de Zanderij ficava a 50 quilômetros da cidade. A estrada era um breu completo. Fazia um calor de 40 graus. Foi um choque tremendo. Passei um mês familiarizando-me, conversando com as pessoas, tentando entender o que estava acontecendo, quais eram as forças em ação. Compreendi que os militares estavam muito afastados da sociedade surinamense, mas tinham criado um efeito de pânico que inviabilizava qualquer resistência.

No começo de março, telefonou-me o secretário de imprensa do Itamaraty, Bernardo Pericás: "Chega amanhã um avião militar brasileiro com pessoas muito importantes. Receba-as. É tudo que eu posso te dizer." Pedi: "Pelo menos me diz se vocês já pediram autorização de sobrevoo e pouso." Ele respondeu: "Já pedimos, sim. Está tudo certo." No dia seguinte, fui sozinho para o aeroporto. Cheguei lá às três horas da tarde, o sol a pino. Não encontrei vivalma, pois nessa época só havia um voo por dia para o Suriname.

Entrei no saguão e fiquei esperando. Pouco depois, chegou um militar todo suado. Ele estava jogando futebol e tinha posto o uniforme às pressas. Perguntou-me: "O que o senhor está fazendo aqui?" "Eu estou esperando um avião militar brasileiro que vai chegar", respondi. Ele disse: "Como? Um avião militar brasileiro?" "É, um avião militar brasileiro." Descobri que, na verdade, ninguém havia pedido autorização de sobrevoo. Os militares surinamenses estavam apavorados com o que haviam feito e temiam que mercenários fossem invadir o Suriname para derrubá-los.

O oficial partiu correndo para telefonar para seus superiores. Voltou rápido para dizer que o pouso não estava autorizado. Eu lhe disse: "O avião deve estar quase sem combustível e não pode ir para outro lugar. Há pessoas importantes do governo brasileiro dentro dele. Se ele cair, o Suriname vai ter um problema muito grave com o Brasil." Com isso, o surinamense se assustou. Em pouco tempo, chegou o jatinho militar brasileiro e pousou sem problema. Uma tropa surinamense cercou o avião e não queria deixar ninguém descer. Quando viram pessoas de terno e gravata, perceberam, no entanto, que não havia mercenários a bordo. Era uma comitiva de militares e diplomatas brasileiros, entre os quais Osmar Chohfi, chefe da divisão da América do Sul, um grande amigo que mais tarde viria a ser meu chefe de gabinete em Brasília. Também havia o coronel Ary Carracho e outros militares lotados na Presidência da República.

Aquela situação era um desdobramento do jogo geopolítico e da radicalização da Guerra Fria, em curso desde a eleição de Ronald Reagan, em 1980. Sua vitória tinha levado ao poder um grupo de militantes conservadores — no qual já figuravam os *neocons* George Bush, Dick Cheney e Donald Rumsfeld — que estavam decididos a desafiar os soviéticos em todo o planeta. Em pronunciamento bombástico perante a Associação Nacional de Evangélicos, o presidente Reagan abandonou o discurso moderado da *détente* e exortou os americanos a "não ignorar os fatos da História e os impulsos agressivos de um império do mal".

Na Nicarágua, os Estados Unidos vinham dando apoio crescente às forças que se opunham aos movimentos liderados por Daniel Ortega, o qual, por sua vez, beneficiava-se de auxílio cubano e, portanto, indiretamente soviético. No mesmo mês do discurso, um pequeno país da América do Sul estava entrando nos radares americanos: o Suriname. Toda aquela situação resultava de que a Guerra Fria estava em plena difusão na América Latina e o principal instrumento dos soviéticos era Cuba, que estava em uma fase de grande expansionismo, especialmente na América Central e em Granada.

Vendo uma oportunidade, os cubanos tinham mandado para o Suriname um embaixador jovem, ambicioso e cheio de ideias chamado Osvaldo Cárdenas. A embaixada de Cuba em Paramaribo tinha 150 pessoas. O normal seria no máximo meia dúzia de funcionários. Claramente, a ilha estava se organizando para estabelecer uma cabeça de ponte na América do Sul, o que era inaceitável para os Estados Unidos.

Sabe-se hoje que o governo americano, através do general Vernon Walters, fizera uma sondagem para verificar se o Brasil estaria disposto a ajudar os

EUA nas ações militares em curso na América Central — assim como a Argentina fazia. O presidente Figueiredo reagiu negativamente, mas, ao que tudo indica, não informou nem consultou o Itamaraty.

No caso do Suriname, houve uma abordagem mais formal da parte dos Estados Unidos. No dia exato do discurso do "império do mal" de Reagan, em março de 1983, o governo americano enviou a Brasília o juiz William P. Clark, então assessor presidencial para a segurança nacional, a fim de convidar o Brasil a invadir o Suriname junto com forças especiais do seu país. Clark partiu em avião militar e foi encontrar Figueiredo diretamente na Granja do Torto. Teve uma conversa com o presidente do qual só participaram os generais Octavio Medeiros, chefe do Serviço Nacional de Informações, e Danilo Venturini, chefe da Casa Militar. Figueiredo recusou o convite americano novamente, mas disse que, tratando-se de um país vizinho, o Brasil considerava que a situação no Suriname merecia uma reação adequada e exclusivamente brasileira. Em entrevista publicada pela revista *Veja* em 1993, o general Medeiros afirmou:

> "Foi um choque, pois jamais pensamos em qualquer operação desse tipo. O Figueiredo começou a dar explicações: 'Olha, os senhores têm de entender que a situação do Brasil é difícil, temos uma opinião pública, não podemos sacrificar a imagem do governo, há essa grita toda contra a revolução...' Eu solicitei ao general Figueiredo uma reunião privada, entre nós. Fomos para o gabinete e sugeri: 'Presidente, não podemos simplesmente dizer não para os Estados Unidos, aliado tradicional, e não estamos em condições de ver nossas exportações embargadas.' Sugeri que em vez de participar da invasão com um batalhão de paraquedistas, fizéssemos um esforço com Bouterse, oferecendo ajuda técnica, econômica, material, em troca do afastamento dos cubanos. Voltamos aos americanos. O embaixador e o Clark conferenciaram e acharam que seria muito bom. Ficou acertado que suspenderiam a invasão e nós íamos fazer um esforço para entrar no Suriname com nossa influência. Deram um prazo: 'Se não conseguirem num prazo curto, aí uns dois ou três meses, vamos ter de entrar. Não podemos permitir o aumento da influência comunista no Caribe.'" Então, montou-se a operação Venturini.

A missão que chegara no jatinho da FAB era o primeiro passo nesse sentido. Depois que a comitiva foi liberada no aeroporto de Paramaribo, fomos conversar e então vim a saber do episódio da visita de juiz Clark e de suas consequências. Os militares brasileiros me mostraram o levantamento aéreo de todas as posições de importância militar que havia sido feito pelos EUA. Havia até definição dos alvos que deviam ser atacados pelos paraquedistas brasileiros e dos pontos que seriam ocupados pelas forças americanas. Foi das maiores surpresas de minha carreira.

Em seguida, o coronel Ary Carracho teve uma conversa com Desi Bouterse, então já promovido a coronel, na minha presença. Bouterse estava bastante assustado e, mesmo sem saber exatamente o que estava acontecendo, intuía que a presença dos brasileiros seria mais do que uma simples missão de boa vontade. O objetivo da conversa era sondar o surinamense sobre sua disposição de dialogar com uma alta autoridade de nosso governo para definir uma "relação positiva com o Brasil". Bouterse concordou. Carracho disse-me então que ia reportar o ocorrido para o general Venturini e para o general Medeiros e que depois eu saberia a decisão que tinha sido tomada.

No regresso da comitiva a Brasília, houve uma reunião em que o ministro Ramiro Guerreiro finalmente foi chamado e definiu-se uma posição oficial. Figueiredo decidiu que o Brasil confirmaria que não participaria da invasão de um país vizinho, porque não era concebível que o fizesse, e procuraria dissuadir o governo americano de ir adiante sozinho. Mas o Brasil daria a sua própria resposta não militar, pois considerava que o assunto era de sua responsabilidade. Azeredo da Silveira dizia que os Estados Unidos podiam dar-se ao luxo de errar, já que eram tão ricos e poderosos. Mas o Brasil não poderia se dar a esse luxo.

Os americanos aceitaram as ponderações, mas manifestaram seu ceticismo sobre a eficácia da ação brasileira. Li mais tarde as cartas trocadas entre Reagan e Figueiredo. Reagan dizia: "Eu não acredito que vocês vão conseguir resolver a questão, porque a penetração cubana no Suriname está muito adiantada, mas desejo-lhes sorte. Os Estados Unidos, no que puderem, vão ajudar vocês, se vocês quiserem e quando vocês pedirem." Uma semana depois Venturini chegou a Paramaribo a bordo do avião presidencial. Houve então uma cena de anedota: abriu-se a porta da aeronave e saltaram vinte agentes de segurança, com óculos escuros enormes e volumes conspícuos à cintura, formando uma ala paralela à escada do avião. Só então o general desceu. Era uma demonstração de força estranha para quem desembarcava atrás de um entendimento pacífico.

Venturini é um homem muito amável, inteligente e diplomático. Conversamos muito. Dei-lhe minha avaliação sobre os militares surinamenses, acentuando que não tinham propriamente um embasamento ideológico, como os sandinistas nicaraguenses ou o marxista Maurice Bishop, em Granada. Descrevi-os como oportunistas que recebiam o apoio cubano porque era o único disponível. Ponderei que, se eles fossem convencidos, primeiro, de que iam ser atacados e, segundo, de que poderiam conseguir benefícios, acabariam por aceitar uma aproximação com o Brasil.

Venturini foi muito hábil. Teve uma conversa de horas com Bouterse — em que fui o intérprete — ao longo de dois dias seguidos, mas não exigiu nada, ressaltando apenas que não era desejável transpor a Guerra Fria para a América do Sul. Foi uma forma cifrada de dizer que o Brasil não poderia aceitar a implantação da influência cubana no Suriname. Ofereceu, por outro lado, ajuda econômica e militar, sem especificar cifras. No final, Bouterse ficou tão aliviado com a proposta brasileira que promoveu uma festa no Clube Militar para Venturini, a fim de comemorar o bom entendimento.

Dando continuidade à visita de Venturini, o governo brasileiro fez um gesto adicional interessante: montou um programa de ajuda militar e econômica de 50 milhões de dólares. Fui encarregado de geri-lo na ponta do Suriname. Financiamos material militar como Urutus e outros carros blindados de fabricação brasileira e treinamento para os militares surinamenses, na Academia Militar das Agulhas Negras, Rio de Janeiro. O dispositivo militar do Suriname era ridículo. Para eles aquele aperfeiçoamento teve grande valor. Fornecemos ajuda e assessoria amplas em áreas como cultivo de arroz, azeite-de-dendê, madeiras, eletricidade, habitação popular e educação.

Mas o cubano Osvaldo Cárdenas continuou ativíssimo, movimentava-se muito. Tinha até um passe livre para circular durante o toque de recolher. Eu mantinha com ele uma relação social. Falávamos sobre boxe, música popular cubana e nada mais. Convenceu Fidel Castro a levar Bouterse em seu avião até a Índia, onde participaram de uma conferência dos alinhados.

Imagino que Fidel se arrependa até hoje de ter jogado algumas fichas em Bouterse e no Suriname. Anos depois, eu, já ministro, ouvi do embaixador de Cuba, Jorge Bolaños: "Você se lembra do seu colega no Suriname, o Osvaldo Cárdenas? Pois é, ele fez um mea-culpa. Escreveu um livro em que relata o fracasso da missão dele e se desculpa perante o partido pela incompetência da sua ação."

Quando se pôs em marcha o programa de ajuda, o ministro Guerreiro confirmou que desejava nomear-me embaixador. Eu tinha apenas 41 anos e era muito raro um diplomata chegar a essa posição naquela idade. Aceitei ficar em Paramaribo, inclusive porque tinha verificado que havia plenas condições para levar minha família. Houve uma sessão da Comissão de Relações Exteriores para confirmar a indicação. Hoje em dia é até televisionado, mas na época era secreto.

O assunto era um tanto palpitante e na minha arguição havia uns quarenta senadores, que desejavam saber como estava a questão do Suriname. Roberto Campos, então senador por Mato Grosso, abriu os trabalhos fazendo um longo ataque à posição do governo, dizendo que aquilo era um equívoco e que devíamos ter apoiado os americanos na invasão. Segundo ele, o Brasil não tinha cacife para enfrentar os cubanos, aquilo ia dar errado, era uma tolice. Eu fiquei ouvindo e depois disse: "Com a sua licença, senador. Permito-me discordar. As informações que lhe chegaram não são coincidentes com as que eu tenho. E como eu estou lá, permito-me achar que as minhas fontes são mais diretas." Campos não levou adiante a polêmica. Acabei sendo aprovado, com alguns votos contra, mas por larga maioria.

Assumi meu posto pouco depois e fomos implementando nosso programa de ajuda com bastante êxito. Enquanto isso, em Granada, a situação política havia se radicalizado. Iniciara-se a construção de uma pista de aviação — com participação de operários cubanos — que, segundo alegava o governo americano, poderia vir a ser uma base aérea cubano-soviética. Na verdade, tratava-se apenas de um projeto de aeroporto para melhor servir a atividade turística, único recurso econômico da ilha. Mas desde 1981 a CIA vinha tomando medidas para desestabilizar o governo de Maurice Bishop. As forças armadas americanas já tinham conduzido um ensaio geral de uma intervenção em Granada na ilha de Vieques, na costa de Porto Rico, mobilizando 10 mil homens. Bishop havia visitado o Suriname e Bouterse lhe devotava uma atenção respeitosa.

No dia 19 de outubro de 1983, meu aniversário, os Estados Unidos desembarcaram em Granada na primeira operação militar ofensiva desde a guerra do Vietnã. Como no caso do Iraque, vinte anos depois, as justificativas para a invasão revelaram-se discutíveis e mesmo falsas, mas tiveram grande apoio no Congresso e na opinião pública americana. Bishop e seus companheiros foram todos mortos. Bouterse, sempre oportunista e desconfiado, botou as barbas de molho. Expulsou o embaixador cubano no dia seguinte e rompeu com o governo de Havana. Até hoje continua a ser o homem forte do Suriname, embora tenha abandonado há muito suas veleidades esquerdistas.

Anos depois, o general Octavio Medeiros disse-me: "Vocês do Itamaraty evitaram que nós nos metêssemos numa grande enrascada."

Na época em que servi como embaixador no Suriname, praticamente não havia brasileiros no país. Aos poucos, porém, o garimpo do ouro e a proximidade com a Guiana francesa — tradicionalmente um bom mercado de trabalho, com todas as vantagens que a proteção social da França oferece — foram atraindo homens e mulheres da região Norte do nosso país. Esses compatriotas começaram a penetrar no interior do Suriname, território dos *bush negroes*. Com o aumento do contingente brasileiro, as diferenças culturais e econômicas acabaram gerando graves conflitos, como o que explodiu com violência e mortes na época do Natal de 2009. Os quilombolas atacaram um contingente de brasileiros em Albina, na margem do rio Maroni, que faz divisa com Saint Laurent, onde se situava o *bagne,* degredo de prisioneiros famosos como Papillon e o capitão Dreyfus.

Voltei para Brasília em meados de 1985 para trabalhar com João Sayad, ministro do Planejamento. Foram anos muito interessantes. Conheci Fernando Henrique, que era líder do governo no Senado, e todos que viriam a formar mais tarde o PSDB. João Sayad fazia parte do grupo paulista ligado a Franco Montoro, o governador de São Paulo eleito em 1982. Tive uma experiência intensa de Brasil real. A carreira diplomática não costuma proporcionar a vivência das questões com as quais me deparei na Secretaria de Planejamento (Seplan). Meu cargo era de diretor da Secretaria de Assuntos Internacionais (Subin) e eu tinha a responsabilidade de coordenar todos os nossos programas com o Banco Mundial e com o Banco Interamericano (BID).

Nessa função, eu mantinha um relacionamento estreito não apenas com a burocracia federal, em áreas como infraestrutura, energia elétrica, rodovias, habitação, saneamento e saúde, mas também com os estados e até com municípios. Eram financiamentos muito importantes, que viabilizavam projetos grandes de hidrelétricas, rodovias, portos etc.

Nesse campo, relato um episódio muito curioso. Delfim Netto, ainda ministro do Planejamento, antes de João Sayad assumir o cargo, foi visitar o todo poderoso vice-presidente executivo do Banco Mundial, Ernest Stern, em Washington. O brasileiro foi apresentar o pedido de um empréstimo de 500 milhões de dólares, que serviria para financiar o desenvolvimento da mina de Carajás, na Amazônia. Delfim usou toda a sua habilidade e todo seu charme para convencer Stern a receber bem o pleito. O executivo, porém, foi frio.

Terminada a reunião, fomos todos para a sala de Alexandre Kafka, nosso diretor no FMI, do outro lado da rua. Havia uma irritação geral com Stern, mas Delfim manteve-se calado. Passados alguns momentos, ele perguntou: "Vocês pensam que exercer o poder é ir logo dizendo que sim? Não é não. A esta hora, Stern está lá na sala dele pensando assim: 'Aquele gordo veio aqui achando que eu ia dar logo o sinal verde para o projeto dele, mas não vai ser assim. Ele vai ter que rebolar muito para me agradar.' E eu vou mesmo ter que passar bastante a mão no pelo dele." Foi uma lição de política prática que não esqueci.

Em fevereiro de 1986, foi lançado o Plano Cruzado, de autoria da equipe do Ministério da Fazenda, sob a liderança de Dilson Funaro, mas com uma contribuição importante de João Sayad e Andrea Calabi, nosso secretário-executivo na Seplan. Não participei das discussões. Inicialmente, o cruzado foi recebido como uma salvação nacional. Houve um apoio maciço que elevou Funaro e Sayad à categoria de ídolos populares. Em pouco tempo, porém, o plano começou a fazer água por causa do desequilíbrio dos preços em razão do congelamento e do consequente desabastecimento.

Ficou registrada para sempre a cena ridícula de policiais perseguindo bois no pasto a mando de Funaro, para evitar o desabastecimento. Em ano eleitoral, ademais, não foram tomadas medidas para conter os gastos públicos e surgiram desequilíbrios fortes, que também se verificaram na área cambial, com grandes perdas de reservas. O governo teve uma grande vitória eleitoral, mas a política econômica estava naufragando. O Plano Cruzado cumprira sua trajetória da glória ao inferno.

Depois das eleições, em novembro, foi posto em prática o Plano Cruzado 2. João Sayad tinha acabado de regressar comigo de uma viagem ao Japão quando encontrou o novo plano pronto. Divergiu profundamente e foi ao presidente Sarney para expor suas razões. Mas a decisão já havia sido tomada e era tarde para recuar. João ficou muito desgostoso e deixou o governo pouco depois. O plano revelou-se outro desastre: a inflação disparou e o Brasil acabou sendo levado a decretar uma moratória sobre nossos pagamentos internacionais. Dilson Funaro adotava uma visão heroica da moratória. Tinha a ilusão de que ela pudesse ser um instrumento de afirmação brasileira, quando na verdade foi exatamente o contrário: uma desmoralização completa.

Com a saída de Sayad, regressei ao Itamaraty trazendo comigo a área de cooperação técnica que era até então compartilhada com o Planejamento. Criamos a Agência Brasileira de Cooperação (ABC), um instrumento diplomático auxiliar de valia, que até hoje funciona bem, com prioridade para os países sul-americanos e para os países africanos de língua portuguesa.

Poucos meses depois fui nomeado subsecretário de assuntos políticos do Itamaraty. É interessante notar que, malgrado o naufrágio econômico, o governo Sarney teve uma política externa cheia de iniciativas.

No início, as nossas atenções estiveram muito voltadas para o Cone Sul, onde tratávamos de fazer um trabalho gigantesco para consertar décadas de rivalidades, muitas vezes perigosas. A tarefa envolveu, em primeiro lugar, uma decisão política do presidente Sarney e do seu colega argentino, Raul Alfonsín, a quem os dois países são devedores para sempre. Acho que tanto para Sarney quanto para Alfonsín a ideia da superação da rivalidade entre o Brasil e a Argentina, pelo menos na sua coloração mais negativa e aguda, era um objetivo fundamental, talvez até uma obsessão pessoal.

Na Reunião de Foz do Iguaçu, em dezembro de 1985, eles assinaram a ata homônima à cidade, que foi o marco fundacional de um novo tempo nas relações bilaterais entre os dois países. E deu-se início então a um processo que tinha duas vertentes principais. A primeira era a negociação de acordos econômicos para aproximar e integrar as economias da Argentina e do Brasil. Em vez de haver um acordo global, a estratégia — acertada a meu ver — foi a de fazer outros pontuais, em setores específicos, em particular o automobilístico.

Essa estratégia deu muito certo e fez com que o comércio começasse a se expandir consideravelmente, construindo uma teia bastante sólida de interesses comuns. A segunda vertente, também muito importante, foi a da interrupção de uma escalada nuclear entre os dois países. Ela não era chamada de corrida armamentista, mas poderia ter levado a isso, porque se tratava de construir uma indústria nuclear que poderia ser orientada para fins bélicos.

A Argentina tinha saído na frente, com o reator de água pesada pressurizada de Atucha, e o Brasil, através do acordo com a Alemanha, havia procurado dotar-se de uma capacidade ainda maior do que a do vizinho. Ambos os países ficaram limitados, porque tinham esbarrado na resistência dos países nucleares — a começar pelos Estados Unidos — e foram obrigados a levar os seus programas de maneira um tanto sinuosa. Era necessário, portanto, que houvesse a construção de um clima de confiança recíproca, antes de mais nada. E nós trabalhamos muito nisso, particularmente o embaixador Sebastião do Rego Barros, meu querido amigo e companheiro de toda a vida, que liderou a parte brasileira na qualidade de subsecretário econômico.

Foram alcançados acordos muito importantes, como a criação da Agência Brasileiro-Argentina de Controle de Materiais Físseis (ABAC) e o acordo conjunto de salvaguardas e inspeções recíprocas das facilidades nucleares, além de uma atitude conjunta com relação à Agência Internacional de Energia Atômica de Viena.

Enfim, foi se criando não só um clima de confiança, mas também mecanismos para verificar a boa-fé dos dois países. Esse foi a meu ver um dos maiores êxitos da diplomacia brasileira, que salvou os dois vizinhos da opção ingrata da nuclearização, com as consequências insondáveis que poderia ter tido. O caminho absurdo foi evitado e ficou uma obra duradoura da qual nossas nações podem se orgulhar. Digo isso sem pretensão alguma, pois, embora tivesse acompanhado as negociações de meus colegas na qualidade de subsecretário, nunca fiz parte delas.

O ano de 1989 foi importantíssimo para as relações internacionais, pois marcou o início do colapso do império soviético, a partir da queda do Muro de Berlim. Eu tinha estado em Moscou em maio de 1988 e constatado pessoalmente o fracasso absoluto daquele modelo socialista, confirmando o que pensava e lia. Assisti a cenas inacreditáveis, como uma multidão de pessoas andando a esmo dentro do grande magazine Gum, na Praça Vermelha, onde não havia mercadoria alguma nas prateleiras.
Os moscovitas sempre andavam com sacolas vazias na mão, correndo de um lado para o outro para ver se aparecia algo, qualquer coisa, para aí então fazerem uma fila para tentar comprá-lo ou, se possível, precipitarem-se sobre a mercadoria antes dos outros. Era uma desolação completa e todos estavam desmoralizados, inclusive os funcionários do governo. Uma das cenas de miséria que me chocou foi ver veteranos da heroica guerra contra Hitler vendendo suas condecorações para poderem comer.
O presidente Sarney visitou Moscou em outubro desse mesmo ano, acompanhado de uma grande comitiva e hospedando-se no Kremlin. O passadio aí era outro e o luxo abundava. Fiquei num hotel próximo da Praça Vermelha, como a maioria da nossa delegação. O então presidente da URSS, Mikhail Gorbatchev, ofereceu um grande banquete em que, além dos membros da hierarquia comunista, figuravam grandes artistas e atletas olímpicos soviéticos.
Nessa ocasião, foi muito impactante estar no grande salão São Jorge. Nele se preservam a pompa e os rituais do poder russo, que vêm desde a época de Pedro, o Grande, três séculos antes. No dia seguinte, tivemos uma reunião de trabalho em que o conhecimento e a seriedade do nosso presidente contrastavam com a ligeireza de Gorbatchev, que sempre procurava mostrar-se espirituoso. Pensei comigo mesmo: se o secretário-geral do Partido Comunista, o sucessor de Lenin, Stalin e Kruchev é um peso leve assim, é porque este regime está em fase terminal.

Mais tarde soube que o presidente Sarney também tivera uma avaliação negativa sobre a liderança de Gorbatchev. Um ano depois, em novembro de 89, cairia o Muro de Berlim, e, em 1991, acabaria a União Soviética. Gorbatchev foi um aprendiz de feiticeiro que quis conduzir simultaneamente a abertura política (glasnost) e reformas econômicas (perestroika). Os nomes são belos, mas foram fracassos enormes. Terminou deposto numa vila da Crimeia.

Gorbatchev foi um falso gigante que pretendeu ir além das próprias possibilidades, tentando reformar um sistema irrecuperável. Surgiu como um político destacado num cenário de gerontocratas: tinha 53 anos quando foi eleito secretário-geral do Partido Comunista, escolhido por membros do Politburo com mais de 70. Era um *aparatchik*, mas com plena consciência da necessidade de arejamento da máquina.

Não temia a inovação, tinha até gosto por ela. Mas a burocracia do partido e do governo não permitia grandes modernizações. Perdeu o controle dos eventos em ambos os projetos e acabou varrido pelo turbilhão que tanto ajudou a criar. Teve, porém, um enorme mérito histórico: recusou-se a reprimir os movimentos de abertura que foram brotando na Hungria, na Polônia e na Tchecoslováquia. Anulou assim a doutrina Breznhev, que por várias vezes havia liquidado, com o envio de tropas soviéticas, as primaveras de Budapeste, Varsóvia e Praga. Em seu livro *1989: o Ano que Mudou o Mundo*, o jornalista americano Michael Meyer relata que, ao encontrar Gorbatchev muitos anos depois, perguntou-lhe por que ele não havia agido com violência quando viu o rumo que os eventos estavam tomando. "Em nome de quê?", respondeu Gorbatchev, indignado. "Em nome da brutalidade, em nome da coerção ou da escravidão?" Essa foi a sua maior contribuição histórica.

O fim do muro de Berlim deflagrou, em rapidíssima sucessão, a queda de todos os dominós na Europa Oriental, inclusive da própria Alemanha Oriental, que acabou. A festa dos berlinenses foi dos mais belos e espontâneos espetáculos de celebração da liberdade. Tudo isso foi, num certo modo, uma crônica anunciada, mas suscitou em mim uma grande satisfação. Por força de meu cargo no Itamaraty, eu recebia diariamente as informações de nossos postos na Europa Oriental. Todas as embaixadas — em

Praga, Varsóvia, Budapeste, Sófia — reportavam com muita emoção o que estava se passando em cada país e as populações celebravam o fim do jugo comunista.

O cientista político americano Francis Fukuyama escreveu na ocasião o seu famoso artigo, que foi muito mal interpretado, ridicularizado até. Na verdade, Fukuyama não anunciou o fim da História. Disse apenas que era o fim das alternativas ao capitalismo, que não havia mais a dicotomia capitalismo ou socialismo.

Outro aspecto muito importante era a possibilidade de que, com o colapso da URSS, os EUA poderiam dar sozinhos as cartas na política mundial. Depois ficou patente que não era bem assim. Mas num primeiro momento ficamos preocupados com o surgimento de um monopólio da parte dos americanos. O nosso sentimento inicial era portanto um tanto dividido. Por um lado, havia o júbilo pelo fim de uma experiência fracassada, marcada por momentos brutais de repressão, genocídios e gulags. Mas, em contrapartida, temíamos que a liquidação da URSS levasse a uma situação excessivamente concentradora de poder na mão dos Estados Unidos.

5ª PARTE: OS ANOS 90

Quando terminou o governo Sarney e Fernando Collor foi eleito para a presidência, o seu homem de confiança no Itamaraty era o cunhado, embaixador Marcos Coimbra, casado com a sua irmã Leda. Coimbra tinha um grande amigo no Itamaraty, o embaixador Eduardo Hosannah. Ambos eram obcecados por fazer uma mudança profunda na estrutura da carreira diplomática.

Por minha posição de subsecretário de assuntos políticos — o equivalente a ser subsecretário-geral — e por meu currículo, eu era candidato natural a secretário-geral do Itamaraty, o posto mais elevado da carreira. Mas os novos titulares do poder partiram a secretaria-geral em três, com o propósito de impedir que surgisse outro ocupante tão forte quanto havia sido o embaixador Paulo Tarso Flecha de Lima nos cinco anos anteriores. Foram estabelecidas secretarias gerais de assuntos políticos, de administração e de controle. Era uma decisão absurda, pois troikas são um mecanismo de distribuição de poder que jamais funcionam.

Esse foi o primeiro choque. O segundo foi a abolição das subsecretarias. Como eram três secretarias-gerais, julgaram que as subsecretarias não seriam mais necessárias. Com isso, o meu cargo deixou de existir e pela primeira vez na carreira fiquei sem função durante vários meses. O terceiro choque — mais grave porque iria abreviar as carreiras de todos que haviam chegado mais cedo ao posto máximo do Itamaraty — foi a criação de um quadro especial que impedia os embaixadores com mais de 15 anos na ativa de exercerem funções no exterior. O Supremo Tribunal Federal derrubou essa medida alguns anos depois.

Em retrospecto, para mim tudo o que aconteceu foi ótimo. Por vezes o que parece um naufrágio acaba revelando-se uma bênção. Um tempo depois fui conversar com Coimbra e disse-lhe que gostaria de ir para Lisboa. Ele e Hosannah foram muito corretos comigo e me indicaram ao presidente para a embaixada da capital portuguesa. Alguns meses depois assumi meu posto, realizando o que era o sonho de meu pai e de meu avô. Apresentei minhas credenciais de embaixador do Brasil ao presidente Mário Soares noventa anos depois que meu bisavô, o conselheiro João Lampreia, havia apresentado as suas ao presidente Campos Salles, em 1900, no Rio de Janeiro.

Estávamos no auge da crise dos dentistas. No meio da nossa década perdida, em que tantos brasileiros desanimaram do futuro e foram buscar novas oportunidades no exterior, jovens dentistas de nosso país tinham-se estabelecido em Portugal, confiantes em que o Tratado de Amizade e Consulta, de 1953, lhes assegurava "tratamento especial que os equipare aos respectivos nacionais em tudo". Aquele nicho de mercado derivava do relativo atraso da odontologia portuguesa e da demanda crescente da população local por melhor atendimento dentário, à medida que subia seu padrão de vida após a entrada de Portugal na Comunidade Europeia, em 1986. Os dentistas portugueses, porém, se sentiram ameaçados e utilizaram todos os meios para infernizar-lhes a vida. A questão provocava debates inflamados aqui e lá.

Pouco após minha chegada, fui entrevistado ao vivo por uma jornalista no telejornal das oito horas do canal de TV RTP. Ela começou a questionar agressivamente, como era do seu estilo, a qualificação e a legitimidade dos dentistas brasileiros. Antes de responder à sua pergunta, lembrei a ela que meu bisavô João e seu filho José, meu avô, tinham buscado refúgio e residência no Brasil quando, em 1910, as vicissitudes da política tinham tornado impossível sua vida em Portugal. Eles haviam sido demitidos do serviço público e privados de seus direitos civis. Foram muito bem acolhidos no Brasil, onde criaram raízes e família, recordei.

Por isso, era difícil para mim compreender que fosse negado a algumas poucas centenas de brasileiros o exercício de suas profissões em Portugal, uma vez que estavam no país com toda legitimidade. A entrevistadora perdeu a iniciativa e ficou com os olhos marejados. Nos dias seguintes, muitas pessoas simples me abordaram na rua para falar com emoção das vivências de meus antepassados e da situação corrente.

Portugal tinha-se apaixonado pela Europa e pelo seu padrão de vida no momento em que o Brasil entrara em sua pior crise e, pela primeira vez em muito tempo, perdera a autoconfiança. Disse-me um amigo de Lisboa: "Vocês sempre se envergonharam do avô Portugal. Agora nós é que estamos constrangidos com o neto." Os ciclos haviam se desencontrado.

Os portugueses têm a maior estima pelo Brasil. As novelas, a publicidade, as expressões coloquiais — tudo isso capturou sua imaginação. Mas a encarnação mais europeia que eles haviam assumido estava impaciente com o Brasil, cada vez menos europeu. Nesse episódio dos dentistas, essa indisposição veio à tona com força. Desde o momento em que Portugal entrou para a Comunidade Europeia, e em particular no governo do primeiro-ministro Aníbal Cavaco Silva, o centro de gravidade da política portuguesa passou a ser Bruxelas, sede da instituição.

Cavaco — um grande economista e gestor público que hoje é presidente de Portugal — governava com os olhos postos na modernização do país e não tinha muita sensibilidade para o caso dos dentistas brasileiros.

Os dentistas portugueses, que tinham cursado medicina e depois feito especialização, consideravam-se por isso superiores aos brasileiros, formados diretamente em odontologia. Os profissionais portugueses conseguiram criar na imprensa e na opinião pública um clima antibrasileiro. E começaram a perseguir os jovens dentistas, procurando impossibilitar-lhes o trabalho e dificultar-lhes a vida.

Por sua disposição de trabalho, os brasileiros cativaram logo minha simpatia. Tomei inteiramente o partido deles. Travamos uma batalha legal e política. Contratei consultores jurídicos constitucionalistas portugueses, que deram pareceres muito categóricos a favor dos brasileiros. Às vezes, porém, temos toda a razão, mas ela parece não valer nada. As autoridades portuguesas não se mexiam, preferindo ignorar o problema.

O caso também merecia um interesse crescente da opinião pública brasileira. Afinal, nossos compatriotas estavam sendo alvo de uma injustiça. Logo ele se tornou um problema político. Em novembro de 1991, uma missão de deputados federais brasileiros desembarcou em Lisboa. Tiveram muito êxito. Deve ter sido a primeira missão de deputados para uma tarefa de política externa.

Os deputados conversaram com o ministro dos Negócios Estrangeiros, João de Deus Pinheiro, e com diversos outros ministros. Fiz um jantar na embaixada, ao qual compareceu o presidente Mário Soares, que com eles conversou longamente. Os parlamentares fizeram ver ao governo português que o Congresso brasileiro estava atento e mobilizado para defender nossos dentistas. A ida deles fortaleceu muito nossa posição na hora de negociar com as autoridades portuguesas.

Aos poucos, foi-se construindo uma maneira de equacionar o problema respeitando os direitos fundamentais de nossos compatriotas, mas também levando em conta a necessidade de atender a algumas preocupações dos portugueses. Os próprios dentistas brasileiros perceberam que era melhor uma solução pragmática do que uma vitória radical, porque esta era improvável.
O medo dos portugueses era que o mercado fosse inundado. Não o confessavam, é lógico, mas sabiam que não tinham como enfrentar a concorrência. Os dentistas portugueses e os brasileiros acabaram sentando-se à mesa e chegando a uma fórmula. A lista dos que já estavam em Portugal foi elaborada e esses tiveram a sua carteira profissional e o seu exercício plenamente validado. Ao mesmo tempo, fixou-se um teto para o futuro. Houve uma reconciliação e o acordo, assinado mais tarde, durante minha gestão no Itamaraty, resultou positivo para todos.
Nosso maior aliado foi o presidente da República, Mário Soares. Grande amigo do Brasil, Soares é um humanista que cultiva simpatia e amor por nosso país. Ele uma vez me disse que, quando visitou o Brasil pela primeira vez, ficou tão encantado que escreveu para sua mulher, dona Maria de Jesus, e avisou: "Se tivesse cá chegado antes, não voltaria mais a Portugal." E acrescentou, com ar pícaro: "Ela não gostou muito do meu comentário." Ele sabia que a desavença entre dentistas portugueses e brasileiros era coisa passageira, mas trabalhou intensamente para superá-la. Assim como tinha atuado, como chanceler do governo provisório em 1974, para superar o problema da nacionalização do Banco do Brasil em Lisboa.
Soares foi o verdadeiro pai da democracia portuguesa. Com coragem e determinação, impediu em 1975 que Portugal se tornasse um país comunista, sob o governo de Vasco Gonçalves. Foi o primeiro-ministro que preconizou e conseguiu a inserção europeia de Portugal. Depois foi eleito duas vezes para a Presidência da República. Recebi dele todas as atenções e pude acompanhá-lo em visitas às cidades de Tomar e Viana do Castelo, que chamava de "presidências abertas". Nessas ocasiões Soares recebia os notáveis locais, caminhava pelas ruas conversando com o povo que o adorava e participava de diversos atos cívicos. Por isso, muitos o chamavam de Mário I, rei de Portugal, e, embora fosse republicano histórico, comprazia-se com isso.
O governo brasileiro tomou a iniciativa, ainda durante a presidência Sarney, de assinar com Portugal um acordo de crédito recíproco, para o fomento

do investimento entre os dois países. Não era um volume enorme — apenas 300 milhões de dólares —, mas praticamente não houve demanda da parte dos portugueses, porque o Brasil apresentava-se pouco atraente naquele momento. Por parte de nossos empresários, houve interesse e isso levou a um florescimento da presença brasileira em Portugal. Quem mais se interessou foram as empreiteiras, que tomaram mais recursos e compraram subsidiárias no país europeu.

Havia a ilusão de que, estando em Portugal, se abriria uma porta para a Europa. O investimento acabou só fazendo sentido para as empreiteiras. A presença empresarial brasileira é frágil até hoje. O próprio Banco do Brasil, que se instalou em Portugal há décadas, tem apenas uma pequena agência lá.

A opção da linha de crédito não desabrochou e o investimento no sentido contrário ainda não tinha aparecido no mapa em 1992. Esse investimento só se concretizou depois da estabilização de preços com o Plano Real, no governo Fernando Henrique, em parte devido às privatizações.

Em Lisboa passei por um grande aperto no processo de impeachment do presidente Collor. Vivenciei grandes constrangimentos. Os meus amigos me defendiam, mas com frequência as pessoas diziam as últimas do presidente do Brasil, de quem eu era o representante diplomático. Os jornais em peso faziam uma condenação generalizada.

Lisboa não foi uma missão fácil por todas essas circunstâncias, embora minha família e eu tenhamos sido tratados com grande carinho. Foi uma pena que uma embaixada tão importante emocionalmente para mim tivesse sido marcada por duas situações muito negativas. Mas, de qualquer modo, fiz grandes amigos em Portugal, aos quais continuo ligado até hoje. Outro aspecto positivo é que eu tinha contato com todos os segmentos da população. Visitei todas as regiões daquele país tão querido, que é minha segunda pátria, sendo sempre recebido com o respeito e o afeto devidos ao embaixador do Brasil.

Secretário-geral do chanceler Fernando Henrique Cardoso

O dia era 5 de outubro de 1992, feriado nacional português da Implantação da República. Havíamos regressado às 17 horas de um excelente almoço típico na embaixada do México, regado a margaritas e boa cerveja. Tudo o que eu queria era uma *siesta*, como é regulamentar num caso desses. De repente tocou o telefone. Era Celso Lafer, ministro das Relações Exteriores do ministério dos notáveis que Collor havia constituído na vã tentativa de recuperar prestígio e respeitabilidade. Transmitia um convite do próximo ocupante da pasta, o senador Fernando Henrique Cardoso, que queria me atribuir a secretaria-geral do Itamaraty.

Fiquei perplexo. Tinha uma boa relação com Fernando Henrique, mas era um conhecimento bastante superficial. Dava-me bem com ele desde os tempos da Secretaria de Planejamento. Fernando Henrique, naquela época da Constituinte um dos maiores líderes parlamentares do PMDB, almoçava frequentemente com João Sayad e um grupo pequeno de dirigentes do órgão. Fui apresentado a ele naquela ocasião. Também conhecia-o como professor, porque estudei sociologia e tinha grande admiração pelos textos dele. Quando eu era um universitário de 19 anos, ele, aos 29 anos, já era uma referência na sociologia brasileira.

Não levantei um dedo para ser secretário-geral, mas o convite mudou minha vida completamente. Estava achando que, ao acabar o governo Collor, eu seria tirado de Lisboa e mandado para um posto de menor hierarquia, embora não possuísse nenhuma relação especial com o presidente que havia sido *impeached* e tivesse assumido posições públicas pelo seu afastamento do poder. Pensava que chegara a um ponto descendente de minha carreira, embora na ocasião tivesse apenas 52 anos.

Dispúnhamos de um trunfo importante no Itamaraty: o próprio FHC. Era muito mais do que um ministro das Relações Exteriores, e sim um primeiro-ministro do presidente Itamar Franco. FHC tinha confiança completa em mim e me delegava muito poder, como se eu fosse o seu executivo-chefe. Verificamos rapidamente que possuíamos uma afinidade completa em matéria de política externa. Não havia nenhuma zona de sombra, embora houvéssemos tido trajetórias completamente diferentes. Por outro lado, o ministério estava marcado por conflitos pessoais, o que era em grande parte fruto dos anos Collor, em que tinham sido tomadas medidas divisivas. Como secretário-geral, tocava-me administrar esses conflitos, o que frequentemente era cansativo e penoso.

Meu entendimento profissional com FHC foi, ao longo de dez anos, sólido e inabalável. Nunca tive o menor receio de que ele me fosse puxar o tapete. E, de minha parte, procurei retribuir com lealdade completa e empenho máximo no sucesso de suas gestões no Itamaraty e no Palácio do Planalto.

O primeiro fato marcante da gestão FHC junto ao Ministério das Relações Exteriores foi um jantar privado e informal na casa do diplomata Clodoaldo Hugueney, que reuniu em torno do novo ministro os principais dirigentes do Itamaraty em Brasília. A primeira constatação unânime que fizemos foi que era necessário equacionar melhor as relações com os Estados Unidos, que vinham muito abaladas desde o fim da década de 70. Naquele momento, após o desmoronamento da URSS e a vitória na Guerra do Golfo, os EUA tinham-se tornado uma verdadeira hiperpotência, expressão que mais tarde seria cunhada por Hubert Védrine, ministro francês das Relações Exteriores.

Em outras palavras, era necessário reorganizar as relações com os EUA de maneira a eliminar fatores de atrito desnecessários. Precisávamos nos focar em coincidir no que fosse possível, divergindo apenas no que fosse necessário. Foi um critério básico que seguimos durante a gestão de Fernando Henrique no Itamaraty e sob sua presidência.

O segundo paradigma da diplomacia brasileira nesse período foi a ênfase no processo de integração. O Mercosul havia sido criado em 1991, mas para levá-lo adiante era necessário dar lastro à expansão de nossas exportações para os vizinhos do Cone Sul. Fernando Henrique, usando todo o poder que tinha, deu instruções à Petrobras para comprar petróleo argentino e orientou os setores competentes a aumentar as importações de trigo daquele país.

O terceiro tema central foi a decisão de encerrar as nossas ambiguidades na área nuclear. Desde 1988 o Brasil já tinha um compromisso constitucional de renúncia às armas nucleares. Mas ele não se traduzia em adesão aos instrumentos internacionais básicos da não proliferação e persistiam zonas nebulosas em nosso programa espacial.

Não falávamos àquela altura em assinar o Tratado de Não Proliferação. O que tínhamos em mente era firmar o protocolo adicional do Tratado de

Tlatelolco de desnuclearização da América Latina, por um lado, e os acordos com a agência de Viena, por outro. Através do primeiro, o Brasil assumiria o compromisso pleno de respeitar o princípio de manter nossa região isenta de armas nucleares. Nosso país tinha evitado assumir aquele compromisso até então, condicionando nossa adesão à de todos os países da região, o que era inviável, pois Cuba recusara-se a aderir ao tratado.
Por meio do segundo, nossa intenção era aceitar submeter todas as instalações nucleares brasileiras às inspeções da Agência Internacional de Energia Nuclear, a única entidade mundial capaz de certificar que o país não usava a energia nuclear como caminho para adquirir armas atômicas.
A nosso ver a combinação dos dois compromissos renderia credibilidade e transparência, evitando questionamentos que interferissem na posição internacional do país e no desenvolvimento da própria indústria nuclear brasileira. Após um complicado processo de negociação interna, superando especialmente algumas resistências de princípio que provinham de setores militares, logramos realizar ambos os objetivos, mesmo que FHC já tivesse deixado a chancelaria para assumir o Ministério da Fazenda.

Um dos episódios mais dramáticos da história diplomática do Brasil ocorreu em Luanda, em outubro de 1992. A guerra civil angolana tinha atingido um momento de grande intensidade, depois da derrota de Jonas Savimbi, o líder da União Nacional para a Independência Total de Angola (Unita), no primeiro turno da eleição presidencial. Inconformado, ele tomou a decisão de buscar o poder pelas armas. Savimbi fora criado por um missionário brasileiro e julgava que o nosso país lhe seria favorável, ou que pelo menos assumiríamos uma posição de neutralidade.
O Brasil, entretanto, estava alinhado desde a independência com o governo constituído do Movimento Popular de Libertação de Angola (MPLA) e, ainda que não lhe fornecesse armas ou apoio militar, era um aliado firme do presidente José Eduardo dos Santos. Por essa razão, o chefe da Unita tinha ódio a nós e iniciara, logo após a divulgação de sua derrota, ataques a diversos acampamentos onde viviam cerca de 3 mil operários brasileiros. Eles trabalhavam em obras na capital ou no interior do país. Iniciamos uma operação sigilosa de evacuação dos nossos compatriotas. Aviões da

FAB e outros fretados pelas empresas empregadoras, em particular Furnas e Odebrecht, foram a Angola e desempenharam com grande êxito sua missão, salvando os brasileiros de um massacre certo.

Os combates aproximavam-se de Luanda. O embaixador Ruy Vasconcelos e sua mulher, Ana Maria, encontravam-se de férias no Rio de Janeiro. Fernando Henrique, ainda ministro das Relações Exteriores, estava em missão no exterior. Cabia-me a responsabilidade de ministro interino. Já em pleno desenrolar da operação, Ruy, velho colega e amigo, apresentou-se e informou-me do seu propósito de voltar a Luanda para reassumir seu posto, acrescentando que Ana Maria decidira acompanhá-lo. Era uma atitude heroica, no momento do maior perigo, que poucos tomariam.

Respondi-lhe que a situação era de altíssimo risco e que ele estaria indo muito além do dever. Eu agradeci e louvei sua atitude, mas disse que preferia que eles não retornassem. Ruy foi inflexível e não pude demovê-lo. No dia seguinte, partiram cedo a bordo de um dos aviões de resgate.

Na noite de sua chegada, em 30 de outubro, Savimbi ordenou um ataque direto à embaixada do Brasil em Luanda, no bairro de Miramar. Havíamos instalado uma comunicação telefônica por satélite. Ruy ordenara que todos os funcionários e suas famílias se escondessem no subsolo, onde deitaram no chão. Ele me mantinha informado da situação.

Uma hora após o início do ataque, ele ligou para dizer que tinha recebido um conselho do representante de Portugal, Antonio Martins, de que era melhor tentar fugir da embaixada. O ataque da Unita ia se intensificar e o propósito era capturar o embaixador do Brasil como refém. Ouviam-se disparos constantes pelo telefone.

Ruy expôs-me a situação e pediu instruções. Foi um momento de grande emoção. Eu lhe disse: "Você e seu pessoal estão protegidos. A embaixada provavelmente está cercada por tropas da Unita. Se você sair, as chances de o pegarem são muito grandes. E Deus sabe o que esses selvagens farão. Mas esse é o meu raciocínio, não uma ordem. Você decide como achar melhor." Ruy resolveu ficar. Passamos a noite toda nos falando e a batalha me chegava dramática pelo telefone. Felizmente, já de manhã, houve um contra-ataque das forças do governo e da população de Luanda, que acabou por salvar nossa gente.

Ruy faleceu prematuramente alguns anos depois, mas seu comportamento naqueles momentos dramáticos ficou como um exemplo de retidão moral e de coragem para todos os membros do serviço diplomático brasileiro.

Em maio de 1993, a situação econômica brasileira seguia em deterioração, com a inflação em alta. Fernando Henrique estava cada vez mais poderoso no governo do presidente Itamar, mas não tinha controle sobre a política econômica como um todo. Aproximavam-se as eleições de 1994 e tudo indicava que o PT chegaria à presidência com Lula. O futuro político do nosso ministro parecia incerto e muitos de seus amigos perguntavam-se se ele não faria melhor buscando uma cadeira de deputado federal em lugar da reeleição para o Senado.
Naquele mês, FHC seguiu para o Japão em visita oficial. Já de regresso fez uma escala em Nova York e foi jantar na residência de Ronaldo Sardenberg, nosso embaixador junto à ONU. O presidente Itamar o localizou e disse-lhe que tinha resolvido nomeá-lo ministro da Fazenda. Surpreso, Fernando Henrique pediu tempo para pensar. Aquilo podia significar a pá de cal em sua carreira política. Na mesma ocasião, eu estava em São Paulo para uma reunião com empresários. Ao acordar de manhã, assisti perplexo ao programa *Bom Dia Brasil*, no qual a notícia principal era a nomeação de FHC para a Fazenda. Imediatamente telefonei para seu hotel na cidade americana e acordei o ministro com a notícia bombástica. Ele ficou surpreso e reagiu: "Mas como? O Itamar tinha prometido esperar meu retorno."
Fui receber FHC na Base Aérea de Brasília e disse-lhe que aquele seria o seu primeiro passo rumo à Presidência da República. Ele respondeu: "Se eu for presidente, você vai ser meu ministro das Relações Exteriores." Palavras proféticas.

A Rodada Uruguai e o nascimento da OMC

Depois de ter sido ministro interino por dois meses (de maio a julho de 1993), fui nomeado para a missão em Genebra, cargo que exerci até dezembro de 1994, quando me tornei ministro das Relacões Exteriores em janeiro de 1995.

Cheguei a Genebra no verão de 1993, quando estava por começar a fase final da Rodada Uruguai. Foi a experiência mais interessante de minha carreira até então. O significado da designação "rodada" prendia-se à natureza abrangente das negociações que se realizavam periodicamente no seio do General Agreement on Trade and Tariffs (GATT), desde 1949 o órgão mais importante do comércio internacional.

Nele haviam-se realizado rodadas sucessivas que permitiram uma grande liberalização do comércio internacional de produtos industrializados. Porém, chegados os anos 80, verificou-se que havia duas lacunas no arcabouço jurídico do comércio internacional. A primeira era a falta de um sistema de solução de controvérsias que fosse efetivamente eficaz. Isso derivava do fato de que, no GATT, a regra do consenso determinava que um país grande pudesse bloquear uma queixa e, portanto, impedir que uma nação menor buscasse ser ressarcida pelos seus direitos violados.

A segunda grande carência do GATT era que ele não cobria os demais setores do comércio internacional, como o comércio de serviços, a área de propriedade intelectual e de investimentos. Também não regulamentava com profundidade suficiente a questão das práticas desleais de comércio.

A falta de cobertura afetava sobretudo dois setores. O primeiro era o comércio de têxteis, em que havia o acordo multifibras. Todos os têxteis e confecções estavam fora da regulamentação do GATT. O comércio de produtos agrícolas também estava fora, embora o GATT visasse reger todo o comércio de mercadorias. A agricultura estava fora porque o GATT deu à Comunidade Europeia um waiver (adiamento de obrigação), dispensando-a das obrigações e permitindo que ela praticasse uma política extremamente protecionista. Os Estados Unidos, como segundo grande polo de produção agrícola, rapidamente obtiveram uma isenção idêntica.

Desde o seu lançamento no balneário uruguaio de Punta del Este, em 1986, a Rodada passara por grandes percalços e estivera por duas vezes à beira do colapso, sempre por impasses em questões agrícolas. Como até hoje, o protecionismo nessa área estava solidamente entrincheirado em todos os países do Primeiro Mundo, sem exceção. Desde o fim da Segunda Guerra, houve redução significativa das barreiras às manufaturas. A exceção era a agricultura.

Ainda que esse setor não empregue mais do que uma mínima porcentagem da força de trabalho nesses países, seu poder político era — e continua a ser — de tal ordem que os governantes não se atreveriam jamais a fazer concessões de vulto, abrindo seus mercados ou reduzindo os subsídios enormes que viabilizam produtores rurais incapazes de competir sem eles no mercado mundial.

Os lobbies europeu e americano de açúcar mantêm há décadas políticas que apoiam a produção local e levam até à exportação de excedentes. Tudo isso em detrimento da concorrência e do consumidor dos seus países, que pagam muito mais do que deveriam se fosse possível importar açúcar de cana do Brasil, por exemplo. Por tudo isso, a Rodada Uruguai era um desafio monumental. Não foi à toa que ela levou sete anos para ser completada.

Os países desenvolvidos, entretanto, não formavam uma frente unida, pois tinham grandes querelas entre eles. O Japão e a Coreia do Sul, por exemplo, até hoje não admitem diminuir as tarifas altíssimas que vedam o acesso do arroz importado, pois atribuem um valor místico à produção nacional. A pressão pela abertura desses mercados específicos vinha dos Estados Unidos. Em protesto dramático, um plantador de arroz coreano cortou seus dedos na entrada do GATT, em Genebra.

Mas os dois elefantes do comércio mundial — Comunidade Europeia e EUA — haviam decidido construir uma plataforma comum em 1993, tecendo um pacto de não agressão, no chamado acordo de Blair House. Os negociadores americanos e europeus reuniram-se na casa de hóspedes da presidência, em Washington, e chegaram a um denominador comum, que incluía o comércio agrícola nas regras da futura Organização Mundial do Comércio, mas pouco significava em termos de redução de suas políticas protecionistas. Podiam com isso concentrar seu poder de fogo na liberalização dos mercados de produtos industrializados e, sobretudo, na introdução de normas regendo o comércio de serviços e a propriedade intelectual, que não figuravam no GATT. Estava aberto o caminho para a conclusão da Rodada.

Faltava encontrar um nome que pudesse liderar as negociações na reta final. Surgiu o de Peter Sutherland, que já havia sido ministro da Justiça da Irlanda, posto no qual manteve confronto aberto com o Exército Republicano Irlandês (IRA). Depois ele assumiu o cargo de comissário da Comunidade Europeia responsável pelo tema concorrência. Peter apresentava uma combinação das melhores qualidades anglo-saxãs com a picardia e a graça dos latinos. Ele só assumiu a direção-geral do GATT depois de ter garantias dos principais participantes de que queriam mesmo completar a Rodada Uruguai. Convencido de que era o caso, decidiu pisar no acelerador.

Sutherland resolveu que, nos três meses que faltavam para o prazo de encerramento da Rodada, fixado em 15 de dezembro de 1993, as negociações seriam feitas em um comitê, em sala fechada, sob sua presidência, com a presença apenas do principal negociador de cada país e somente em língua inglesa, sem tradução simultânea. Ou seja, tudo contrariava os métodos tradicionais da ONU.

Sequer havia uma placa indicando o país de origem à frente de cada negociador. O terreno na maioria das questões tinha sido aplainado nos anos anteriores. Em setembro, só havia por resolver os itens mais críticos e delicados, como o sistema de solução de disputas comerciais, algumas negociações tarifárias, as regras de aplicação de taxas antidumping e, finalmente, os estatutos e o nome da futura organização.

Nas negociações tarifárias — conduzidas bilateralmente, fora do comitê — figurava nossa mais alta prioridade: o suco de laranja. Na época, o Brasil tinha plantações imensas de laranjais, que empregavam direta ou indiretamente cerca de 500 mil pessoas. O país, porém, não conseguia escoar livremente sua produção de suco concentrado e congelado porque tanto na Europa quanto nos Estados Unidos vigoravam tarifas e restrições protecionistas.

Em resposta à nossa reivindicação, o chefe da delegação americana, John Schmidt, disse-me que o lobby da Flórida era muito poderoso e por isso eles não dispunham de condições políticas para fazer qualquer concessão. Em função disso, tampouco fizemos qualquer concessão tarifária para os Estados Unidos. Já com a Comunidade Europeia, as conversas tinham sido bastante promissoras. O Brasil já era responsável pela maior parte do consumo europeu de suco de laranja, mas cerca de 30% eram reservados para as produções mais caras da Itália e Espanha por uma tarifa de 19%.

Nosso objetivo era reduzir essa barreira em 50%. A maioria dos países da Comunidade Europeia era favorável. Na penúltima hora, porém, um constrangido Hugo Paemen — o principal negociador europeu — chamou-me para dizer que lamentava muito, mas sua recomendação positiva havia sido rejeitada pela Comunidade. Confidenciou-me que tinha havido pressão por parte de deputados espanhóis e italianos das regiões produtoras, apoiados pelos respectivos governos e, portanto, não teríamos acordo sobre suco de laranja. Típico dos métodos europeus, que são bem mais sinuosos do que os americanos. O episódio causou-nos mal-estar e ressentimento.

Pouco após, já nas últimas semanas da negociação, chegou-nos às 20 horas um fax da delegação europeia comunicando simplesmente que estavam canceladas concessões já acertadas para uma lista de artigos de couro que nos interessava muito. Era um golpe baixo e uma falta de respeito. Às 22 horas haveria uma sessão noturna do comitê negociador e resolvi atacar com força.

Avisei Sutherland que ia fazer um protesto, e ele prometeu que me apoiaria. Assim que pude, pedi a palavra e fiz a denúncia do procedimento europeu. Em tom indignado, Sutherland exigiu a presença do responsável pelo assunto na delegação europeia. A sessão foi interrompida e pouco depois chegou Roderick Abbott, um funcionário britânico, que tentou dar uma explicação esfarrapada. Peter perguntou se eu ficara satisfeito e respondi que certamente não.

Usando o velho recurso de ridicularizar o oponente, comparei Abbott a um velho político brasileiro que era descrito como a única pessoa capaz de tirar uma banana da mão do macaco e convencê-lo de que era para seu próprio bem. A sala veio abaixo, enquanto o inglês retirava-se à francesa. O que não o impediu de tornar-se mais tarde embaixador da União Europeia na OMC e diretor-adjunto da organização, em recompensa aos bons serviços que prestou.

Quando se fez silêncio, anunciei que, em face de procedimento tão desleal, a delegação brasileira iria vetar o acordo sobre agricultura. A regra geral previa que, se houvesse um veto, não havia acordo sobre nada, pois a Rodada Uruguai era governada pelo princípio do "single undertaking": todos os capítulos precisam ser aprovados simultaneamente por todos.

Houve grande surpresa e apenas o embaixador do Uruguai, também interessado nos artigos de couro, me acompanhou. Dois dias depois, Hugo Paemen, o negociador europeu, procurou-me para perguntar o que eu queria para suspender o veto. Respondi que apenas o cancelamento por escrito do fax sub-reptício e o restabelecimento das concessões tarifárias acordadas previamente. Ele concordou imediatamente. Sondei-o também sobre as concessões tarifárias para suco de laranja, mas Paemen indicou que não tinha condições de atender-me. Havia a opção de continuar bloqueando sozinho a conclusão da Rodada Uruguai, mas isso parecia-me politicamente acima de nossas forças.

Sob a direção do grande jurista uruguaio Julio Lacarte, um grupo de trabalho finalizou o acordo, intitulado *Entendimentos sobre Regras e Procedimentos Referentes à Solução de Controvérsias*, que fortalecia substancialmente o sistema vigente, garantindo maior agilidade nas decisões sobre estabelecimento, termos de referência e composição de *panels*, bem como na própria adoção de recomendações dos mesmos *panels* e do recém-criado mecanismo de apelação.

Na verdade, estava criado um sistema judiciário independente em que os membros da OMC poderiam invocar qualquer dos acordos multilaterais incorporados à organização como base jurídica para seus pleitos. Ainda mais importante, havia a reafirmação de que "nenhum membro determinará unilateralmente a ocorrência de uma violação deste ou daquele acordo, ou suspenderá concessões a que têm direito uma ou mais partes, devendo, ao invés, recorrer às regras e procedimentos do sistema de solução de controvérsias".

As novas regras impediam que as nações mais fortes sustassem processos que podiam atingi-las e criavam um método profissional e não político para julgar divergências entre países. Honra seja feita ao governo dos Estados Unidos: depois da entrada em vigor dos acordos da OMC, nunca mais foi utilizada a agressiva seção 301 da lei americana conhecida como *Trade Act*, que punia unilateralmente países julgados em falta. Foi o caso do Brasil, que, em 1988, recebeu sanções de centenas de milhões de dólares por divergências em questões de propriedade intelectual.

Creio que a maior conquista da Rodada Uruguai foi exatamente esse sistema de solução de controvérsias, que protege os interesses de todos de maneira confiável. O Brasil tornou-se desde então um dos mais frequentes e competentes utilizadores do sistema, havendo ganho casos importantes contra a União Europeia e os Estados Unidos, o que era impensável antes da criação da OMC.

Na última semana faltavam dois acordos: um sobre antidumping e outro sobre a criação da própria OMC. As taxas *antidumping* são um recurso utilizado para evitar que importações sejam despejadas (*dumped*, em inglês) a preços vis e inferiores aos que são praticados no país exportador, prejudicando os produtores locais no mercado importador. Nos Estados Unidos, onde fora inventado, esse instrumento havia assumido um caráter endêmico nitidamente arbitrário. O objetivo na Rodada Uruguai era submeter o recurso a uma disciplina mais transparente e limitadora.

Para os grandes lobbies americanos, era essencial impedir que isso ocorresse, pois queriam preservar o instrumento protecionista, em especial na área siderúrgica. Estavam presentes em Genebra numerosos senadores, deputados, empresários e advogados de Washington, para garantir que seus negociadores ficassem firmes. Pouco antes da data final, o assunto não estava resolvido. Sutherland convocou então uma pequena reunião em seu gabinete — o *green room* — para a qual só convidou oito negociadores, entre os quais eu.

Foram muitas horas de braço de ferro em que o embaixador japonês, Minoru Endo, resistiu o quanto pôde junto comigo e os embaixadores de Cingapura e do México. Acabamos tendo que aceitar uma redação ambígua, que era interpretada pelos americanos como legitimadora de suas práticas. Os *panels* arbitrais posteriores foram restringindo a latitude do texto, e o Órgão de Apelação, que é a mais alta instância da OMC, proferiu sentenças contrárias. Mas naquele momento a delegação dos Estados Unidos estava mais feliz do que as outras.

De qualquer maneira, o compromisso era o de respeitar o acordado dentro da sala do diretor-geral. Quando o embaixador Endo saiu do *green room*, foi cercado por muitos assessores japoneses, que aguardavam ansiosamente o resultado. Ao lerem o texto, ficaram tão contrariados que não esconderam sua desaprovação. Endo, que manejava mal a língua inglesa e era um homem tímido, ficou transtornado. Voltou à sala de Sutherland e disse-lhe que pedia perdão, mas tinha que retirar sua aprovação e queria reabrir a questão. Peter teve uma reação explosiva, que presenciei de longe. Respondeu que ia telefonar ao primeiro-ministro japonês para dizer-lhe que seu embaixador não era uma pessoa confiável e explicar-lhe a situação. O pobre embaixador foi obrigado a desdizer-se de novo e o acordado prevaleceu. Pouco depois, foi substituído e aposentou-se.

O último capítulo era a criação da nova organização e seu nome. Os americanos tinham resistido a uma solução para esse ponto. Na última sessão do comitê de negociações comerciais, John Schmidt, chefe da delegação americana, anunciou que os Estados Unidos estavam de acordo com a criação da organização.

A Conferência de Havana de 1949 criara a Organização Internacional do Comércio, mas o Senado americano não aprovara o acordo sob a alegação de que iria ferir a soberania nacional. Subsistira apenas o acordo do GATT. O trauma persistira por 44 anos. Mas finalmente foi decidida a criação da Organização Mundial do Comércio, com a pequena alteração do adjetivo.

Na época, nada soubemos sobre a tempestade interna que a delegação americana vivera antes do anúncio de Schmidt. Quando a notícia foi levada ao embaixador Mickey Kantor, ministro do USTR (órgão equivalente a um ministério do comércio exterior) que estava em Genebra, ele ficou surpreso e perguntou para que era necessário criar uma nova burocracia internacional. Foi-lhe dito que aquele assunto estava sendo examinado havia anos e que existia um consenso global.

Kantor perguntou então como seria o sistema de votação. Explicaram-lhe que cada país teria um voto. Num momento de grande irritação, respondeu aos seus delegados que não podia tolerar aquilo. Jamais compareceria ao Senado americano para defender um tratado que restringisse a soberania do país e, sobretudo, que criava um organismo no qual o voto dos Estados Unidos seria igual ao de qualquer outro país, por mais insignificante que fosse. Embora lhe fosse dito que esse resultado era uma premissa acordada previamente, que constituía a base de todo o acordo, Kantor permaneceu irredutível por dois dias. Foram necessárias muitas explicações e consultas para que finalmente ele se convencesse de que a OMC já era uma realidade contra a qual os EUA não podiam mais objetar.

No dia 15 de dezembro de 1993, a sessão plenária das partes contratantes do GATT, presidida por Sutherland, aprovou a ata final de 550 páginas criando o maior acordo comercial da História, que reunia 117 países de cinco continentes. Surgia assim uma verdadeira constituição do comércio globalizado e o mais bem-sucedido organismo internacional do pós-guerra.

O balanço para o Brasil foi positivo. Assumimos o compromisso de consolidar toda a nossa tarifa externa em 35%, ou seja, de não ter qualquer imposto aduaneiro que excedesse tal nível. Também obtivemos a garantia de que as controvérsias comerciais seriam doravante resolvidas de modo criterioso e transparente e inserimos nossa economia no conjunto de regras do mundo globalizado. A OMC sem dúvida é o melhor anteparo contra o protecionismo.

6ª PARTE: MINHA GESTÃO À FRENTE DO ITAMARATY

Fernando Henrique Cardoso tomou posse no dia 1º de janeiro de 1995, após uma eleição espetacular. Foi um momento de sonho em que tivemos como presidente um intelectual de alto gabarito e um grande político liberal, com sólidas credenciais social-democráticas. Ele tinha o propósito de fazer um governo transformador e moderno. Na área econômica, pretendia retirar gradualmente o Estado de áreas de funções empresariais — como telecomunicações, mineração e siderurgia, em que a iniciativa privada poderia ser mais eficaz — e reorientá-lo para o campo social, onde seu papel é indeclinável.

Nesse terreno, com forte influência de dona Ruth Cardoso, o novo governo colocava grande ênfase na ascensão social das camadas mais pobres da população, já facilitada pelo fim do imposto inflacionário que até o Plano Real tanto penalizara o povo brasileiro. A concepção básica do presidente era "essencialmente colocar-se ao lado da justiça e da igualdade de oportunidades na sociedade nacional e na internacional", como ele próprio definiu em seu livro *A Arte da Política*. Nisso residia a base do programa renovador de Fernando Henrique e sua força política. A estabilização dos preços e a consolidação das instituições democráticas abriam caminho para um novo papel do Brasil no mundo, e o presidente tinha a intenção firme de empenhar-se pessoalmente nessa construção.

Antes que pudéssemos desabrochar plenamente como ator de primeira grandeza na cena internacional, era imperativa a superação das hipotecas sociais, através de um desenvolvimento econômico sustentado. Ademais, seria possível, pelo avanço social dos brasileiros menos favorecidos, incorporá-los ao mercado consumidor e ao circuito produtivo, ampliando as perspectivas econômicas e a atratividade do Brasil.

Esse era o caminho que a China e a Índia já haviam começado a trilhar e que se apresentava finalmente como uma possibilidade concreta. Ao mesmo tempo, tínhamos consciência plena das dificuldades do cenário internacional e por isso nossa postura era muito cautelosa em relação à globalização e às suas possibilidades. O período foi marcado por crises, desde a mexicana, que começara um mês antes da posse de FHC. Convivemos com um quadro internacional muito conturbado, que várias vezes interferiu no rumo que o presidente pretendia dar ao seu governo, obrigando-o a recuos, como a violenta elevação das taxas de juros, que só fizeram frear o crescimento do país.

Alguns dias depois de tomar posse, Fernando Henrique disse-me: "Nunca pensei que o meu governo fosse começar sob um auspício tão mau, de uma crise tão perigosa para nós." Realmente, a crise mexicana não estava no nosso radar. O Brasil tinha feito uma série de progressos no front econômico internacional: tinha conseguido, em primeiro lugar, domar a besta-fera da inflação, que durante tanto tempo atormentara a população brasileira.

Era uma obsessão de Fernando Henrique. Muito antes do Plano Real e de ser ministro da Fazenda, ele falava nisso como um grande desafio. O Brasil tinha logrado também uma renegociação da dívida externa, sob a liderança de Pedro Malan. Mas nossas reservas eram muito pequenas, nossa balança comercial era negativa e a de transações correntes, mais ainda.

Por isso, o Brasil era extremamente vulnerável a uma crise sistêmica que envolvesse toda a região. E Fernando Henrique viu um mau presságio na crise mexicana, porque percebeu que provavelmente não teria ao longo do seu mandato as condições favoráveis que imaginara, tendo que enfrentar diversas crises financeiras. Era difícil conceber naquele momento que pudessem ser tão frequentes e tão extensas — como a crise do Sudeste Asiático, a começar pela Tailândia, no ano de 1997. E depois a crise russa, a própria crise cambial brasileira e, finalmente, a profunda crise argentina de 2001. Foi realmente um início traumatizante o que tivemos em 1995.

Na área de política externa, nosso objetivo básico era inserir o Brasil no *mainstream* internacional, afastando-nos gradualmente das posturas terceiro-mundistas que haviam sido articuladas no passado e das ambiguidades que tiveram origem no regime militar, sendo fundadas no conceito de Brasil potência. Uma decisão importante nesse sentido, coerente com a história de vida do presidente, foi a de adotar uma política de direitos humanos muito ativa na área internacional. Isso foi feito através de um plano nacional que envolvia estreita cooperação com a ONU e seus relatores especiais em áreas sensíveis como racismo, violência contra a mulher e tortura. Em 1998, aceitamos a jurisdição obrigatória da Corte Interamericana de Direitos Humanos e assinamos o estatuto do Tribunal Penal Internacional.

O presidente havia manifestado sua disposição de atuar pessoalmente no cenário internacional e tinha tudo para fazê-lo com brilho. Seu caso era único na história dos presidentes do Brasil. Vivera durante muito tempo no exterior, por força do exílio e da violência que sofrera no regime militar, falava diversas línguas com muita fluência, tinha uma rede de amigos grande — políticos, acadêmicos etc. Em suma, possuía uma credencial pessoal acoplada à sua legitimidade política de presidente da República eleito no primeiro turno, com uma maioria expressiva.

Por isso, reunia todas as condições para ser um protagonista internacional como nunca um presidente brasileiro havia sido antes. Como seu ministro das Relações Exteriores e amigo pessoal, eu não tinha a menor dificuldade com a diplomacia presidencial. Ao contrário, reconhecia a capacidade única de FHC e procurava dar-lhe suporte para atingir os objetivos da política externa brasileira. Iniciou-se assim um novo capítulo em nossa atuação diplomática.

É necessário sublinhar, entretanto, que a diplomacia presidencial não significava diminuição do papel do Itamaraty. FHC respeitava plenamente minha autoridade e as qualificações profissionais de nossos diplomatas, dando-nos uma grande latitude e toda a sua confiança para o exercício da política externa. Quero ressaltar aqui a grande competência dos dois secretários-gerais que comigo serviram — meus amigos fraternais Sebastião do Rego Barros e Luiz Felipe de Seixas Corrêa —; dos subsecretários Ivan Cannabrava, José Botafogo Gonçalves, José Alfredo Graça Lima, João Augusto de Médicis e Gilberto Velloso; dos meus chefes de gabinete Carlos Garcia, Affonso Massot e Osmar Chohfi. Todos deram um aporte grande à condução da política externa.

Nossa casa era suscetível a interferências externas, especialmente nas promoções dos diplomatas dentro da carreira, como havia sido o caso flagrante no governo anterior. Adotamos o sistema de colegiado, com votações em torno de listas de candidatos, o que resultava em consenso da

Posse de Fernando Henrique

comissão de promoções. Fernando Henrique sempre acatou essas listas e não permitiu interferências, mesmo de políticos importantes.

O primeiro episódio diplomático do novo governo foi a viagem ao Chile. Fernando Henrique quis fazer essa visita porque havia sido o país que o acolheu quando ele foi forçado a se exilar. Manifestava carinho especial pelo Chile. E foi recebido de uma maneira calorosa e afetuosa. No carro, a caminho de uma sessão especial do parlamento chileno, recebeu uma ligação do amigo Enzo Faletto — coautor com FHC do livro *Teoria da Dependência*. Uma pessoa completamente arredia, ele não queria participar de nenhuma das festividades para homenagear o colega brasileiro. Fernando Henrique lhe disse: "Estou de volta como presidente do Brasil, Enzo." Ambos ficaram muito emocionados. Era o retorno de um vencedor.

Depois, o presidente fez um discurso de muito peso na Comissão Econômica para a América Latina e o Caribe (Cepal), em que lançou a ideia de que era preciso que o órgão estudasse melhor a questão da estabilidade financeira internacional, um tema que veio a tornar-se recorrente nas colocações brasileiras, pregando um esforço mundial para conter a volatilidade dos capitais e melhorar a governança do sistema financeiro global.

FH foi a primeira pessoa que eu vi advertir, há mais de quinze anos, para os perigos da alta especulação internacional, que chamava de "perversa como nunca houve na história", porque julgava que ela permeava negativamente todas as economias. Na Cepal, onde trabalhara durante o exílio, disse que o sistema de Bretton Woods tinha-se tornado ineficaz e o FMI e o Banco Mundial eram insuficientes para resolver os problemas da economia mundial. Palavras proféticas, que hoje estão em todas as bocas, mas que em 1995 eram ousadas, já que os economistas acreditavam que o mercado funcionava bem e que, em última análise, se autocorrigiria.

A segunda ocasião muito marcante foi a viagem a Washington, que teve lugar em abril. A qualidade do diálogo que se iniciou, marcou uma elevação do Brasil na hierarquia da relevância internacional. Bill Clinton quis começar o programa da visita com um grande banquete de *black-tie* na Casa Branca. Mas antes, para dar o toque amistoso que passou a marcar daí por diante as relações do casal Clinton com Ruth e Fernando Henrique, chamou-os para uma conversa informal no chamado balcão Truman, no andar residencial, da qual participaram também Al Gore, sua mulher, Tippy, Lenir e eu.

Surpreendeu-me aquele momento com Bill Clinton. Com a grande naturalidade que lhe é peculiar, conversou com todos como se fossem seus velhos amigos. Comigo falou sobre golfe, seu esporte predileto, e contou vantagem como um garoto: "Ganhei de presente um taco novo, de titânio, e não resisti: coloquei uma bola sobre um tee e bati em direção ao gramado sul da Casa Branca. Imagina que quase acertei os turistas que estavam lá embaixo na cerca. Já pensou?" Um dos recursos principais de Clinton é o sorriso, que sabe usar como Nelson Mandela. Vale-se de uma expressão facial que indica surpresa amigável e interesse por quem está falando. Minha impressão inicial de Clinton, que o tempo só fez confirmar, foi de um homem que gosta da vida em todos os seus aspectos, da política à leitura, do esporte ao cheesebúrguer, do jazz à beleza das mulheres, do poder e dos amigos.

Fernando Henrique e Bill Clinton iniciaram uma amizade que perdura até hoje solidamente, e muito contribuiu para o estabelecimento de relações equilibradas, respeitosas e profícuas para ambos os países.

* * *

O conflito entre Peru e Equador

Um fato dramático assinalou o primeiro mês do governo FHC: a eclosão de uma guerra entre Peru e Equador. Havia uma tensão histórica, desde o século XIX, que vinha se acentuando devido a alguns incidentes na fronteira. Mas não se esperava que ela fosse se transformar em um conflito armado. O Brasil tinha uma responsabilidade especial porque o Protocolo do Rio de Janeiro, assinado em 1942 para pôr fim a um confronto anterior, havia previsto a criação de um grupo de garantes, que era liderado por nós e integrado ainda por Estados Unidos, Chile e Argentina.
Esse protocolo tinha se originado em uma conferência realizada naquele ano no Rio de Janeiro e que fora presidida pelo chanceler brasileiro, Oswaldo Aranha. De certo modo, Aranha forçou Peru e Equador a se comporem, pois estava preocupado com o êxito do encontro, que visava ao alinhamento da América Latina com os Aliados no contexto da Segunda Guerra. O que acabou não acontecendo porque a Argentina e outros países se opuseram.
Aranha quis superar a querela Peru-Equador, dando-lhe uma solução rápida. O protocolo estabeleceu limites definitivos entre os dois países, mas não pôde superar a animosidade que subsistiu. Havia um grande ressentimento no Equador, que ainda aflorava em 1995, sob a alegação de que o país tinha sido forçado a aceitar condições de paz desfavoráveis, abdicando de suas reivindicações territoriais seculares.
Por décadas, houve a suspeita de que o Brasil forçara uma solução inconveniente para o país. Em janeiro de 1995, iniciou-se assim uma mediação que mobilizou grandes esforços diplomáticos e levou à implementação de uma operação de paz multilateral, inclusive com uma dimensão militar. Os quatro países garantes a empreenderam com determinação até o êxito final, três anos e dez meses mais tarde.
Isso foi feito sem a intervenção da OEA e da ONU ou a mediação do papa, como ocorrera no caso da quase Guerra do Beagle entre Argentina e Chile. Devemos ter orgulho de nosso papel diplomático, que permitiu que, com uma liderança construtiva, encerrássemos um dos contenciosos internacionais mais antigos de nossa região. Liderança não se proclama em bra-

vatas ou discursos bombásticos, exerce-se ainda que em condições difíceis ou até adversas.

O conflito ocorreu numa região da selva amazônica, o Vale de Cenepa, no norte de Peru, próximo à fronteira equatoriana, e durou trinta dias. O exército equatoriano surpreendeu o Peru, ao contrário do confronto anterior, em 1941, quando houve clara vitória peruana. Em 1995, houve um empate militar. Assim que eclodiu o conflito, cumprindo nosso dever, convocamos imediatamente as duas partes do confronto para uma reunião no Rio de Janeiro, com a presença mediadora dos garantes. O objetivo, em primeiro lugar, era estabelecer um cessar-fogo, para depois obter um equacionamento completo da animosidade entre os dois países da região. Durante um mês, os embaixadores dos quatro países garantes trabalharam no velho Palácio Itamaraty, em um verão particularmente quente.

Foi muito difícil fazer imperar um clima de racionalidade na discussão, porque nessas horas prevalece a emoção, sobretudo quando há mortes envolvidas. O Equador sempre teve uma visão excessivamente ambiciosa da sua dimensão territorial. O país se imaginou, inclusive, fazendo fronteira com o Brasil, com maior presença amazônica do que tem ou teve no passado.

Já o Peru sempre contestou essas pretensões. Essas questões de fronteira, que o Brasil felizmente não tem, por obra e graça do barão do Rio Branco, são muito marcantes, pois conduzem a uma drenagem muito negativa de energia, da parte das populações, dos militares e dos governos de um modo geral. São questões tratadas com um grau de paixão imenso, que os cidadãos vivenciam desde os bancos do colégio e que, portanto, colocam os governantes sob terrível pressão. Mais de uma vez, durante todo o processo de paz entre Peru e Equador, ouvi de ministros e presidentes: "Eu não posso aceitar. Eu vou ser degolado, eu vou ser fuzilado em praça pública se aceitar isso."

Mas foi possível chegar a um cessar-fogo e a um acordo preliminar para estabelecer um processo de diálogo — a chamada Declaração de Paz do Itamaraty. As negociações, da nossa parte, foram conduzidas com tenacidade e competência pelo embaixador Sebastião do Rego Barros, meu secretário-geral. Também desempenharam papel muito importante os diplomatas Luigi Einaudi — neto de um presidente da república italiana que atuava como o representante dos Estados Unidos —, o argentino Antonio Uranga e o chileno Juan Martabit.

É necessário e justo registrar que um dos instrumentos fundamentais para fazer avançar o processo de paz foi a Missão de Observadores Militares Equador-Peru (Momep), composta de oficiais dos quatro países garantes sob chefia brasileira. Em casos semelhantes, a tarefa militar básica é a separação das forças em conflito. Isso foi conseguido, mas a Momep também atuou eficientemente na verificação das forças militares na área de conflito, no apoio aos cartógrafos empenhados nas medições geográficas da região e, sobretudo, na construção de um ambiente de confiança e distensão entre os militares de todas as nações envolvidas. Seu papel auxiliar foi muito importante para o êxito das negociações diplomáticas.

Tivemos um êxito diplomático, que nos trouxe prestígio e respeito na região, logo no início do governo Fernando Henrique Cardoso. Se, além da crise financeira mexicana, houvesse a percepção internacional de que a América do Sul era um lugar de conflitos armados, seria feita uma avaliação negativa de nossa imagem.

A negociação, porém, foi dificílima. Principal representante brasileiro nas conversas diplomáticas no âmbito dos países garantes, o embaixador Ivan Cannabrava falou sobre o conflito em depoimento ao Centro de Pesquisa e Documentação de História e Contemporânea do Brasil (CPDOC), da Fundação Getulio Vargas:

> "O grande problema da negociação era o seguinte: nós não podíamos adotar uma solução salomônica. Isso era o terror dos peruanos. Precisava ser uma solução jurídica. Quem tem direito tem; quem não tem não tem. E os peruanos tinham títulos jurídicos mais fortes."

Sempre apoiei essa posição básica do nosso negociador. Se cedêssemos à tentação de repartir territórios sem base jurídica, teríamos semeado futuras contestações e conflitos.

Com a chegada ao poder em Quito do ministro das Relações Exteriores Galo Leoro, um diplomata experiente que havia sido embaixador no Vaticano, a postura equatoriana se alterou gradualmente, tornando-se mais realista. As negociações fluíam bem no comitê dos embaixadores dos quatro garantes, mas quando havia impasses os ministros do Equador ou do Peru me procuravam diretamente. Em março de 1996, por exemplo, Galo Leoro telefonou-me da cama de um hospital, tentando me envolver numa manobra para atrasar a troca das lista de impasses. Tratava-se de uma etapa muito importante, pois representava uma consolidação dos problemas ainda por resolver.

Consultei os garantes e fui firme com ele, duro mesmo, a fim de que não restasse dúvida sobre a nossa disposição de ir em frente com o processo, evitando protelações desnecessárias. Não era possível dar um passo atrás a cada avanço. Creio que Galo Leoro desejava, sobretudo, adiar o assunto ao máximo, para escapar de qualquer risco de ser acusado de capitulação, como o fora seu antecessor, o chanceler Tovar, ministro equatoriano que ficou conhecido no seu país como um entreguista.

Era evidente que eu nunca mais teria autoridade política para mediar se aceitasse a manobra dilatória. Poucos dias mais tarde realizou-se a cerimônia de troca das listas de impasses subsistentes entre Peru e Equador. O Equador apresentou suas posições jurídicas sobre a delimitação da fronteira comum e o Peru também apontou algumas reivindicações territoriais. Ficou patente na ocasião que muita água ainda passaria sob a ponte antes que chegássemos a um resultado. Foram necessários mais dois anos e meio de trabalho diplomático.

No dia 19 de janeiro de 1998, passados três anos da guerra do Cenepa, vencemos nova etapa ao assinar, no Rio de Janeiro, o cronograma das negociações entre Peru-Equador. Estabeleceu-se um mecanismo ágil para encontrar soluções para os problemas pendentes, com uma abordagem que privilegiava projetos destinados a fomentar a integração regional e a confiança mútua, além de fixar as fronteiras. Era uma excelente base para tentar resolver definitivamente o conflito. Nosso papel diplomático vinha sendo essencial, como reconhecido pelo *New York Times*, que na ocasião publicou um artigo de sua correspondente, Diane Schemo.

Estávamos próximos do acordo definitivo. Mas minha longa experiência indica que, logo antes de um resultado final, há crises por vezes tão graves que o próprio êxito parece comprometido. Creio que isso se deve ao fato de que as partes da negociação tomam consciência do que vão ganhar e do preço que terão que pagar por isso. Há então temores, incertezas e hesitações que podem levá-las a recuar e até a romper o equilíbrio da negociação. Mas nesse momento andava bem encaminhada uma solução definitiva e pacífica, aceita pelas duas partes, nos moldes que se estavam desenhando. O barão do Rio Branco com certeza aprovaria.
O embaixador Cannabrava relatou no seu depoimento ao CPDOC:

> "Havia uma série de propostas, que tinham sido feitas antes pelos peruanos e recusadas pelos equatorianos. Isso já constituía o miolo de algumas concessões peruanas. As conversas que tivemos com os equatorianos nos deram ideia de que havia possibilidades. Então, o que fizemos, os quatro negociadores dos garantes, foi colocar isso em papel e apresentar sugestões aos peruanos e equatorianos. Isso permitiu trazer a negociação para um conduto, com uma agenda de fortalecimento da confiança."

No dia 25 de janeiro de 1998, o presidente equatoriano Fabián Alarcón veio a Brasília. Trouxe-nos a ideia de convocar um referendo no seu país para legitimar a opção, incorporada no cronograma firmado no Rio de Janeiro, de uma solução que não resultasse em soberania total, e sim numa soberania limitada, específica e não plena. Confessou-nos que muitos em seu país se opunham à iniciativa, com receio de que o Peru a recusasse, encarando-a como um artifício ilícito. Temiam que isso provocasse a ruptura do processo de paz.
Alarcón expôs sua ideia fundamentando-a na certeza que tinha de sua aprovação pelos equatorianos e na necessidade de firmar essa posição antes que o processo eleitoral — às vésperas de começar em seu país — pudesse enfraquecer sua postura de aceitar os princípios básicos que o cronograma incorporava. O presidente Fernando Henrique disse que considerava o raciocínio do colega equatoriano legítimo e correto politicamente.

Optamos assim pelo risco calculado de apoiar esse curso de ação. Podia dar errado se o Peru se opusesse. De todo modo, Alarcón, um político experiente, não deixaria de fazer de tudo para convencer Fujimori, então presidente do Peru, a aceitar essa opção.

Em fevereiro, enquanto prosseguiam os trabalhos de Cannabrava e seus colegas, continuei em contato com os chanceleres do Equador e do Peru. Recebi o ministro equatoriano Ayala Lasso, que veio me expor sua grande inquietação com algumas atitudes peruanas e, o que era mais grave, denunciar incursões de patrulhas do país vizinho em território contestado e ameaças a postos de observação equatorianos. Preocupei-me, pois recordava que a guerra havia começado dessa maneira em janeiro de 1995. Depois, contudo, recebi notícias tranquilizadoras de entendimentos entre comandantes locais das duas partes e, pela conversa do ministro peruano das Relações Exteriores, Eduardo Ferrero, compreendi que a situação não era dramática.

Em 23 de abril, completou-se o processo técnico-jurídico de delimitação da fronteira entre o Peru e o Equador. A esperada vantagem peruana confirmou-se e só não foi maior porque, no trecho Bambuiza-Cusumaia, houve um pequeno ajuste que deu ao Equador um resultado final simbólico. Decorreu uma crise grave, pois o chanceler equatoriano reagiu fortemente às propostas sobre limites fronteiriços, dizendo-me que a perda do Alto Cenepa — a região em que se deram os combates de 1995 — era intolerável para o Equador e que naquelas condições seu governo não prosseguiria no diálogo em busca da paz.

Não esperava que o governo equatoriano tomasse uma atitude tão brusca, mas era preciso compreender que, às vésperas de uma eleição em que o presidente Alarcón não tinha sequer candidato e trazia uma imagem muito debilitada por acusações graves, seria difícil que eles aceitassem aquela decisão. Ela desfavorecia as velhas pretensões do Equador e envolvia territórios onde havia sido derramado sangue recentemente, em combates que os equatorianos achavam que tinham vencido. Na realidade, a reação exagerada de Ayala Lasso era um misto de paixão patriótica genuína e cálculo. Consegui convencê-lo a evitar decisões impensadas, mesmo porque as propostas que tanto o contrariaram não eram mandatórias naquele momento.

Era necessário ficar à espera de que o Equador completasse seu processo político, digerisse os laudos sobre limites territoriais e se conformasse com eles, enquanto calculasse as vantagens que poderia obter em outros planos. O assunto era de gestão muito delicada. Entre os militares de ambos os países, havia alguns querendo refazer pelas armas o que os diplomatas estavam a ponto de perder e outros querendo ocupar territórios e delimitar fronteiras. Pedi que os chanceleres contivessem os impulsos militares e obtive de ambos compromissos de moderação. Mas parecia novamente difícil evitar um descarrilhamento e a perda de todos os esforços diplomáticos que havíamos feito.
Como uma crise geralmente não vem sozinha, houve uma grande trapalhada durante uma reunião presidencial com os mandatários do Peru e do Equador no dia 1º. de junho, em Brasília: a divulgação à imprensa de todo o nosso briefing para o presidente. O documento era interno, apenas para o conhecimento presidencial, e continha um relato do estado das negociações e nossa opinião sobre cada aspecto do processo, inclusive sobre o que não poderíamos aceitar. Com isso, veio à tona toda uma série de revelações sobre as entranhas do trabalho diplomático em marcha. Podia ter sido um desastre.
Ivan Cannabrava lembrou do episódio em seu depoimento:

> "Estávamos na antessala, enquanto os três presidentes se reuniam a sós no gabinete. Chega um jovem diplomata e diz: 'Embaixador, isso aqui é para a imprensa?' E me mostra o documento. Eu respondi: 'Chico, você está louco?! Isso nunca foi para a imprensa. Isso é um papel só para o nosso presidente.' Ele respondeu: 'Isso está na mão da imprensa.' Eu disse: 'Minha Nossa Senhora!' Então eu chamei o ajudante de ordem e pedi que ele dissesse ao presidente que eu queria falar com ele. O ajudante de ordens voltou e disse: o presidente da República manda perguntar se o senhor realmente quer que ele interrompa a conversa com os dois presidentes para vir aqui. Eu disse: 'Sim'. E aí ele veio."

Fernando Henrique informou seus dois colegas do ocorrido. Houve perplexidade, mas não reações inflamadas. Mas o documento era equilibrado, mostrava que o Brasil estava sendo justo e agia de boa-fé. Não queria fazer imposições, mas insistia que Peru e Equador tinham que chegar a um acordo. Há atualmente, onze anos depois, teses acadêmicas que afirmam que a divulgação do documento não foi acidental, e sim uma manobra do Itamaraty para empurrar a negociação. O boato é fruto daquela máxima latino-americana segundo a qual "Itamaraty no improvisa jamás". A história é totalmente falsa, mas de fato a divulgação do documento acelerou o processo. E não provocou uma reação pública negativa nem no Equador nem no Peru.

Eu estava ausente do Brasil quando do episódio, participando de uma assembleia ministerial da OEA em Caracas. Fiquei muito satisfeito em saber que, com muita habilidade e a ajuda de Cannabrava e dos colegas, o presidente tinha conseguido evitar uma grande encrenca diplomática.

Durante a reunião de Caracas, conversei com a então secretária de Estado americana, Madeleine Albright, e fiz-lhe ver a necessidade de que os quatro países garantes persuadissem o Peru a ser generoso para que o Equador não recuasse, embora não obtivesse satisfação em seus pontos sobre o diferendo fronteiriço. Albright comprometeu-se a fazer sua parte. É bom reconhecer que os Estados Unidos desempenharam um papel positivo em todo o processo, especialmente pela presença de seu enviado, Luigi Einaudi. Mas não fizeram imposições ou pressões. Se houve diferenças entre nós e os americanos, elas foram superadas por conversas entre os embaixadores ou, quando necessário, em nível superior. Mas em nenhum momento o governo americano foi prepotente.

Em Caracas, conversei detalhadamente com os colegas do Peru, Eduardo Ferrero, e do Equador, Ayala Lasso. Ao peruano, meu recado principal foi de que seria positivo se ele se mostrasse flexível e capaz de atenuar as sensibilidades equatorianas com gestos que não fossem concessões fundamentais. Ao equatoriano, procurei dar confiança, para mantê-lo comprometido com o processo. Senti-o assustado com o rumo das coisas, a começar pelos problemas que a divulgação do memorando secreto poderia trazer.

Transcrevo a seguir trechos de meu diário que registram os episódios dramáticos da negociação à medida que ia se aproximando o clímax:

"9 de junho de 1998.
Houve duas conversas importantes com Fujimori e Alarcón. As posições sobre o Cenepa são muito diferentes e a solução é muito difícil, porque o que um quer é inaceitável para o outro.
A proposta peruana consiste em demarcar a fronteira na linha que o grupo de peritos recomenda, criar dois parques nacionais contíguos nas cabeceiras do Cenepa e do Coangos, deixar aí apenas um pequeno contingente de cinquenta homens de cada lado, criar os monumentos da paz e estabelecer uma comissão dos dois países para administrar os parques.
A proposta equatoriana é de criar um parque único, sem delimitar fronteiras dentro dele ou então aceitar a delimitação, mas movendo a linha de fronteira para acomodar a soberania equatoriana sobre os postos militares de Tiwintza e outros, onde se deram as lutas em 95.
Achei Fujimori muito insistente em que o Brasil pressione o Equador a deixar de lado a ideia do parque binacional. Ele pensa que podemos repetir hoje o que Aranha fez em 42. Esquece que, naquela época, estava em curso a Segunda Guerra e Aranha presidia uma Conferência que tinha por objeto definir a posição hemisférica face ao conflito — o Equador derrotado era um estorvo que precisava ser removido. Por outro lado, achei Alarcón tenso e Ayala Lasso mais ainda. Os equatorianos têm ilusões sobre a fronteira e não se conformam com a perda do Alto Cenepa inteiro. Vai ser difícil encontrar uma solução. O problema central está na debilidade extrema de Alarcón, por um lado, e na ganância de Fujimori, por outro."

"21 de junho.
Na sexta-feira, tive boas conversas telefônicas com os ministros do Peru e Equador. Creio que agora estamos realmente ao alcance de um acordo definitivo de paz entre os dois. Na recente reunião de Washington, Ayala Lasso indicou pela primeira vez que estava disposto a trabalhar com a hipótese de reconhecimento da linha definida pelos peritos e aceitação da condição *sine qua non* do Peru, que é a demarcação imediata por essa linha. Teve o assentimento de Alarcón para isso. Com isso, o Peru pôde ser mais positivo em sua proposta relativa aos parques

no Alto Cenepa e no acordo de navegação. Conversei com ambos encorajando-os a aprofundar o entendimento nessas bases. Acho que entre 13 e 31 de julho poderemos assistir em Brasília a esta cena extraordinária que será a firma dos acordos de paz. O candidato favorito à presidência Jamil Mahuad já teria dado sua bênção e até indicado que pretende conservar Ayala Lasso como seu chanceler. Interessa-lhe que a decisão seja tomada por Alarcón, porque, afinal de contas, é sempre uma derrota das tradicionais posições territoriais equatorianas. Os peruanos estão também positivos porque não querem deixar passar esta oportunidade única de finalizar, em ótimas condições para eles, o velho diferendo com o Equador."

Jamil Mahuad foi eleito, como esperado, e visitou Brasília logo em seguida, no dia 28 de julho. Alegou que precisava de uma concessão para que pudesse convencer seu desconfiado país, onde as grandes lideranças estavam contra o acordo e os militares revelavam inquietação. Do lado peruano também havia muita preocupação com as alegadas incursões militares equatorianas na zona contestada e as protelações injustificadas do Equador. O quadro parecia ensombrecer-se de novo. Em 8 de agosto registrei no meu diário:

"O problema Peru-Equador tomou nos últimos dias um rumo negativo. Penso que há duas razões para a atual tensão na zona de Condor Mirador e Alto Cenepa:
1) Movimentos provocativos de tropas do exército equatoriano que, no vácuo de poder da transição, procuram criar fatos consumados e posições de força que permitam melhorar a fraca posição do Equador na solução final da demarcação.
2) Reação intransigente e oportunista do Peru, particularmente de sua Chancelaria, que tenta obter desde já o reconhecimento da sua fronteira antes que seja concluído um acordo global. Ontem, finalmente Fujimori viu a luz e aceitou os procedimentos da Momep para verificar os fatos *in loco* e separar as forças em presença. Vai ser muito difícil até o fim e prevejo dias tensos e complicados em Quito."

"10 de agosto de 1998
Acabo de regressar da posse de Jamil Mahuad na presidência do Equador. O discurso de posse foi uma oração de um homem de boa vontade. Tomando por roteiro as sete harmonias do homem segundo a crença aimará, ele traçou um belo programa de governo com profissão de fé na terceira via, que definiu bem como 'um governo sério e disciplinado no econômico, aberto ao investimento privado e com o compromisso de investir no social'. Ontem Mahuad me havia dito que não sabia como se referir à questão do conflito com o Peru, à luz das pesadas circunstâncias existentes. Pois ele saiu-se muito bem, com um chamamento ao diálogo direto com Fujimori e uma mão estendida para chegar ao acordo final, sublinhando sempre o apoio dos garantes. Teve uma ovação estrondosa, de pé. Com isso ele colocou a bola no campo peruano."

"11 de agosto de 1998
A situação é muito tensa no que diz respeito ao Peru. Durante todo o fim de semana, Ivan Cannabrava e os outros altos funcionários estiveram tentando estabelecer um mecanismo de separação de forças e verificação pela Momep. O Equador foi hábil em aceitar as recomendações do general Plínio Abreu, coordenador da missão, para definir o perímetro, mas o Peru sempre tergiversou e procurou forçar uma linha de recuo mais profunda para o adversário e o reconhecimento de suas postulações territoriais. Os garantes recusaram as propostas peruanas. Com isso naturalmente a tensão subiu, com notícias de movimentos de tropas e mesmo da esquadra peruana para posições ofensivas. Neste ponto, estamos num impasse. O Peru, através de seu chanceler, subiu o tom e ateou fogo à opinião pública com denúncias de uma invasão equatoriana. Isso naturalmente coloca toda a questão sob uma luz mais crua aqui como em Lima. Os líderes equatorianos, em especial Mahuad, que é um realista, sabem que vão ter que fazer grandes renúncias territoriais com respeito aos reclamos tradicionais de seu país. Ficam porém muito mais constrangidos se forem percebidos como capitulando frente a posições de força do Peru.

É difícil entender a lógica peruana porque, para eles, o jogo está praticamente ganho com um acordo de paz que lhes dá todas as vantagens territoriais. Deveriam nessas circunstâncias estar gerindo toda a questão com luvas e pinças. Mas não. Convencidos de que os militares equatorianos agem à revelia do governo nas suas provocações, concluem que só a exibição da força pode levar a uma paz vitoriosa. Persuadidos de que o novo governo de Quito vai querer reabrir o pacote para melhorar sua situação territorial, optam pelo modo agressivo de que Ferrero tanto gosta. Com isso, em vez de luvas, usam soco inglês e fazem com que todo o quadro se ensombreça e o acordo de paz fique em perigo. Diante disso, resolvi que é chegada a hora de jogar novamente nosso ás de trunfo e pedi ao presidente que se dirija diretamente ao Fujimori para pressioná-lo no sentido de uma atitude mais flexível e positiva. FHC topou e está ainda hoje dirigindo uma carta forte mas amistosa a Fujimori. Vamos ver."

"11 de agosto de 1998
Saio do Equador bastante apreensivo quanto ao rumo do processo de paz. Se em uma semana as duas partes não puderam pôr-se de acordo quanto aos limites de uma zona de verificação pela Momep, é difícil imaginar que possam assinar um acordo de paz complexo e equilibrado como o que estamos buscando. Ontem, após o discurso construtivo do presidente Mahuad, Eduardo Ferrero disparou relâmpagos em Lima. Afirmou que o acordo de paz já foi assinado em 1942 e buscou tirar qualquer ilusão equatoriana a respeito de uma certa flexibilidade na definição das linhas demarcatórias. Essa atitude é alinhada com a postura militar peruana, que hoje está francamente ofensiva e intimidatória para com o Equador, inclusive pelo posicionamento marítimo da esquadra — com um importante contingente de fuzileiros navais a bordo, capazes de desembarcar no litoral e bloquear a força equatoriana posicionada na fronteira. Claramente, o Peru julga que, por meio da intimidação e da pressão diplomática e militar, poderá impor ao Equador uma paz definitiva nos seus termos. Os equatorianos dizem que essas pressões só enrijecem as posições dos setores menos propensos a um acordo de paz. Mahuad, por sua

vez, disse-me que, se assinar um acordo sem a garantia de respaldo no Congresso e nas Forças Armadas, corre grande risco de ter seu mandato cassado por traição à Pátria. Pessoalmente creio que o Peru está usando de truculência excessiva e pondo em perigo a grande vantagem que detém, tanto pela possibilidade de um colapso das negociações quanto pelo risco de ter que abrandar sua posição no acordo final sobre limites. Não posso contudo crer que Fujimori faça a loucura de atacar o Equador: o peso da condenação internacional seria muito elevado.
O que fazer? A carta de FHC terá seu efeito. Talvez seja útil estimular Madeleine Albright a que pessoalmente ligue para Fujimori."

Na fase final, foram cruciais as consultas iniciadas por Fernando Henrique, especialmente porque construíram uma relação de comprometimento recíproco entre os três mandatários. Graças a isso eles puderam negociar as concessões custosas necessárias para chegar a um consenso. Assim, a partir de agosto de 1998, Fujimori e o novo presidente equatoriano, Jamil Mahuad, iniciaram contatos diretos sobre as questões em aberto.
Não puderam, entretanto, superar o impasse territorial que dividia os dois países. Pediram então às nações garantes que apresentassem proposta formal de solução para a questão dos limites. Fernando Henrique, sendo o Brasil o coordenador dos quatro garantes, aceitou atender a esse pedido. Com a condição, porém, de que os Congressos do Peru e do Equador aprovassem resoluções concordando em atribuir caráter vinculante e mandatório à proposta que viesse a ser apresentada pelos países garantes. Essa aprovação foi dada em 16 de outubro. Estávamos na reta final.
Alberto Fujimori já possuía os defeitos morais graves que vieram à tona mais adiante e que terminaram causando sua ruína. Não era difícil perceber seu lado manipulativo e cínico. Mas ele estava no auge de sua popularidade em 1998, tendo liquidado a hiperinflação, posto ordem na economia peruana e derrotado os movimentos terroristas. Na fase crucial das negociações sobre a paz com o Equador, quando a atuação dos presidentes foi

decisiva, ele investiu seu capital político na viabilização de um acordo final. Fujimori sabia que a evolução dos trabalhos técnicos favorecia a posição peruana na matéria fundamental dos limites e, portanto, partia de uma posição forte.

Resolveu então dar um arranque derradeiro no tratado de paz, mesmo que isso envolvesse uma dura batalha política com a ala dura, que tinha inclusive um representante no seu ministro das Relações Exteriores, Eduardo Ferrero. Este grupo não queria fazer a menor concessão ao Equador, e apenas visava a consagrar as posições peruanas. Fujimori enfrentou-o e isso foi essencial. Volto novamente a meu diário da época, com uma entrada de 10 de outubro:

> "Fujimori valoriza mais do que tudo os aspectos que interpreta como transcendentais de sua trajetória: o homem providencial que surgiu do nada para tirar seu país do caos da desordem econômica, da corrupção e do terrorismo, o filho de imigrante que se torna um grande estadista, o fazedor da paz no diferendo histórico com o Equador, o supernegociador que logra dar ao Peru uma vitória esmagadora em troca de concessões na prática irrelevantes.
>
> Ele não ignora que essas concessões têm algum conteúdo simbólico e, portanto, causam algum desgaste político que ele resolve enfrentar impondo-se a chefes militares, lideranças políticas e mesmo a uma boa parte do reduto elitista que é o Torre Tagle (sede da chancelaria peruana). Já o presidente do Equador é inteligente, civilizado e agradável, mas não tem o estofo do estadista, nem autoconfiança ou coragem cívica para assumir um grave desafio em terreno tão perigoso e habitado de fantasmas históricos. Por isso tergiversa, tanto mais que foi forçado a tomar medidas econômicas duras antes de resolver a paz (recordo que ele me disse que precisava chegar à paz primeiro, pois do contrário, debilitado pela reação inevitável às fortes medidas econômicas, não teria mais condições políticas para concluí-la em termos politicamente aceitáveis). A única chance agora é uma forte condução brasileira. Agora é um momento crucial em que estamos perto de ganhar ou de perder todo o esforço que fizemos."

Diz-se às vezes que o governo brasileiro foi muito favorável a Fujimori. Não é verdade. Ajudamos, sim, tanto a ele quanto a Jamil Mahuad a prevalecer sobre seus respectivos radicais, pois era necessário fazê-lo para chegar a um acordo definitivo. Tratarei mais adiante das questões graves que se colocaram quanto ao presidente peruano na sua campanha por um terceiro mandato. Pelo momento, porém, é necessário reconhecer a importância de seu papel na solução dos diferendos com o Equador.

Em 5 de outubro, Fujimori ligou para Fernando Henrique para dizer várias coisas importantes:

- Ainda faltavam ajustes importantes e complicados no acordo de paz.
- Isso poderia obrigá-lo até a fazer demissões, inclusive do ministro Ferrero, mas ele estava disposto a bancar sua cota de desgaste, aceitando concessões difíceis.
- Não sentia, contudo, igual determinação de Mahuad e por isso pretendia encontrá-lo no dia seguinte. Esperava poder convencê-lo, pois acreditava que, se fosse perdida a oportunidade histórica, passariam mais vinte anos até que se pudesse firmar a paz com o Equador.
- Seu projeto ideal era discutir os pontos básicos de um acordo e então ter uma reunião decisiva em Brasília.

Mahuad e Fujimori visitaram Brasília novamente, desta feita dizendo que tinham ido tão longe quanto podiam e precisavam que os garantes arbitrassem uma solução definitiva. Ainda não havia sido possível concluir, mas a linha de chegada já era visível e entre os quatro garantes o trabalho prosseguiu com obstinação. Fomos então para a Conferência Ibero-Americana, que se realizava no Porto, em Portugal.
Prosseguimos na construção de um cenário que me parecia realista e equilibrado, já que os Congressos do Peru e do Equador haviam aprovado, por margens esmagadoras, o procedimento de uma sentença vinculante

dos garantes. Fixamos datas: 23 de outubro para entregar o nosso laudo em Lima e Quito e 26 de outubro para assinar o Acordo Global de Paz, em Brasília.

Naquela altura, tínhamos confiança de que o conteúdo da nossa sentença era muito razoável e só podia ser recusado por pessoas de má-fé ou de nacionalismo extremado. Assim, concluiu-se o processo de paz pela aceitação da sentença dos quatro países garantes. Foi um resultado equilibrado e bem fundamentado, que encerrou definitivamente um litígio secular.

A solução encontrada foi pragmática. Os limites foram definidos pelos títulos históricos que davam incontestavelmente a soberania territorial ao Peru. Porém, o Equador teve direito a um pequeno território — um enclave acessível por um corredor estreito localizado dentro do solo peruano — assim como à navegação nos rios da região.

Peru e Equador assinam acordo

Aquele 26 de outubro de 1998 foi um dos maiores dias da nossa História diplomática. Para mim, foi de enorme regozijo, pois ter participado ativamente da construção de uma paz honrosa e justa entre nações rivais é um objetivo muito elevado e raro para um diplomata. Naquela manhã, no

Palácio Itamaraty, foram assinados todos os acordos que compõem a esplêndida arquitetura da paz definitiva entre o Peru e o Equador.

Foi uma cerimônia bela, emocionante e digna, em que se sentia o manto da História cobrindo a sala. Mahuad fez um belo discurso, citando o Eclesiastes e professando sua fé no equilíbrio da paz. Fujimori, menos poético mas muito feliz, assinalou os caminhos percorridos e apregoou os benefícios de reconciliar dois povos iguais. Fernando Henrique, emocionado como poucas vezes o tinha visto, falou do nosso orgulho de garantes e de termos configurado uma zona de paz efetiva na América do Sul.

Lá estavam também o rei da Espanha, os presidentes da Argentina, Bolívia, Colômbia, Chile, o secretário-geral da OEA e as delegações do Peru e do Equador, ambas coloridas e vitoriosas. Algum tempo teria que passar até que as paixões se acalmassem e os dois povos reconhecessem que a paz de Brasília lhes trouxe o melhor mundo possível. Mas, sobretudo, permanecerá o fato de que dois países sul-americanos puderam finalmente superar os traumas de 180 anos de disputas territoriais e três conflitos armados para chegar a uma paz que eles mesmos construíram, com a ajuda decisiva de quatro países amigos do seu próprio continente e sem recorrer a organismos internacionais para partejar a solução.

A assinatura do Tratado de Não Proliferação de Armas Nucleares

A atitude que adotamos no início do governo FHC, afirmando que o Brasil não pretendia assinar o Tratado de Não Proliferação de Armas Nucleares (TNP), participando apenas como observador, era apenas uma precaução. Durante o governo Itamar Franco, já havíamos conseguido grandes avanços no sentido de alinhar a posição brasileira com os objetivos pacíficos dos acordos internacionais em temas nucleares. A resistência inicial e as declarações cautelosas não revelavam, porém, nenhuma dúvida real do presidente Fernando Henrique e de seu grupo mais próximo.

Tínhamos a convicção de que era preciso compatibilizar plenamente a posição brasileira com o padrão internacional na área de proliferação nuclear e armamentos estratégicos. Mas já havíamos travado intramuros, sem publicidade alguma, batalhas bastante difíceis com alguns setores militares. Por isso, resolvemos seguir gradualmente naquele caminho, começando não pelo TNP — que tinha um peso paradigmático maior e havia sido uma bandeira importante do Brasil nos anos 60 e 70 —, mas pelo Regime de Controle de Tecnologia de Mísseis (MTCR).

Esse regime apresentava uma questão real, porque havia um programa nacional de construção de mísseis visando à colocação de satélites brasileiros em órbita. Era um objetivo plenamente válido. Mas existem tecnologias duais nesse campo que, a partir de certo momento, podem levar a usos tanto civis quanto militares.

Em razão disso, o Brasil era visto com alguma desconfiança e por isso impedido de receber certos equipamentos contendo tecnologias sensíveis, inclusive não relacionados diretamente ao programa espacial, como supercomputadores de interesse da Petrobras. Decidimos, então, acelerar a adesão ao MTCR. FHC comunicou essa decisão ao brigadeiro Mauro Gandra, ministro da Aeronáutica. Ela tomou corpo em agosto de 1995, quando do lançamento, em São José dos Campos, do voo inaugural do *EMB-145*, jato da Embraer que depois viria a ter um grande êxito internacional.

Foi um momento de grande emoção para mim ver o *EMB-145* estrear, ele que era descendente do *Bandeirante* e do *Brasília*, que eu tinha ajudado com muito empenho a consolidar no mercado internacional nas décadas de 70 e 80. O presidente fez um discurso importante, em que anunciou a decisão do governo brasileiro. Ao definir as linhas mestras de nosso programa espacial e proclamar a renúncia aos mísseis militares de longo alcance, FHC fechou um capítulo da nossa história, confirmando a submissão do poder militar ao civil, como deve ser em regimes democráticos, e completando a tarefa de afastar o Brasil de aventuras perigosas na área estratégica.

O programa espacial deixou de ser uma iniciativa militar autônoma e foi incorporado pelo governo como projeto nacional. Com isso, a suspeita que pairava sobre o programa brasileiro de mísseis ficou ultrapassada. Essa foi, de certo modo, a última etapa de nosso processo de desmontagem da rivalidade militar com a Argentina, pois nossos vizinhos, logo no início do governo Menem, também aderiram ao Regime de Mísseis.

Fernando Henrique e eu recusávamos a tese de que fosse necessário ter armas nucleares, mesmo depois da explosão da bomba indiana, em 94, para mostrar a força do Brasil no mundo, inclusive em pleitos como, por exemplo, o da cadeira permanente no Conselho de Segurança da ONU. Não acreditávamos que um artefato nuclear ou a detenção da tecnologia nuclear serviria como elemento de poder decisivo para o Brasil no século XXI. Nenhuma situação de ameaça geopolítica, nenhuma razão séria de segurança nacional justificariam essa opção. Seria um desperdício imperdoável de recursos para um país como o Brasil, com tantas carências sociais. Não creio que possa haver dúvidas fundamentadas a esse respeito, embora saiba que algumas pessoas ainda alimentam essa alternativa.

Assinei, no dia 24 de setembro 1996, o Tratado de Proscrição dos Ensaios Nucleares, como mais um passo no rumo que havíamos fixado. Foi muito bom ter a sensação de completar uma tarefa na qual estava empenhado desde 1968, como jovem diplomata no Comitê de Desarmamento em Genebra.

Em 24 de maio de 1997, houve uma reunião da Câmara de Relações Exteriores e Defesa Nacional, órgão colegiado do governo, sob a presidência de FHC. Fiz uma apresentação que versou sobre a mudança de nossa posição quanto ao Tratado de Não Proliferação. Destaquei os seguintes pontos:

— Nossa posição principista já não nos trazia respeito, nem benefícios.
— A assinatura não acrescentaria qualquer limitação às que já assumimos voluntariamente na área nuclear, a começar pela Constituição da República de 1988.
— A companhia que nos restava era a dos Estados quase nucleares e/ou envolvidos em graves situações conflitivas (Israel, Índia, Paquistão e Cuba).
— Assinar naquele momento completaria nossa inserção no *mainstream* internacional e nos capacitaria para outros cenários, inclusive o da cadeira permanente no Conselho de Segurança da ONU.

Houve então uma rodada de comentários das Forças Armadas e dos ministérios da Justiça e Casa Civil. Todos favoráveis, com um pequeno porém ou outro, tendo a Marinha expressado dúvidas sobre se a assinatura traria algum benefício de acesso a tecnologias sensíveis. O presidente manifestou então sua decisão de assinarmos o TNP. Na verdade, FHC desejava mudar nossa posição desde o primeiro momento e até pensara em anunciar a decisão como um dos pontos mais importantes do seu discurso de posse.
No dia 21 de junho de 1997, assinei o Tratado de Não Proliferação de Armas Nucleares, na sede da ONU, em Nova York. Durante a cerimônia, pensei em João de Araújo Castro, chanceler de Jango, e em Azeredo da Silveira, perguntando-me se censurariam a decisão. Concluí que, sendo homens de grande inteligência e lucidez, saberiam entender que os "ventos do mundo" o recomendavam. Saraiva Guerreiro, ex-ministro das Relações Exteriores de Figueiredo, não fez críticas, dizendo que já tínhamos assinado antes tratados que consagram a disparidade jurídica entre os Estados (Carta da ONU, Banco Mundial, FMI).

Comércio internacional e integração econômica

O Itamaraty tem, desde a década de 50, um papel central na condução da política comercial do Brasil, o que reflete o destaque absoluto que essas questões possuem no relacionamento internacional do país.

–1–
Protecionismo: nossa velha paixão

O protecionismo tem raízes profundas em nossa história. No período colonial, Portugal instaurou o monopólio do comércio com o Brasil e proibia a instalação de qualquer manufatura aqui, reservando-se totalmente o mercado. Quando, exaurido pela invasão napoleônica, o Reino teve de mudar sua sede para o Rio de Janeiro, em 1808, esse privilégio foi transferido na prática para a Inglaterra, sob o eufemismo de "abertura dos portos às nações amigas".

Temos uma velha paixão por Colbert, o maior apologista do mercantilismo, e uma antipatia antiga por Adam Smith, o pai do livre-comércio, ignorando que, em comércio internacional, não se recebe sem dar e em geral todos ganham com isso. Só recentemente começamos a dar-nos conta de que é impossível encontrar na história um país que tenha conseguido desenvolver-se de modo sustentável na base de um modelo autárquico, de fechamento de sua economia.

A economia brasileira foi completamente agrícola até a Primeira Guerra Mundial, quando, impossibilitados de importar as mercadorias básicas pela desorganização internacional da produção e dos transportes marítimos, os agentes econômicos iniciaram a produção industrial de alguns itens básicos, como têxteis, vestuário e cimento. Barreiras tarifárias foram erguidas para proteger essas indústrias nascentes.

Marcelo Abreu tratou do tema em artigo publicado no *Estado de S. Paulo* de 22 de fevereiro de 2009:

> "A resposta brasileira à Grande Depressão de 1929-1933 consolidou por muitas décadas uma estratégia econômica calcada na autarquia e na presença decisiva do Estado na produção de bens e serviços. Eram elementos ao menos parcialmente herdados da República Velha, bastante protecionista."

A classe empresarial que implementou essas estratégias foi um dos pilares do regime getulista nas décadas de 30 e 40 e recebeu do governo todas as bênçãos e privilégios. O advento da Segunda Guerra Mundial reforçou a indústria brasileira pelas mesmas razões que a Primeira. No pós-guerra, vivemos um breve surto de liberalização, que acabou desperdiçando em bugigangas as grandes reservas monetárias que o país tinha acumulado.

Veio então a fase da Cexim (departamento de exportação e importação do Banco do Brasil, que depois virou Cacex), em que o governo praticou o comércio administrado. Foi um tempo de completo protecionismo, que durou quatro décadas, até a abertura de Collor. Essa orientação ficou simbolizada pela "gaveta do Bené", um poderoso instrumento de política comercial, onde Benedito Moreira da Fonseca, o diretor da Cacex, fazia desaparecerem pedidos de licença de importação indesejáveis.

Volto a citar Marcelo Abreu:

"As ineficiências geradas por essa estratégia (de autarquia e Estado intervencionista) foram ofuscadas pelo crescimento econômico rápido até o final da década de 70. Entre o início dos anos 80 e meados dos anos 90, com a combinação persistente de inflação alta e estagnação econômica, generalizou-se o diagnóstico de que era necessário o abandono dos pilares estratégicos enraizados na década de 30. Esse é o quadro que viabilizou os avanços em relação à liberalização comercial e às primeiras privatizações, no início da década de 1990, e, finalmente, após doloroso aprendizado, o fim da inflação alta em 1994."

Muito se discutiu sobre a decisão tomada pelo governo em 1990/1991 de reduzir as barreiras tarifárias e administrativas que vedavam o acesso de produtos importados ao mercado brasileiro. Durante a campanha eleitoral, o candidato Fernando Collor tinha feito um comentário enfático referindo-se aos automóveis produzidos no Brasil como "verdadeiras carroças". Era evidente então que a lamentável política de reserva de mercado de informática tinha levado a um atraso considerável da tecnologia industrial brasileira, sem ter gerado o prometido desenvolvimento de uma alternativa nacional digna de respeito.

A abertura feita pelo governo Collor foi, sem dúvida, a alteração mais profunda e salutar de nossa política comercial. Seus efeitos sobre a estrutura produtiva brasileira foram muito significativos, ainda que a redução das tarifas tenha sido apenas relativa e bastante seletiva, uma vez que permaneceram altos níveis de proteção tarifária em muitos setores, alguns dos quais persistem até hoje. Tendo levado ao desaparecimento de empresas pouco competitivas, a abertura provocou reajustes às vezes penosos, mas também um grande revigoramento daquelas que souberam modernizar-se e tornar-se mais produtivas, dotando o Brasil de alta capacidade concorrencial em áreas como têxteis e confecções, calçados e brinquedos, entre outras.

Durante algum tempo persistiu a polêmica, contudo, sobre se o Brasil poderia ter obtido mais vantagens da abertura comercial que realizou a partir de 1990. Afirmava-se que ela poderia ter sido mais gradual e alegava-se que deveria ter sido feita uma barganha mais vantajosa com nossos principais parceiros comerciais. Discordo de ambas as teorias. Por quê? Partindo de um nível elevadíssimo de tarifas e restrições de acesso ao mercado em que estávamos, só podia haver uma abertura forte. Qualquer outra alternativa seria inócua ou cosmética.

Um choque de competitividade precisava ser administrado à indústria brasileira, que, além do muro tarifário elevadíssimo, ainda se beneficiava (ou padecia) de reservas de mercado, listas negativas e outros artifícios protecionistas que a insulavam do mundo internacional. Por outro lado, a possibilidade de expandir a oferta externa veio a ser um elemento fundamental do processo de estabilização da economia, que foi realizado pelo Plano Real. Isso não teria ocorrido com uma meia-abertura.

Pensar que poderíamos ter obtido grandes vantagens em troca da decisão de abrir novamente os portos é um engano ingênuo. Não tínhamos oportunidade, nem foro para fazê-lo, já que a Rodada Uruguai do GATT achava-se paralisada naquele momento pelo impasse agrícola e não estavam ocorrendo negociações tarifárias em 1990 e 1991. Por outro lado, o Brasil estava saindo de um período de pouca credibilidade internacional, com a moratória da dívida e indicadores econômicos péssimos, inclusive uma hiperinflação desqualificante e um desempenho fraco de crescimento econômico. Não era, por isso, um país que tivesse grande poder de barganha, seja como potencial receptor de investimento, seja como mercado para importações.

No governo FHC, a questão hamletiana de ser ou não protecionista se pôs desde o início, pois a valorização de nossa moeda ocorrida com o Plano Real barateava as importações e criava deslocamentos na produção nacional. Mas, como disse o embaixador José Alfredo Graça Lima em seu depoimento ao CPDOC, "até hoje muita gente não consegue compreender que abertura só beneficia quem a faz". A tradição brasileira — que felizmente penso haver mudado — era considerar liberalização comercial uma concessão aos outros países, uma perda líquida.

Em diversas ocasiões, fatores políticos vieram a causar retrocessos protecionistas de nossa parte. Por exemplo, em julho de 1996, houve um debate público em torno da questão da abertura e do retrocesso comercial, curiosamente despertada pelo episódio dos brinquedos. O Ministério da Indústria e Comércio — que sempre foi o primeiro balcão para o qual os setores em dificuldades se dirigem — colocou em vigor uma medida restritiva da importação de brinquedos, sem que o assunto tivesse sido discutido no governo, nem sequer fosse do conhecimento do presidente da República. Como a medida violava compromissos internacionais do país na OMC, resolvi insurgir-me, mesmo sabendo que era uma briga feia, pois, com a cultura protecionista que ainda vigorava fortemente no Brasil, nossa chance de perder era significativa. A questão estava aberta. *A Gazeta Mercantil* publicou no dia 8 de julho matéria pondo o Itamaraty em destaque na oposição ao protecionismo. No dia 30 de julho, houve uma reunião da Câmara de Comércio Exterior (Camex). No primeiro segmento, só de ministros, Pedro Malan abriu a ofensiva expondo com precisão e inteligência os argumentos essenciais em prol da manutenção da abertura e de um processo decisório que traduzisse na prática a decisão do governo de preservá-la.

Logo depois, eu insisti na importância de não permitirmos que se fixasse a impressão internacional e interna de que foi aberta uma temporada de proteção a qualquer indústria que estivesse em dificuldade. Referi também a importância de mantermos fidelidade à OMC, nosso melhor escudo contra os abusos de poder dos grandes, especialmente porque a organização estava em crise de afirmação. Enfatizei que não podíamos enveredar por um caminho retrógrado de dirigismo de política industrial, de clientelismo protetor, em nossa cultura onde o governo é a supermãe.

O resultado final foi a decisão de reiterar, com ênfase num pronunciamento coletivo, a política de comércio exterior aberto e de seguir um processo decisório em que nada seria feito sem que tivesse sido discutido na Camex. Naquele momento estancamos a maré protecionista. Houve diversos outros episódios, como a questão das salvaguardas contra importações de produtos têxteis, o caso do impedimento das importações de derivados de coco das Filipinas, a questão dos produtos lácteos do Uruguai e da Argentina. Mas nenhum deles teve a complexidade e o alcance das questões levantadas pela nova política do setor automotivo adotada pelo governo em 1995.

Com a entrada em vigor da Tarifa Externa Comum (TEC) do Mercosul, houve uma redução de 100% para 20% do imposto de importação para automóveis. O Real encontrava-se supervalorizado, valendo mais do que um dólar. Por essa combinação de fatores, a demanda por carros importados explodiu, ameaçando a própria subsistência da indústria automobilística brasileira. Acenderam-se as luzes vermelhas no governo.

José Serra, ministro do Planejamento, acompanhado por Dorothea Werneck, ministra de Indústria e Comércio, elaborou um programa para modificar aquela situação, baseado em dois pontos principais: 1) elevação da tarifa para 35% (o máximo permitido pela OMC) e 2) concessão de incentivos fiscais a fim de atrair novas montadoras para diversos pontos do território nacional.

Houve uma discussão longa e muito difícil dentro do governo sobre a política do setor automotivo. Ela começou em janeiro de 1996 e foi travada na Camex, que reunia todos os ministros com alçada sobre comércio internacional. Até a criação da câmara em 1995, os ministros tinham suas respectivas responsabilidades, mas quase não trocavam informações. Não existia um órgão que fizesse esse papel. Ele passou a existir, e dentro da esfera da Presidência da República, o que era importante. Como chefes da Casa Civil, Clóvis Carvalho, no início, e Pedro Parente, depois tinham certa ascendência sobre os ministros e davam o voto de Minerva em algumas decisões. Hoje uma instituição consolidada e indispensável, a Camex fortaleceu a coesão das posições governamentais e permitiu que as decisões de política comercial fossem tomadas levando em conta todos os elementos em jogo.

Havia uma questão doutrinária. Pedro Malan e eu estávamos na ponta liberal, defendendo a manutenção da abertura comercial que viabilizara o Plano Real e a coerência com as obrigações que havíamos assumido na Rodada Uruguai, que criara a OMC. Serra e Dorothea, ao contrário, julgavam que o setor automobilístico era de tal importância que necessitava ser protegido com estímulos à produção no Brasil, mesmo que isso nos forçasse a ter negociações internacionais difíceis para conseguir dispensas de obrigações (*waiver*) da OMC.

Finalmente, prevaleceu a opção de José Serra, porque o cenário de redução drástica da produção automobilística nacional, com desemprego maciço, era insustentável politicamente. Mas restava obter o *waiver* da OMC ou alguma forma de entendimento com os principais países, e isso, sabíamos desde o princípio, não seria tarefa fácil. Ela caberia ao Itamaraty.

A OMC estava em seus primeiros anos e existia um empenho grande para que suas normas fossem respeitadas. A nossa política de setor automotivo era candidata a uma lição, com possíveis retaliações. A impressão era de que estávamos praticando um retrocesso em nossa política comercial e, assim, éramos merecedores de condenação severa, para servirmos como exemplo aos que quisessem transgredir as regras do sistema. O Itamaraty e a Fazenda trabalharam intensamente em conjunto para modificar esse quadro, destacando-se a atuação de José Roberto Mendonça de Barros e José Alfredo Graça Lima, que conduziram as negociações técnicas.

Gastamos uma dose grande de capital diplomático, pois em nível político enfrentamos reações fortes. Tive discussões, por vezes muito ásperas e difíceis, com Leon Brittan, o comissário europeu para comércio, com o ministro japonês do comércio externo, Ryutaro Hashimoto, e com Mickey Kantor, o ministro americano das negociações internacionais.

Finalmente tivemos êxito, porque a política do setor automotivo favoreceu as grandes montadoras que já estavam no Brasil, mas também abriu espaço para a vinda, com incentivos importantes, de novos fabricantes, como as empresas japonesas, coreanas e francesas. Com isso, as matrizes insistiram junto aos seus governos pela aceitação do novo regime brasileiro, que incluía a ideia salvadora de dar cotas de importação para os países mais recalcitrantes, que as distribuíam então entre as suas empresas, para não interromper o fluxo de comércio.

–2–
Mercosul: entusiasmo e decepção

Numa reunião presidencial realizada em Ouro Preto, em dezembro de 1994, foi assinado o compromisso de criar uma união aduaneira, isto é, estabelecer uma tarifa externa comum que unificasse o comportamento comercial dos quatro países fundadores do Mercosul ante o resto do mundo. Ela entrou em vigor no mesmo dia da posse do presidente FHC. Simultaneamente, estabelecia-se uma zona de livre circulação de mercadorias. A premissa que fundamentava o raciocínio político brasileiro tinha dois aspectos:
1) Esse modelo daria aos nossos sócios a garantia básica de acesso preferencial ao grande mercado interno do Brasil.
2) Em contrapartida, o Brasil receberia preferências para seus produtos industriais, em particular os de maior valor agregado, no mercado de nossos sócios.

Com a união aduaneira, estabelecia-se o que os americanos chamam de *"win-win situation"*, uma situação em que todos ganham. Por isso, em 1995, o Mercosul era nossa principal aposta de inserção internacional. Em retrospecto, pode-se dizer que foi um equívoco depositar tanta expectativa numa instituição frágil. Também foi um erro fazer uma aposta tão centrada no comércio, já que é nesse domínio que se situa a maior parte dos conflitos entre nações.

O início foi cheio de promessas. Vínhamos de uma fase de avanços espetaculares na liberalização do comércio bilateral, através dos acordos setoriais. Na Argentina e no Brasil, pensávamos que era possível queimar etapas, avançando rumo a uma integração profunda que transcendesse a área econômica. Sempre havia alguma resistência de setores burocráticos e de lobbies específicos, mas no geral a estrada parecia aberta rumo à utopia. Não tardou que os governantes do Uruguai e Paraguai postulassem sua incorporação ao projeto e assim nasceu o Mercosul, pelo Tratado de Assunção, assinado em 1991. Já no artigo 1, fixava-se prazo de três anos para estabelecer um mercado comum composto de:

— Livre circulação de bens, serviços e fatores produtivos, eliminando-se todas as restrições a ela.
— Estabelecimento de uma tarifa externa comum e a adoção de uma política comercial unificada em relação a terceiros estados.
— Coordenação de políticas macroeconômicas e setoriais em áreas como comércio exterior, agricultura, indústria, política fiscal, monetária, cambial e de capitais, serviços e "outras que se acordem".

Havia ambição demais nisso, mas os quatro países lançaram-se à tarefa com entusiasmo. Por tanto tempo represado, o comércio entre os quatro decolou com velocidade e tudo parecia possível, pois todos ganhavam. Era uma utopia, contudo, como se começou a ver poucos anos depois. Nenhum dos três pilares em que deveria repousar o Mercosul revelou-se sólido e nunca se concretizaram os objetivos básicos do Tratado de Assunção.

Força é reconhecer que, mesmo no Brasil, nem sempre havia a consciência de que era necessário observar a predominância das regras do Mercosul do ponto de vista jurídico e político. O Itamaraty tinha sempre que recordar a necessidade de nos mantermos fiéis aos compromissos regionais, porque a tendência das autoridades brasileiras nem sempre era essa. Havia, desde o início, algum ressentimento em função de decisões unilaterais brasileiras e da falta de medidas práticas que facultassem o acesso ao mercado nacional, sobretudo para países menores, como o Uruguai e o Paraguai.

O primeiro teste da disposição de expandir o Mercosul foi a negociação de um acordo de associação com o Chile. De nossa parte havia uma posição totalmente favorável e, com pequenas exceções, uma ausência de dificuldades comerciais. Já da parte argentina, senti uma relutância clara ao acordo. Havia uma dualidade nítida em Buenos Aires.

O ministro argentino das Relações Exteriores, Guido Di Tella, e a chancelaria desejavam ardentemente um entendimento pleno, por razões geopolíticas e históricas. Tratava-se de colocar uma pá de cal no episódio da quase guerra do canal de Beagle, de 1978, que só não havia ocorrido porque o papa enviou uma mensagem exortando à paz na última hora. Também pesou muito o fato de o governo americano ter manifestado oposição às intenções de invasão do governo militar argentino, embutidas na chamada Operação Soberania, como se sabe hoje à luz dos documentos que foram abertos à consulta dos historiadores.

De outra parte, a área econômica mostrava-se sensibilizada pelos possíveis efeitos negativos para alguns setores da economia argentina e relutava em dividir o acesso preferencial ao mercado brasileiro com um novo concorrente. Além do mais, alguns dirigentes argentinos tinham dúvida sobre a própria união aduaneira do Mercosul e teriam preferido voltar a uma simples zona de livre-comércio, o que mudaria tudo na relação com o vizinho transandino.

Até 1998, o projeto funcionou bem, permitindo a expansão do intercâmbio entre os sócios. Não fomos completamente claros com relação ao Mercosul. Se por um lado liberamos nossos mercados e obtivemos vantagens com a abertura dos nossos sócios, a verdade é que nem o Brasil nem os demais integrantes aceitaram completamente uma disciplina de livre-comércio. Persistiram entre nós medidas não tarifárias, como controles alfandegários e sanitários, taxas antidumping, salvaguardas unilaterais contrárias à letra e ao espírito do Mercosul e a exceção notória do açúcar na Argentina, que travaram frequentemente o desenvolvimento do comércio entre os quatro países-membros.

Todas essas medidas são aberrantes numa união aduaneira como a que pretendemos ter no Mercosul. Na própria tarifa externa comum, persistiram e mesmo se agudizaram discrepâncias, perfurações e exclusões, especialmente por parte da Argentina e do Uruguai. Nossa coesão frente ao resto do mundo sofre muito com isso e debilita a credibilidade negociadora do Mercosul, pois a tarifa comum nunca foi implementada plenamente e persistiram exceções de todo tipo.

No Brasil tivemos o caso do leite. No início do Mercosul houve um aumento das importações de laticínio da Argentina e Uruguai, que tinham uma vantagem comparativa clara de produtividade sobre os produtores brasileiros. Porém, como a indústria de laticínios no Brasil empregava na época cerca um milhão de pessoas e se espalhava por centenas de municípios, houve uma reação muito forte, com pressões dos governadores e prefeitos. Acabamos tendo que colocar em vigor uma medida restritiva, que foi muito questionada. Pagamos um preço político alto com nossos vizinhos e o episódio tornou-se símbolo da precária adesão brasileira aos compromissos do Mercosul.

Mas a despeito disso o comércio entre os quatro multiplicou-se por cinco, sob a impulsão do nosso regime cambial de real forte, o que facilitava muito o acesso ao nosso mercado. As exportações brasileiras também penetraram fortemente nos mercados de nossos sócios, em particular da Argentina. Jorge Campbell, o mais brilhante e sincero dos negociadores argentinos, escreveu no jornal *Ambito Financiero*, em 11 de janeiro de 1995: "Estou convencido de que hoje em dia não há um só projeto de investimento em qualquer dos países da região que não leve em conta o Mercosul."

Com a criação do Foro Social do Mercosul, que incluía agentes econômicos e sociais de todos os países, ampliou-se a representatividade da instituição. Naquele momento, o Mercosul vivia seu ponto alto, granjeava apoio político e conseguia empolgar a imaginação dos nossos povos.

Em discurso que fiz em Porto Alegre, no dia 1º de novembro de 1996, pude afirmar:

"Desde a assinatura do Tratado de Assunção, em março de 1991, o Mercosul deu mostras de grande capacidade de geração de comércio, tanto entre seus estados-partes como no intercâmbio com terceiros países ou blocos. A liberalização comercial intrazona, que hoje alcança 95% dos fluxos comerciais no Mercosul, não coibiu o significativo crescimento das importações extrazona, que saltaram de US$ 25,06 bilhões em 1990 para expressivos US$ 55,16 bilhões em 1995. O crescimento do comercio intra-Mercosul, que passou de US$ 4,2 bilhões, em 1990, para US$ 14,3 bilhões, em 1995, é um fenômeno que se pode encontrar em todos os processos de abertura regional, geralmente conhecido como 'efeito integração'."

A partir de 1998, porém, iniciou-se o retrocesso. Começaram-se a sentir os efeitos distorsivos da política cambial brasileira e surgiram em nosso país reações às importações oriundas da Argentina e do Uruguai. Na Argentina, a paridade peso/dólar também estimulava as importações e apareceram resistências, que resultaram em medidas protecionistas. Com a desvalorização forçada do real, em janeiro de 1999, e a manutenção da convertibilidade do peso até o desastre de dezembro de 2001, criou-se um desequilíbrio imenso entre os fatores que haviam assinalado o êxito inicial.

O abúlico presidente Fernando de la Rua decidiu abandonar o Plano de Convertibilidade e fez a escolha inacreditável de chamar Domingo Cavallo para ajudá-lo nesse sentido, sendo que o economista havia sido o pai do plano. Não podia dar certo. Os governos tiveram que passar à etapa desgastante de administrar conflitos e o projeto de integração do Mercosul regrediu para nunca mais recuperar o impulso dos primeiros anos. O chanceler argentino, Adalberto Giavarani, tinha ótimo relacionamento comigo, mas nada era possível fazer.

Já havia naquele momento um grande questionamento sobre a validade do Mercosul. Fiz as seguintes perguntas internamente, no Itamaraty: o Mercosul ainda é viável? Queremos ou não levá-lo adiante? Caso positivo, em que forma? Tínhamos três hipóteses: a) deixá-lo como estava e seguir gerenciando-o casuisticamente; b) tentar aprofundar os compromissos de abertura interna e coesão externa; e c) abandonar a concepção da união aduaneira e transformar o Mercosul numa simples zona de livre-comércio, sem tarifa externa comum.

Solicitei ao embaixador Botafogo Gonçalves que preparasse um documento para discussão interna no governo, examinando em detalhe as condições para avançar e as consequências de optar por um passo atrás. O documento de alternativas circulou entre todos os ministérios pertinentes e serviu de base para uma reunião da qual participaram ministros e o presidente do Banco Central. O presidente queria ter a opinião dos ministros sobre as alternativas e não manifestou preferência de início, limitando-se a suscitar o debate. Botafogo Gonçalves fala do episódio em seu depoimento ao CPDOC:

> "Para minha surpresa, todos, unanimemente, foram a favor do aprofundamento. Todos. Não houve nenhuma exceção. O mais curioso é que todos foram a favor do aprofundamento, mas no final não houve aprofundamento algum."

Na verdade, o Mercosul já tinha passado do ponto. Nenhum dos seus objetivos iniciais fora cumprido:

1) A tarifa externa comum não representava sequer 60% do conjunto dos impostos de importação de todos os países-membros.
2) Havia, em muitos casos, uma tributação dupla, ou seja, a tarifa era cobrada a cada ponto de fronteira, quando a mercadoria ultrapassava mais de um, e não apenas na primeira entrada no Mercosul.
3) A livre circulação entre os quatro também era sujeita a numerosas restrições, inclusive a práticas totalmente incompatíveis com o espírito e a letra do Mercosul, como taxas antidumping, salvaguardas e quotas de importação, sobretudo por parte da Argentina.
4) Não havia nem sombra de "coordenação de políticas macroeconômicas e setoriais em comércio exterior, agricultura, indústria, política fiscal, monetária, cambial e de capitais, serviços e outras que se acordem", como preconizava o Tratado de Assunção.

Houve uma grande discussão sobre as causas e os remédios para os impasses. A primeira argumentação era de que o Mercosul tinha um "deficit institucional" e precisava de um executivo centralizado e mais robusto. Esse argumento — que apenas mascarava o desejo de colocar restrições ao peso dos países maiores, em particular do Brasil — traduzia-se na proposta de criar uma comissão, nos moldes da que existe na União Europeia, com poderes supracionais. Sempre recusei terminantemente essa ideia, no que era apoiado pelo colega argentino, Guido di Tella.

Com seu modo pícaro, Di Tella reagiu a essa proposta, dizendo: "Eu não quero uma fórmula que traga para cá um senhor gordo que nos venha dizer o que temos que fazer. Não estou disposto a aceitar isso." Com isso, acabou a conversa, pelo menos temporariamente.

Meus argumentos eram claros a esse respeito: 1) não havia paralelo nenhum com a Europa, pois o Mercado Comum Europeu resultara desde o início do propósito de prevenir a repetição das guerras terríveis que, desde 1870, dilaceravam o Velho Continente. Ora, entre nós não tinha havido guerra nenhuma no século XX e certamente o Brasil não fora perdedor, não tendo por que se submeter a um cerceamento desse alcance por motivos históricos; e 2) o Tratado de Assunção já continha fatores de equilíbrio entre os quatro suficientes, inclusive o voto paritário que permitia que cada país não aprovasse decisões que julgasse danosas aos seus interesses. Esses argumentos não convenciam, porém, a todos e, em particular, ao presidente Wasmosy, do Paraguai, que queria forçar essa agenda. Em certo momento, cheguei a ter uma conversa áspera com ele por causa desse assunto.

O segundo tema preconizado era a criação de um tribunal do Mercosul que tivesse as mesmas prerrogativas do Tribunal Europeu, julgando a observância das normas comunitárias e sobrepondo-se ao Poder Judiciário dos países-membros. A ideia era semelhante à de uma comissão executiva supracional e, pelas mesmas razões, parecia-me inaceitável para o Brasil. Estávamos prontos a reforçar consideravelmente o sistema de solução de controvérsias existente no Mercosul e assim fizemos mais adiante. Mas subordinar os tribunais brasileiros a sentenças de uma corte supranacional era uma proposta fora de cogitação. As consultas que fiz a diversos ministros do Supremo Tribunal Federal confirmaram minha avaliação.

Discutiu-se também muito — e ainda hoje se discute — se não seria melhor transformar o Mercosul, abolindo-se a união aduaneira. Se fosse uma simples zona de livre-comércio, o Brasil perderia a vantagem relativa mas não desprezível do acesso preferencial aos mercados de nossos parceiros, por obra da tarifa externa comum. O mínimo que se pode esperar é que haja regressão, se houver a dissolução da união aduaneira por mais precária que ela seja. Sempre defendi essa teoria e continuo pensando assim. É lógico que, numa união aduaneira, os países precisam estar coesos em negociações com terceiros. Era o caso da ALCA, por exemplo. Mas hoje não há perspectivas de negociação alguma e, portanto, é muito relativo o argumento de que o Brasil teria mais latitude se atuasse por contra própria (como seria o caso se o Mercosul fosse apenas zona de livre-comércio).

Nos anos 90, havia a percepção de que o Mercosul podia ser um modo de projeção do poder nacional, que acrescentaria muito, em termos de atratividade e de representatividade, a cada um de seus quatro membros. Era uma fase muito otimista: tinha havido uma expansão do comércio entre nós e existia também um comprometimento bastante forte dos países com a ideia do Mercosul.

Assim ele era percebido como um interlocutor internacional importante. Era o que nós ouvíamos, da parte dos europeus, sobretudo porque eles viam no Mercosul uma espécie de espelho da sua própria experiência. O Mercosul era uma bandeira naquele momento. Devo dizer, porém, que eu pessoalmente sempre fui muito cuidadoso nessa questão e nunca achei que o Brasil só pudesse vir a ter um peso internacional maior através do Mercosul.

Sempre acreditei que o Brasil tem ingredientes nacionais suficientes, de poder inclusive — de *soft power*, em especial —, para ser um ator internacional importante sem precisar do Mercosul. Isso hoje em dia é perfeitamente evidente com o peso adquirido pelo nosso país no G-20, no FMI, com o *investment grade*, enfim, com todas as razões que fazem de nossa nação uma potência emergente, na liga dos BRICs.

Nos anos 90, isso não era viável porque ainda estávamos começando, no governo FHC, um processo de modernização do Brasil, iniciado pela estabilização trazida pelo Plano Real. Na segunda metade da década de 90, víamos o Mercosul como um grande projeto ordenador das relações entre os países do Cone Sul. A democracia que todos tínhamos conquistado permitia-nos ter um grau muito elevado de aproximação e cooperação, em contraste com a ideologia da rivalidade e a competição geopolítica, que durante muito tempo nos separaram.

A respeito da inserção internacional do Mercosul, é importante esclarecer que, por motivos ideológicos, às vezes era afirmado que os Estados Unidos torciam contra a nossa integração. Isso ocorreria devido a questões geopolíticas, a fim de não permitir que vingasse na América do Sul um projeto que pudesse de algum modo contrariar seus interesses. O presidente Bill Clinton desmentiu enfaticamente essa alegação quando de sua visita ao Brasil em outubro de 1997. Não existe a menor evidência de que os EUA tenham sabotado o Mercosul. Afirmam-me os pesquisadores mais confiáveis que em nenhum documento americano há a menor indicação nesse sentido.

O Mercosul perdeu seu encanto e os dirigentes dos quatro países não voltaram a ter o mesmo empenho e compromisso dos primeiros tempos. Mas é preciso ter em mente que processos de integração abrangentes e ambiciosos como a União Europeia ou, em outra dimensão, o Mercosul, trazem embutidos em si dificuldades e obstáculos, que exigem tempo, habilidade, espírito conciliatório e visão de longo prazo para serem resolvidos ou superados. Hoje, felizmente, ninguém cogita retrocessos capazes de provocar uma reversão dos fluxos comerciais a níveis pré-1991. Por tudo isso, creio que a melhor fórmula para as dificuldades por que passa o Mercosul atualmente consiste em deixá-lo como está, por ora, sem tentativas ambiciosas, mas fadadas ao insucesso, até que circunstâncias mais favoráveis permitam retomar o dinamismo inicial e aprofundar nossa integração.

–3–
As batalhas da ALCA

Ao assumir o governo, Fernando Henrique tinha-se deparado com um fato consumado. Compareceu à reunião presidencial de Miami como presidente eleito, em dezembro de 1994, a convite do presidente Itamar Franco. Encontrou uma surpresa: na ata final estava registrado um compromisso de liberalização, dentro do prazo de dez anos, de "praticamente todo o comércio" entre as nações do continente americano, além da criação de regras para o comércio de serviços, propriedade intelectual, compras governamentais, investimentos e agricultura.

Com esses objetivos tão amplos, a Área de Livre-Comércio das Américas (ALCA) deveria ir muito além da Rodada Uruguai, com a diferença de que seria um espaço preferencial e não, como a OMC, uma instituição de escopo mundial regida pela cláusula da nação mais favorecida, isto é, aplicável a todos os países que dela fizesse parte. Segundo a decisão da conferência presidencial, deveriam ser concluídas as negociações para a conformação da ALCA e iniciada a sua implementação, no mais tardar até o ano 2005. Quais eram as implicações dessa iniciativa? Muito mais do que criar uma simples zona de livre-comércio, tratava-se de estabelecer em todo o hemisfério um espaço econômico com normas uniformizadas para regular as principais atividades econômicas dos 34 países envolvidos. Além disso, havia a regra da preferência comercial entre os membros da futura ALCA. Era uma pauta muito ambiciosa. O presidente eleito não tinha sido informado claramente desses compromissos quando chegou a Miami.

Mas havia considerações importantes que aconselhavam participar ativamente do processo negociador. Como afirmou anos depois com grande clareza o então presidente da Câmara dos Deputados, Aécio Neves, na abertura de um seminário relizado em outubro de 2001:

> "A perspectiva de se formar uma Área de Livre-Comércio envolvendo as três Américas e os países do Caribe é um estímulo e um desafio. Pensada para criar um ambiente de comércio livre entre os 34 países democráticos do chamado Hemisfério Ocidental, o acesso preferencial a outros 33 mercados, de países com características as mais variadas, é um estímulo indiscutível. São 800 milhões de pessoas, o que representa um potencial expressivo de oportunidades de negócios. Mas a ALCA deverá ser mais que isso. Entre esses países encontra-se, como é sabido, a maior economia do mundo, o que reforça a percepção de que não participar desse processo — caso ele venha a se concretizar — pode implicar perdas significativas."

Tratava-se da questão mais difícil e importante de nossas relações internacionais no horizonte de dez anos. De seu encaminhamento poderia depender em boa parte o futuro de nossa economia. Se a negociação fosse por uma direção inconveniente, poderíamos ficar mais limitados em nossas opções. Para os Estados Unidos, existia o objetivo estratégico de consolidar sua preponderância econômica no continente. Para nós, havia o atrativo de ter acesso preferencial ao maior mercado mundial, mas restava saber se ele seria realmente amplo e irrestrito em todos os domínios, inclusive da agricultura.
Também havia o problema central de o Brasil se achar em posição muito singular, dada a amplidão de nosso setor produtivo industrial e agrícola e de nosso tecido empresarial. Tínhamos, pois, muito mais a perder do que os demais países da América Latina e o Caribe, os quais haviam feito em sua maioria uma opção preferencial pelos Estados Unidos. Mesmo entre os parceiros do Mercosul, nossos interesses e objetivos não eram os mesmos.

Ciente dessas realidades complexas, o governo procurou estimular debates sobre todos os aspectos da iniciativa com várias entidades e setores representativos de nossa sociedade. Trabalhadores, empresários, consumidores, acadêmicos e jornalistas participaram de uma reflexão ampla sobre os benefícios, as oportunidades e os riscos da ALCA. Dessa forma, demos transparência a todo o processo, fornecendo aos negociadores brasileiros a base política para a sustentação das suas posições.
Desse exercício de reflexão sobre a iniciativa hemisférica de livre-comércio, emergiram diagnósticos precisos sobre a realidade brasileira e os interesses elementares do país no contexto negociador da ALCA.
O Brasil estava se adaptando a um ambiente econômico estável e a regras de mercado bem mais competitivas e transparentes. A economia passava, desde o início da década, por um processo sem precedentes de abertura intensa do mercado nacional, graças a uma expressiva redução de barreiras tarifárias e não tarifárias às importações. Essa abertura tinha ocorrido em três níveis: primeiro, em razão da reforma tarifária unilateral implementada a partir de 1990 e da suspensão de práticas protecionistas não tarifárias; segundo, como efeito direto da aplicação prática dos acordos alcançados no âmbito do Mercosul; e, terceiro, em decorrência dos compromissos assumidos nos acordos da OMC.

Como resultado dessa composição de fatores, nossa tarifa média de importação havia caído de 52% para perto de 12%, nível comparável ao das economias mais abertas do continente. Foram eliminadas várias restrições ao comércio externo que, em muitos casos, asseguravam reservas setoriais de mercado. A indústria brasileira foi submetida a um choque de competitividade intenso. Não era razoável, por isso, esperar que o Brasil se dispusesse a avançar rapidamente em um novo esforço de ampla liberalização comercial, em particular quando isso envolvia relações patentemente assimétricas, com parceiros — Canadá e Estados Unidos — que dispunham de economias bem mais desenvolvidas, sofisticadas e competitivas.
Por outro lado, o Mercosul estava em plena decolagem naquele momento e constituía a pedra de toque da integração regional, que era um objetivo central de nossa política externa. Por isso, tínhamos a convicção de que a ALCA não podia sobrepujar e finalmente absorver o Mercosul, ao contrário do que pensavam e afirmavam as autoridades americanas. Nosso ponto central era que agrupamentos regionais como o nosso constituíam *building blocks*, que deviam ser consolidados. Particularmente aqueles que, como o Mercosul, experimentam coesão política e identidade cultural entre as partes, indo além da aproximação econômico-comercial. Não queríamos que ele fosse visto apenas como uma etapa de transição para a ALCA. Nossa posição básica era fortalecer o Mercosul, aprofundando-o para que fosse nossa prioridade maior e nosso bastião para negociar a ALCA.
Outra questão que emergia com clareza das discussões internas promovidas pelo governo com os vários segmentos da sociedade era a necessidade de existir garantia de reciprocidade nos esforços de abertura de mercados. Apesar da considerável abertura brasileira, os principais itens de nossa pauta de exportações continuavam enfrentando restrições nos mercados externos. Na verdade, quanto mais competitivos eram os nossos produtos em escala global — como calçados, produtos siderúrgicos e metalúrgicos, suco de laranja, têxteis, açúcar, tabaco, carne de frango, entre outros —, mais elevadas eram as barreiras protecionistas, ostensivas ou disfarçadas, que eles precisavam superar para ingressar nos nossos maiores mercados. Em especial — do ponto de vista das negociações da

ALCA — no mercado norte-americano. Deve ser dito que esse quadro continua invariável até hoje.

Era indispensável, portanto, saber com que diretrizes compareceriam os parceiros, antes de começarmos a negociar a abertura dos mercados. Nosso agronegócio, cada vez mais competitivo no mercado global, precisava ser beneficiado, pois a agricultura constitui um dos mais importantes setores da atividade econômica moderna no Brasil, tendo grande impacto na busca de um desenvolvimento social equilibrado e sustentável. Para nós, a agricultura era um elemento indispensável na composição final da ALCA.

Um ponto de grande sensibilidade para nós era a vontade americana de introduzir regras trabalhistas na ALCA. O tema não era novo. Já na fase final das negociações da Rodada Uruguai, alguns países desenvolvidos haviam insistido para que a OMC recebesse mandato para tratar da vinculação entre comércio internacional e questões trabalhistas, mas nossa objeção havia evitado a inclusão da matéria.

A própria União Europeia já havia introduzido condicionalidades pelas quais os países que aderissem ao maior número de convenções da Organização Internacional do Trabalho (OIT) tinham margens de preferênia mais amplas. Tendo iniciado sua carreira de advogado atuando junto a sindicatos, o ministro americano para negociações comerciais, Mickey Kantor, tinha esse ponto como uma de suas principais bandeiras.

Durante o primeiro encontro ministerial da ALCA, em Denver, Colorado, em junho de 1995, ele convocou uma reunião a portas fechadas, só para chefes de delegação, e expôs sua preocupação em assegurar que os direitos fundamentais dos trabalhadores fossem respeitados. Para tanto, propunha que começássemos a discutir o tema com vistas a redigir normas que fossem inseridas na ALCA. Manifestei logo nossa indisposição. A reação foi unanimemente negativa da parte dos latino-americanos, pois todos perceberam que havia perigo de utilização protecionista contra nossos produtos, em razão dos salários inferiores praticados em nossa região. Ninguém se convencera de que o governo americano tivesse decidido subitamente tornar-se o maior defensor dos direitos dos trabalhadores latino-americanos ou caribenhos. O ministro americano bateu temporariamente em retirada, mas a semente estava lançada.

Kantor é um dos amigos mais chegados de Bill Clinton, a ponto de, no momento mais delicado do processo de *impeachment* do presidente, por causa do episódio Monica Lewinski, ele ter sido chamado à Casa Branca para uma consulta crucial, buscando salvar o mandato do chefe. Pequeno, espertíssimo e incisivo, foi um oponente dificílimo, não apenas na negociação da ALCA, mas em vários outros planos, embora sempre tenhamos mantido uma relação de cordialidade.
Já antes da reunião ministerial seguinte, que teve lugar em 1996, em Cartagena, Colômbia, Mickey Kantor voltou ao tema da cláusula social. Ele disse que seria indispensável. O Congresso americano só renovaria o *fast track* — mandato negociador que permite ao executivo concluir acordos sem que eles sejam reabertos pelo parlamento — se houvesse a percepção de que a futura Área de Livre-Comércio das Américas contemplaria o assunto.
Não podia haver dúvida de que o ponto era tão sensível para os EUA que seria objeto de insistência permanente. Expliquei muito claramente a Kantor nossas posições e razões. Embora certamente não tenha aceitado nossa recusa, tive a impressão que Kantor compreendeu a delicadeza da questão para nós. Curiosamente, alguns líderes sindicais brasileiros manifestaram estranheza pela nossa recusa a aceitar normas de defesa dos direitos trabalhistas básicos, que os americanos diziam ser seu único objetivo.
Expliquei-lhes que aqueles direitos não estavam em jogo e eram consagrados nos textos da Organização Internacional do Trabalho e na própria Constituição brasileira. O que procurávamos evitar era que surgisse mais um gancho para legitimar práticas protecionistas.
Em discurso que pronunciei em Recife, no dia 26 de fevereiro de 1997, na abertura de uma reunião preparatória do encontro ministerial que teria lugar mais tarde em Belo Horizonte, apresentei as bases de nossa posição:

"O Mercosul propõe, em síntese, como parâmetros gerais para a condução das negociações, que a ALCA:
— seja objeto de consenso hemisférico e voltada para o livre-comércio;
— se fundamente nos esquemas mais profundos de integração existentes no hemisfério, a exemplo do Mercosul e de outros agrupamentos regionais;

— resulte de negociações de caráter gradual e progressivo, cujo ritmo seja compatível com a consolidação e o aperfeiçoamento das várias iniciativas de integração em curso no continente;
— seja construída sobre compromissos equilibrados, equitativos e vantajosos para cada uma das partes, a serem assumidos completa e simultaneamente pelos 34 governos;
— contemple a possibilidade de que os países definam produtos e/ou setores econômicos que possam ser objeto de tratamento especial, dadas as suas peculiaridades."

Era essencial para nós que houvesse um equilíbrio nas negociações, regendo-as pelo princípio de que nada estaria resolvido antes que tudo estivesse resolvido. É a regra do *single undertaking*. Em outras palavras, a negociação podia ir avançando em assuntos específicos — facilitação de negócios, redução de tarifas e de barreiras ao comércio, mecanismo de solução de controvérsias, subsídios à agricultura —, mas a aprovação final dos governos só aconteceria se cada país concluísse que as concessões feitas eram compensadas pelos benefícios que viesse a receber, em especial por parte dos Estados Unidos e do Canadá, as maiores economias do continente.

A terceira reunião ministerial teve lugar em Belo Horizonte, em maio de 1997. A pressão era muito grande sobre nós, no sentido de acelerar o ritmo tanto da parte dos Estados Unidos quanto dos países latino-americanos. O presidente Fernando Henrique sempre me recomendou firmeza na hora de tratar das nossas exigências de abertura para nossas exportações, enfatizando que não importava se houvesse impasse naquele momento, pois o essencial era resguardar nossos interesses centrais.

A conferência de Belo Horizonte foi um grande êxito. No primeiro dia, houve um jantar com as lideranças da agricultura brasileira. Expus minhas ideias sobre a prioridade que essa área deveria merecer e afirmei que ela era a melhor esperança de crescimento de nossas exportações. Foi uma grande ovação. No segundo dia, compareci a uma reunião sindical e me senti muito bem. Fui recebido com respeito e afirmei o direito dos trabalhadores de se fazerem ouvir num processo tão abrangente e significativo quanto a ALCA. Tivemos um diálogo franco e construtivo.

No terceiro dia, falei no foro dos empresários e apresentei minhas ideias sobre a evolução da ALCA, colocando ênfase na relação com a OMC. Mencionei que havia um elemento de complicação muito importante, a Rodada do Milênio (precursora da Rodada Doha), já lançada como ideia, e disse que certamente não seria possível conduzir a ALCA e essa negociação em paralelo.

Finalmente chegamos à reunião ministerial em si. Charlene Barshefski — novo ministro da USTR, em substituição a Mickey Kantor, que passara para o Departamento de Comércio — surgiu com muito gás e sinalizou sua intenção de buscar modificações em algumas questões básicas já assentadas, especialmente a que previa a intocabilidade do Mercosul. À noite, após a recepção no Palácio da Liberdade, reuni os colegas do Mercosul, mais Chile e Bolívia, e adiantei-lhes as ideias da americana. A reação foi clara em defesa do Mercosul. Estava montado um bom perímetro defensivo.

No dia da negociação, passamos horas intensas a discutir. Houve firmeza dos integrantes do Mercosul, com grande apoio do chanceler chileno, José Miguel Insulza. Charlene foi firme, mas flexível, e o resultado foi um empate com sabor de vitória, porque preservamos as opções abertas e mantivemos o Mercosul intacto. Belo Horizonte era apenas o terceiro round e faltavam ainda sete anos para o prazo de conclusão da ALCA. Foi uma reunião importante, porque definiu o modo de procedimento e a agenda para as etapas posteriores e finais.

A câmara brasileira dos deputados havia criado uma nova comissão para a ALCA. Compareci a ela pouco depois. Ao final perguntaram-me se eu via um cenário de inviabilização da ALCA. Respondi que sim, especialmente por falta de *fast track* para o executivo americano, pela impossibilidade de chegar a um resultado equilibrado para todos ou pelo avanço na Rodada do Milênio.

Em março de 1998, tivemos a 4ª Reunião Ministerial da ALCA, em São José da Costa Rica. Minha ênfase maior foi buscar o controle efetivo sobre o processo negociador. Conseguimos obter a copresidência pelos três anos finais da negociação e definimos que sediaríamos a reunião final de ministros, em 2005. Além disso, obtivemos o grupo de agricultura, sob a presidência argentina, e o grupo de subsídios e antidumping sob nosso próprio comando. Em condições mais difíceis, sem o *fast track*, que o

Congresso não havia renovado, Charlene Barshefski estava muito preocupada em caracterizar uma liderança americana. Por isso foi flexível. Em jantar num restaurante, deixei-a encabulada, dizendo-lhe: "Você fica tão mais charmosa quando é flexível."
Tim Padget, editor da revista *Time*, comentou comigo na época que a co-presidência estava sendo interpretada como uma vitória americana, pois comprometia o Brasil com a finalização da ALCA. Era verdade que nos comprometia até certo ponto. Porém, nos dava uma influência decisiva sobre o resultado. Naquele momento, caminhávamos, com apenas quatro anos de real, para uma presença muito mais afirmativa no cenário mundial.
Os aspectos mais positivos da abertura — investimentos produtivos, aumento da oferta de bens, estímulos a competitividade, menores custos — já estavam incorporados nas nossas políticas. Não precisávamos da integração hemisférica para obtê-los. A ALCA era vista por nós como uma ameaça potencial porque nos obrigaria a acelerar o ritmo além do que seria prudente. Em 1998, estava claro para mim que o maior desafio de nossa política externa era equacionar bem as relações com os Estados Unidos. Não queríamos ceder à tentação de buscar uma afirmação nacional através do antiamericanismo, mas tampouco resvalar para o alinhamento automático de que falava Silveira. É um equilíbrio difícil de atingir e a ALCA era uma questão central nesse tema.
Em setembro de 1998, o segundo do USTR, Richard Fisher — hoje governador pelo Texas do Federal Reserve System — visitou Brasília. Ele teve comigo uma conversa muito reveladora do pensamento estratégico americano sobre comércio internacional. Seus elementos essenciais eram os seguintes, como registrados em meu diário na ocasião:

1) No nível multilateral, parecia inviável um consenso em torno de uma nova rodada na OMC. Não havia clima nem em Washington, nem no mundo em geral, com a crise batendo às portas de todos.
2) A melhor aposta era a regional e esta deveria ser a opção majoritária.
3) A zona livre de comércio da APEC (Cooperação Econômica da Ásia e do Pacífico, em português) era difícil, pois a Ásia não estava em condições após sua crise recente.
4) A ALCA era a aposta mais viável.
5) Precisávamos dar-lhe um empurrão significativo.

Expus-lhe francamente nossas dúvidas e preocupações. Como disse com sua contundência habitual minha ex-professora e amiga, Maria da Conceição Tavares, em artigo publicado na *Folha de S. Paulo* de 29 de março de 1998:

> "O Brasil tem estrutura industrial e agrícola não complementar a dos EUA, com um nível de integração produtiva, desenvolvimento tecnológico e escalas de produção substancialmente menores, o que nos coloca numa clara posição de inferioridade para competir com a indústria americana. Uma liberalização do comércio hemisférico teria um impacto altamente destrutivo sobre nossa indústria."

Essas colocações tinham legitimidade e nos impunham cuidados especiais na negociação. Em novembro de 1999, realizou-se a 5ª reunião ministerial da ALCA, em Toronto. Foi bastante irrelevante. Com a autorização de *fast track* em aberto e o governo Clinton em fim de mandato, era claro que os americanos haviam perdido o sentido de urgência. Fiquei com a impressão clara de que Clinton não estava mais interessado em trombetear a ALCA, com receio de que o tema pudesse interferir negativamente na campanha eleitoral que ocorreria no ano de 2000.

Para o presidente americano, o momento de ser o campeão do livre-comércio — título que buscara em 2003 e 2004, com a aprovação do Tratado do Nafta e dos acordos da OMC — passara. Logo após, em Seattle, Clinton tomou posição favorável aos sindicatos protecionistas, causando o fracasso dramático da conferência ministerial da OMC.

Nada mais ocorreu de relevante com respeito à ALCA durante minha gestão, que foi até janeiro de 2001. Voltarei a tratar deste tema mais adiante, ao examinar o que ocorreu depois de minha saída do governo.

–4–
Um acordo com a União Europeia?

Para algumas pessoas, um acordo de livre-comércio com os europeus poderia ser uma alternativa preferível à ALCA. Essa era e continua a ser uma ideia falsa por vários motivos:

1) Para os europeus, a única motivação séria para fazer um acordo conosco seria impedir que os Estados Unidos capturassem totalmente nosso mercado, se a ALCA fosse finalizada, como já havia ocorrido quando o México ingressou no Nafta.
2) Os europeus não são mais "generosos" do que os americanos e defendem prioritariamente e com afinco seus interesses dentro da lógica capitalista. Na realidade, pela complexidade da União Europeia, com seus 27 integrantes e pelo estilo menos direto que utilizam, a negociação geralmente é mais difícil.
3) O protecionismo agrícola é uma criação europeia, constituindo uma muralha dificílima de transpor.
4) A Europa tem um passado colonial forte que faz com que continuem a existir interesses poderosos e acordos dando tratamento preferencial aos países que fazem parte dessa esfera de influência.

Mesmo assim, convinha ao Brasil explorar a possibilidade de um acordo de livre-comércio, ainda que sem maiores ilusões. Não queríamos perder o trunfo estratégico da diversidade de parcerias comerciais internacionais. Nosso objetivo era equilibrar nossas possibilidades de acesso ao mercado europeu com o que eles têm nos nossos mercados. Sempre insisti com os negociadores europeus que é insustentável termos tantos obstáculos em produtos de nosso interesse, ainda por cima em situação de deficit com a UE, e ainda cogitar novas concessões de acesso ao mercado brasileiro. Esclareci também que desejávamos compatibilizar a evolução da ALCA com um mecanismo operativo que preservasse e mesmo expandisse nossos laços econômicos com a UE. FHC foi muito explícito quando da visita de Jacques Chirac, presidente da França, em março de 1997, dizendo-lhe que nosso objetivo era termos com a UE uma relação equivalente à que estava sendo construída com a ALCA. Falou também da nossa preocupação com o permanente bloqueio francês.

Chirac lançou-se então num discurso bastante retórico sobre a necessidade de um entendimento global a respeito da agricultura e de novas regras internas e internacionais que diminuíssem os atritos. Fiquei a perguntar-me o que significavam aquelas palavras, vindas do maior paladino do protecionismo agrícola francês.

Refletiam talvez uma preocupação com o futuro da PAC (Política Agrícola Comum) depois da expansão da UE? Ou seriam apenas palavras ao vento? No jantar do Palácio da Alvorada, Chirac disse-me: "Eu me mato para explicar aos franceses que eles precisam investir mais na agricultura brasileira."

Meses mais tarde, em setembro, houve uma reunião de negociação com a União Europeia e tive a percepção clara de que a zona de livre-comércio Mercosul-UE não podia dar certo. Percebi que não estávamos entre as prioridades reais dos europeus. Os pequenos países agrícolas, como a Grécia e a Irlanda, não têm motivos para fazer-nos sacrifícios de concorrência em troca de concessões de acesso a nossos mercados, de que dificilmente poderiam usufruir. Já os grandes países europeus, a começar pela França, nos olham por um prisma bilateral e não como um animal coletivo chamado Mercosul. E a comparação com o leste europeu e com o Mediterrâneo é totalmente desfavorável para nós.

Desde então, 12 anos depois, a negociação continua em banho-maria. Não creio que um acordo Mercosul-União Europeia verá a luz tão cedo.

–5–
Os primeiros anos da OMC

Ao Brasil, assim como à imensa maioria das nações do mundo, que não possui nem os instrumentos, nem a vocação para o jogo bruto da lei do mais forte, interessa um sistema multilateral de comércio sólido, baseado na OMC. É nela que está a nossa melhor defesa e a nossa maior conquista em termos de direito comercial internacional, porque nos protege contra os abusos e nos dá os recursos de um sistema de solução de controvérsias adequado. Porém, desde 1994, quando a organização foi criada, até hoje, falharam todos os esforços para reforçá-la e levar adiante seus propósitos de liberalização comercial adicional, em particular na agricultura.

Em 1996, a tinta mal tinha secado nas 550 páginas que incorporam todos os resultados da Rodada Uruguai e já recomeçara a busca por novos capítulos. A conferência ministerial de Cingapura, em dezembro de 1996, assistiu ao lançamento de propostas para adicionar novos temas: cláusulas trabalhistas, disposições sobre comércio e meio ambiente, comércio eletrônico, concorrência e investimentos, compras governamentais.

Surgira então a ideia de uma Rodada do Milênio, que pudesse completar as tarefas da OMC, integrando-lhe novas dimensões. O comissário europeu para comércio, o britânico Leon Brittan, era o principal proponente da ideia. Ficara patente, porém, que ainda não estava maduro o tempo de acrescentá-los ao corpo da organização, exceto em nível de debates simples em grupos de trabalho.

Por outro lado, não se discutiu sobre o que mais importava: como estava funcionando a organização nos seus primeiros dois anos; que efeito teve sobre o comércio; como foram cumpridas as obrigações em agricultura, em têxteis, em defesa comercial; como operou o sistema de solução de controvérsias. Nada disso foi analisado.

Horas intermináveis foram consumidas a falar dos chamados "novos temas", apenas para chegar a fórmulas aguadas e ambíguas. O que demonstrava que essas questões tinham sido levantadas prematuramente. A sensação de anticlímax na conferência ministerial de Cingapura derivou mais das expectativas criadas em torno da declaração final do que da ocorrência de perdas ou retrocessos.

Esperávamos que a conferência conduzisse a um debate em alto nível sobre a agenda — a avaliação dos resultados da Rodada Uruguai e o programa de trabalho futuro da OMC. Mas não foi assim. Por outro lado, a reunião teve pelo menos o êxito de emitir um sinal claro de que o sistema multilateral de comércio emanado da Rodada Uruguai operava satisfatoriamente e que a OMC continuaria a ter um papel de liderança na liberalização do comércio nos termos decididos na Rodada. De todo modo, não se poderia esperar uma série de decisões espetaculares dessa reunião, uma vez que os resultados da Rodada ainda não haviam sido internalizados pelos países-membros e que já era considerável a carga de trabalho da OMC.

O que mais captou a atenção da mídia na ocasião — graças, inclusive, ao alarde feito pelos EUA, pela União Europeia e pelo Japão — foi, sem dúvida, a Declaração Ministerial sobre o Comércio de Produtos de Tecnologia de Informação (ITA, na sigla abreviada em inglês). Tratava-se de um instrumento que acabou interessando, no momento ao menos, apenas a uma dezena de países e territórios (Hong Kong e Taiwan), além dos próprios proponentes. O Brasil preservou seus interesses e atuou em estrito cumprimento de suas políticas nacionais e de seus compromissos no Mercosul. E, no caso do ITA, ficou-nos ainda um alerta construtivo sobre a necessidade de não esmorecermos no empenho de reforçar nossa competitividade no setor de tecnologia de informação. Esse acordo foi um típico exemplo dos chamados acordos plurilaterais de comércio (PTA, na sigla em inglês), fugindo ao modelo da OMC por ser válido apenas para os seus membros e não ser regido pela cláusula da nação mais favorecida. A fórmula — que debilitara bastante o GATT dos anos 80, por retirar-lhe a universalidade — acabou por não vingar.

Desde o primeiro momento, o Brasil deu grande importância ao sistema de solução de controvérsias da OMC. Era um recurso extremamente novo, que contrastava com o sistema anterior do GATT, no qual um país que estivesse insatisfeito com a evolução de um caso poderia interromper o seu curso do processo. Fizemos uso criterioso mas intenso dele, pois a nosso ver era a principal conquista que tivemos na Rodada Uruguai, já que nos habilitava a conseguir o que não podíamos antes: ver respeitados nossos direitos pela via judicial.

Abrimos um primeiro processo contra os Estados Unidos, junto com a Venezuela, em matéria de gasolina, e vencemos em todas as instâncias. Fomos alvo de um processo por parte das Filipinas, que protestavam contra as medidas que utilizamos para defender nosso mercado contra a prática desleal de comércio de importações de coco ralado daquele país, coisa de grande importância para diversos produtores do Nordeste. Também vencemos.

Depois iniciamos dois novos questionamentos, um contra o Canadá, por causa dos subsídios a um avião que competia com o nosso Embraer 145, e outro contra a União Europeia, pela maneira inexata e injusta de distribuir a cota de carne de aves a que nós fizemos direito como compensação dos prejuízos que tivemos no acordo de oleaginosas de 1992.

A questão da Embraer foi emblemática dos desafios que o Brasil passou a enfrentar ao ingressar de modo competitivo na produção de bens de alta tecnologia, como aviões a jato. A empresa canadense Bombardier dominava sozinha o segmento de jatos regionais de menos de cem passageiros quando a Embraer lançou o EMB-145. Eles reagiram com agressividade ao surgimento do novo concorrente.

Pareceu-me, pelo relato de nosso embaixador em Ottawa, que o CEO da Bombardier tinha o propósito único de destruir a nossa empresa, a qual julgava ser uma intrusa inaceitável. Houve uma tentativa de entendimento entre governos que não teve êxito. Os canadenses passaram à ofensiva na

OMC, alegando que o Brasil viabilizava os produtos da Embraer através de financiamentos subsidiados.

Num segundo momento, fizemos ajustes em nosso sistema de financiamento — o Proex — e contra-atacamos demonstrando que a Bombardier também recebia benesses do governo canadense, que iam além do permitido na OMC. Foi um longo e difícil processo de solução de controvérsias na OMC, cujas peripécias fogem ao escopo deste livro.

Ao final, os *panels* e o Órgão de Apelação (a instância suprema da OMC) deram razão aos dois países e a organização autorizou retaliações punitivas de ambas as partes. Vale ressalvar que um dos *findings* do relatório final foi de que o subsídio canadense por avião era cerca de quatro vezes maior do que o brasileiro. Como não teria sentido uma penalização recíproca, os dois governos acabaram por concordar em deixar pendentes as autorizações de punição, mas sem efetivá-las. Para nós, foi uma vitória, pois nossos aviões continuaram a expandir sua fatia do mercado internacional e demonstramos que podíamos enfrentar um país poderoso como o Canadá de igual para igual.

Até hoje o Brasil é o país emergente que mais iniciou questões no mecanismo de solução de controvérsias da OMC, com 24 processos, e o quarto maior usuário do sistema, depois dos Estados Unidos, da União Europeia e do Canadá. Nossa taxa de êxito é a maior de todos os países.

Na agricultura, tudo que podíamos fazer era zelar pela observância dos compromissos relativamente tênues da Rodada Uruguai. Eles consistiam em pequena redução dos orçamentos e das práticas de subsídios tanto à produção quanto à exportação de produtos agrícolas. Também havia o compromisso (nunca cumprido) de os grandes subsidiadores revisitarem esse tema cinco anos depois.

O Brasil, como um grande país produtor, com extraordinárias vantagens comparativas para a produção agrícola em termos de disponibilidade de terras aráveis, de sol e de água, só tende a beneficiar-se dessa liberalização do comércio de produtos agrícolas. No passado, a agricultura era vista como a prima pobre da economia brasileira e toda a prioridade cabia à indústria. Modificamos essa percepção.

Por isso, uma das prioridades centrais do governo do presidente FHC foi a defesa de maiores oportunidades para nossa agricultura no comércio

internacional. A agricultura era a principal bandeira nas negociações comerciais. Os números falavam por si mesmos: as vendas externas de produtos agrícolas evoluíram positivamente no período de 1990 a 1997, tendo passado de 9,7 bilhões de dólares para 18 bilhões de dólares. O agronegócio ocupava aproximadamente 36,4 milhões de pessoas no Brasil, o equivalente a 54% de nossa população ativa.
A segunda reunião ministerial da OMC foi em Genebra. Nessa ocasião, houve a primeira grande manifestação antiglobalização. Foi uma prévia do que viria a acontecer mais adiante. Nada de relevante se discutiu nessa reunião, que ficou refém da agitação nas ruas.
Em 1998, os Estados Unidos, através da representante comercial Charlene Barshefski, resolveram liderar uma campanha para completar a Rodada do Milênio. Tivemos uma reunião em Budapeste, com um grupo representativo de ministros, que permitiu avaliar as dificuldades da tarefa. Mesmo assim, os EUA reivindicaram a realização de uma conferência numa grande cidade americana.
Quando a proposta foi aceita, anunciaram que seria em Seattle, a cidade da Microsoft. Houve então uma grande mobilização, na expectativa de que se pudesse completar lá um acordo para lançar a Rodada do Milênio. Curiosamente, porém, uma outra parte do próprio governo americano, a começar pelo presidente Bill Clinton, não favorecia essa ideia, a não ser que, entre os novos dispositivos, houvesse cláusulas trabalhistas; quer dizer, cláusulas que protegessem o emprego dos trabalhadores em função da liberalização do comércio.

No dia da abertura, 30 de novembro de 1999, Clinton fez um discurso em que sinalizou claramente sua inclinação favorável aos sindicatos americanos, tradicionais esteios do Partido Democrata. O presidente americano, que havia defendido a aprovação da OMC em 1994, não queria mais vê-la avançando. Desenhava-se assim um grande impasse, pois para os países em desenvolvimento cláusulas trabalhistas eram anátema, já que significavam uma licença protecionista.
Eu chefiava a delegação brasileira. Às sete horas da manhã, abri a janela do hotel e vi um movimento intenso. Havia uma gritaria imensa, uma mobilização de massas contra a conferência, a OMC e a globalização. Seattle foi o momento em que a fobia da globalização chegou às telas das televisões

do mundo inteiro. Na verdade, o movimento contra a globalização, que rendeu tantos outros episódios, nasceu ali, naquela cidade, estimulado pelo governo americano.

Eram basicamente manifestações dos sindicatos americanos, aos quais se juntaram provocadores profissionais de orientação antiempresarial, como a ONG de Ralph Nader, vândalos violentos, estudantes e hippies. Estimou-se na época que houve pelo menos 50 mil pessoas envolvidas em manifestações cuidadosamente organizadas.

Seattle foi transformada numa praça de guerra, com verdadeiras batalhas campais. Os protestos realizaram-se à frente dos hotéis e do centro de convenções e resultaram em grandes choques com a polícia, no que foi chamado de a Batalha de Seattle. Ficamos todos reféns em nossos hotéis e a reunião só pôde começar já perto da meia-noite. Isso fez com que ela estivesse condenada desde o começo e não pudesse dar certo.

Esperava-se que nela fosse lançada efetivamente a Rodada do Milênio, inclusive com a definição de metas para as próximas negociações agrícolas internacionais, seu escopo, sua estrutura e seu cronograma. Seus objetivos seriam uma liberalização comercial maior, que se traduzisse em progressos em três áreas básicas: acesso a mercados, subsídios à produção e subsídios à exportação. Os Estados Unidos já haviam sinalizado seu compromisso com esses objetivos.

O principal interesse do Brasil eram justamente as negociações sobre agricultura, concentrando-se em subsídios à exportação e acesso a mercados. Nosso objetivo era lograr redução tarifária significativa, em particular dos produtos com tarifas muito elevadas e, por essa razão, proibitivas, como açúcar, carnes, tabaco e suco de laranja.

Ainda na área de acesso a mercados, visávamos reduzir a escalada tarifária, prejudicial às exportações dos produtos de maior valor agregado, como óleo de soja e açúcar. Com relação a subsídios à exportação, o Brasil iria propor sua eliminação total. Os subsídios à exportação são talvez a forma mais desleal de concorrência, pois somente aqueles países com grande disponibilidade de recursos públicos podem concedê-los, independentemente de sua eficiência produtiva. Além disso, criam sérias distorções sobre o comércio, falseando a concorrência.

No meu discurso na sessão inicial, abordei de forma contundente dois aspectos: a questão do alegado dumping social, por parte dos países mais pobres, e o tema da abertura dos mercados agrícolas. A respeito do primeiro ponto, afirmei:

> "Existe a convicção de que o sistema multilateral de comércio beneficia de maneira apenas limitada os países em desenvolvimento. Decorridos seis anos (da criação da OMC), esse fato parece ignorado pelos muitos setores dos países desenvolvidos mobilizados em torno dessa conferência, em defesa de velhos e novos mecanismos protecionistas, voltados majoritariamente contra exportações de economias em desenvolvimento. Seu discurso, incansavelmente repetido, pode levar a crer que as exportações dos países em desenvolvimento representam grave ameaça ao bem-estar econômico e social das nações mais ricas, a despeito de abarcarem menos de um terço das exportações globais e de serem constituídas principalmente de matérias-primas. Visões distorcidas, como a vaticinada — mas nunca concretizada — migração de empregos para os países em desenvolvimento seriam simplesmente patéticas, não fosse seu impacto na cena política dos países desenvolvidos, como podemos ver aqui em Seattle.
> Nações em desenvolvimento são absurdamente acusadas, por novos e velhos protecionistas, de auferir vantagens pelo dúbio privilégio de serem pobres. Recorrendo a imagens apelativas, como a de 'dumping social', esses grupos pretendem distorcer ainda mais o sistema multilateral de comércio — o que levaria, em última instância, ao virtual alijamento dos interesses dos países em desenvolvimento."

Sobre a questão da agricultura, discursei:

> "O Brasil acredita que a maior responsabilidade dessa conferência, e o cerne de seu mandato, é o tratamento das distorções mais sérias que ainda afetam o comércio internacional. Especialmente o comércio de bens agrícolas. Não é mais aceitável que certos países — justamente alguns dos mais ricos do mundo — sejam autorizados a bloquear o acesso a seus mercados agrícolas internos, ao mesmo tempo que demandam abertura ainda maior para produtos nos quais podem competir sem risco.

É ainda mais inaceitável que se permita a esses mesmos países subsidiar, com dezenas de bilhões de dólares, suas próprias exportações agrícolas para terceiros mercados, deslocando de maneira injusta exportadores de outros países. Na agricultura, as tarifas aplicadas pela maioria dos países ricos são quatro vezes maiores do que aquelas aplicadas a produtos manufaturados por países em desenvolvimento. O nome desse jogo é discriminação.
Uma discriminação intolerável entre distintos tipos de bens. Entre bens nos quais os países ricos são competitivos e aqueles em que não o são. Entre países que têm e que não têm recursos para conceder subsídios. O comércio agrícola, tal como hoje praticado, é o único exemplo efetivo de tratamento especial e diferenciado na OMC. Beneficia, infelizmente, apenas aqueles que não necessitariam privilégios. O Brasil quer, para os produtos que exporta, os mesmos níveis de acesso a mercado e as mesmas disciplinas que os países desenvolvidos se habituaram a esperar em suas exportações para nosso mercado."

Após verdadeiras maratonas, não era possível lançar a Rodada do Milênio. O método escolhido fora o de iniciar a redação da declaração final a partir do zero. O trabalho era levado adiante por um pequeno grupo de cerca de vinte países, enquanto todos os demais vagavam pelos corredores com irritação crescente.
Na verdade, estávamos todos reféns das manifestações de rua. A embaixadora Barshefski, que presidia a reunião, estava exausta, mas ainda tentava levar adiante as negociações. Porém, o ambiente estava completamente envenenado e os impasses eram intransponíveis. Como o prazo final de 3 de dezembro se aproximava, fiz ver a Richard Fisher, o número dois do USTR, que era melhor suspender a reunião, pois não havia chance alguma de um resultado favorável. Esse curso acabou sendo seguido depois de muitas consultas e debates.
O desfecho da conferência ministerial de Seattle não foi uma boa notícia para o Brasil. Nem para nós, nem para a maioria das nações em desenvolvimento. À medida que deixava o lançamento de uma nova Rodada para um horizonte incerto, nossa demanda pela liberalização do comércio de produtos agrícolas ficava ainda mais distante. Adiava-se também o disciplinamento necessário do emprego de medidas de defesa comercial, como

o antidumping, que alguns de nossos principais parceiros utilizavam abusivamente, em prejuízo dos exportadores brasileiros. Não foi uma boa notícia, em segundo lugar, porque a OMC foi humilhada e transformada no "bicho-papão" da globalização.

Seattle falhou, como falhariam depois todas as reuniões — de Cancún, em 2001, até Genebra, em 2008. Faltou sempre vontade política para desarmar os alicerces do protecionismo agrícola que é praticado por todos, sem exceção, os países do Primeiro Mundo. Por detrás dessa falta de vontade política está também o fato de que, para a maior parte das grandes empresas internacionais, o nível de liberalização comercial já alcançado é satisfatório.
Essa perspectiva converge com a posição dos sindicatos nos países desenvolvidos, tradicionalmente protecionistas, apesar do peso crescente do comércio internacional na geração de empregos bem remunerados nessas mesmas nações. Converge, por fim, com o sentido da ação de movimentos e ONGs de todos os matizes, geralmente contrários à OMC e a uma nova rodada.
Em síntese, não havia em Seattle e continua a não haver hoje, por parte dos governos dos países desenvolvidos, uma massa crítica de interesses articulados que os levasse a iniciar negociações para atender às reivindicações das nações em desenvolvimento. Essa foi uma grande mudança em relação à década passada. Em 1986, no começo da Rodada Uruguai, os países em desenvolvimento, entre eles o Brasil, jogavam na defensiva, na linha do "quanto menos (acordos e normas), melhor".
Os desenvolvidos, por seu turno, trabalhavam na direção oposta. Ao longo dos oito anos da rodada, no entanto, nossos próprios países, depois de liberalizarem suas economias, evoluíram para posições mais construtivas, decorrentes do entendimento de que, como disse antes, nos interessava um sistema de regras multilaterais de comércio. E a OMC tem provado o acerto dessa posição, especialmente por meio de seu sistema de solução de controvérsias.
Já no final da Rodada Uruguai, em 1994, meu colega Rubens Ricúpero, então ministro da Fazenda, previa que dali em diante os países em desenvolvimento passariam a ser os grandes defensores do sistema multilateral. A profecia realizou-se. Ao contrário do que ocorrera em Punta del Este, 13 anos antes, tínhamos ido para Seattle não apenas como defensores, mas

como os principais demandantes. Desejávamos resgatar as dívidas da rodada anterior, embutidas num acordo modesto sobre comércio agrícola. Não foi possível.

Quero fazer uma referência breve ao episódio de uma possível candidatura minha ao cargo de diretor-geral da OMC, que em certo momento chegou a ser uma hipótese bastante concreta. A partir do começo de 1997, o assunto começou a surgir com frequência. Não originei essa ideia. Ela deveu-se basicamente a duas pessoas: ao próprio diretor-geral da OMC, que na época era Renato Ruggiero, um respeitado diplomata italiano, e a Peter Sutherland, o grande condutor da etapa final da Rodada Uruguai e o primeiro diretor-geral da OMC. Ambos muito amigos meus.

Eu disse a eles desde o início: "Estou muito bem onde estou, não posso aspirar a lugar mais importante e mais prestigioso do que tenho. Sinto-me totalmente à vontade com o presidente da República, que me honra com sua confiança integral. Estou no meu país, no meu ministério, no auge da minha carreira. Sinceramente, não tenho desejo de ocupar qualquer outro cargo." Ser diretor-geral da OMC, por outro lado, não é coisa que se recuse liminarmente, inclusive pela sua importância para o Brasil. Então deixei que o assunto seguisse seu curso.

Em abril de 1997, Sir Leon Brittan, comissário europeu para assuntos de comércio, visitou o Brasil. Um homem muito enfático, com o qual eu tinha tido inclusive graves desentendimentos a propósito da nossa política para o setor automotivo. Porém, isso havia sido superado. Brittan apresentou, em primeiro lugar, a ideia da Rodada do Milênio. Disse que era a grande chance de fazer progressos na área agrícola e que ele queria que isso também se tornasse uma posição nossa. Assim, conjuntamente, patrocinaríamos a ideia.

Para minha grande surpresa, Brittan disse que achava que a pessoa para conduzir isso era eu, que eu devia ser o próximo diretor-geral da OMC. Eu tinha sido embaixador em Genebra, um embaixador muito ativo até 1995, quando fui nomeado ministro. Portanto, ainda havia uma memória presente da minha atuação lá. Por isso, o comissário europeu apresentou essa possibilidade. Era um reforço inesperado, mas importante, dado o peso da Comunidade Europeia. Também tive conversas com Charlene Barshefski. Ela me disse que tinha todo o respeito por mim, que não tinha absolutamente nada contra a ideia, mas que talvez fosse prematuro que eles se engajassem naquele momento. Os americanos queriam ver melhor como se desenhava o quadro sucessório na OMC. A partir daquilo, houve uma intensificação da campanha, por parte do próprio Ruggiero, que deixava o cargo de diretor-geral, e de Peter Sutherland.

* * *

Conversei com o presidente Fernando Henrique e ele me disse: "Isso é uma decisão muito pessoal sua, que eu respeitarei seja qual for. Se você quiser ser candidato a diretor-geral — posto evidentemente importante para o Brasil —, eu apoiarei plenamente. Mas se você quiser ficar, gostaria que você ficasse. Mas é uma decisão sua. Você faz o que achar melhor." Durante todo o ano, o assunto foi evoluindo, sendo inclusive discutido por Fernando Henrique com Clinton, durante sua visita a Brasília, em outubro de 1997. Clinton e Madeleine Albright fizeram referências simpáticas ao meu nome, mas não se comprometeram também.

Já no final daquele ano, tive a percepção clara de que ou eu era ministro ou candidato à OMC. Não podia continuar na ambiguidade. Tinha que haver uma desvinculação. Os motivos para permanecer no cargo pesaram mais forte e anunciei formalmente que não era candidato. A escolha terminou sendo feita por um ex-primeiro-ministro da Nova Zelândia, Michael Moore. Ela convenceu-me de que eu tomara uma boa decisão, pois os países mais poderosos, ao fim e ao cabo, preferem não ter pessoas oriundas de países com uma agenda tão afirmativa quanto o Brasil em cargos tão sensíveis.

América Latina: nossa família

–1–
Por que dizemos mais América do Sul do que América Latina?

O conceito de América Latina nunca foi central em nossa história. No passado, os próprios países latino-americanos não viam o Brasil como um deles. Tanto que Simón Bolívar não nos incluiu na lista dos países convidados para o Congresso Anfictiônico do Panamá, em 1826, para o qual até os Estados Unidos foram chamados.

Nas palavras do Libertador, o certame visava a ser "um augusto congresso dos representantes das repúblicas, dos reinos e impérios a tratar e discutir sobre os altos interesses da paz e da guerra, com as nações das outras três partes do mundo". Em nosso país, foram os republicanos de 1889 que começaram a falar em pertencer à América Latina. Mas nenhum dos grandes pensadores do Brasil do início do século XX — Joaquim Nabuco, Eduardo Prado, Oliveira Lima — desenvolveu essa ideia. Na verdade, o conceito de América Latina só se popularizaria no Brasil a partir da década de 50, como parte de um sentimento antiamericano que a revolução cubana viria a exacerbar. Portanto, ele nunca foi realmente central nem no pensamento intelectual, nem na política externa, nem no sentimento coletivo do Brasil.

Nossa decisão de dar prioridade ao conceito de América do Sul surgiu depois que o México aderiu ao Nafta, em 1993, e, como consequência, comunicou que não estenderia mais aos países da Aladi (Associação Latino-Americana de Integração) as preferências comerciais que eles se concediam mutuamente. O governo do México explicou que não podia mais oferecer essas preferências porque estava passando a ter um regime especial de comércio com os Estados Unidos e o Canadá. Essa sinalização tinha sido interpretada por nós de forma inequívoca: o México tinha se descolado da América Latina.

É claro que para o México não interessava dizer isso. Porque ele procurava manter a ideia de que pertencia ao Nafta sim, mas à América Latina também. A ideia de uma inserção completa na América do Norte, que diluiria os vínculos latino-americanos, é intolerável para o México. Isso porque a relação do país com os EUA gera tensões junto à sua população.

Em nossa visão, o Brasil devia passar a enfatizar a América do Sul como a base para uma integração física, energética e comercial. Esse é o foco que passamos a ter a partir do governo Fernando Henrique Cardoso. Mas não há razão para repudiar a marca cultural, histórica e política que é a América Latina, nem negar nossa filiação a ela.

A primeira Reunião de Presidentes da América do Sul realizou-se no dia 1º de agosto do ano 2000, em Brasília. Foi a primeira reunião exclusivamente sul-americana e para convocá-la tivemos que usar todo o nosso cacife diplomático. O México reagiu com veemência à sua exclusão, embora ela se devesse a um critério puramente geográfico.

Jamais tivemos o propósito de excluir o México, nem de antagonizar com este grande país. A Argentina não suscitou nenhuma dúvida inicial, mas durante a conferência manifestou com clareza seu desconforto com um formato no qual o Brasil se destacava incontestavelmente. Terminamos encontrando uma fórmula para acomodar o México, e assim sendo, Jorge Castañeda, o futuro chanceler do recém-eleito presidente Vicente Fox, compareceu a Brasília.

Verificamos, porém, que a única ênfase viável era na integração de infraestrutura dos países da América do Sul, já que as dimensões políticas e comerciais não levariam a uma visão coesa, capaz de gerar desdobramentos importantes. Centrando-se no tema das ligações em energia, transportes e telecomunicações entre nossos países, a conferência teve êxito.

Ela gerou seguimentos que continuam a ser importantes até hoje. Em Brasília foi criado um mecanismo intitulado Iniciativa para a Integração da Infraestrutura Regional Sul-Americana (IIRSA). Com grande apoio do Banco Interamericano de Desenvolvimento (BID), foram realizados estudos amplos das necessidades de integração, selecionando-se um conjunto de projetos estratégicos que desde então foram postos em marcha e continuam sendo objeto da atenção dos nossos governos.

Como disse FHC em seu livro *A Arte da Política*, "a semente lançada no encontro de Brasília prosperou sem desconfianças. Foi assim marcada a presença brasileira na região, partindo da convicção de que a liderança se exerce sem proclamá-la". A América do Sul tornara-se uma entidade internacional, depois de sempre ter sido apenas uma designação geográfica.

Quero registrar que, pouco depois da reunião, recebi a visita formal do professor Marco Aurélio Garcia, então responsável por assuntos internacionais no Partido dos Trabalhadores e com o qual eu mantinha um diálogo positivo. Ele veio dizer-me que "o PT não tem nenhum questionamento da política externa do governo e está basicamente de acordo com ela". Essa visita deu-me satisfação especial, por atestar que o governo FHC estava conduzindo uma política de Estado, como deve ser, de modo que mesmo um representante qualificado e respeitável de uma oposição ferrenha podia comparecer à sala do ministro das Relações Exteriores para manifestar-lhe pessoalmente sua concordância.

–2–
Argentina

Um chanceler argentino, conversando com um embaixador brasileiro que acabara de chegar a Buenos Aires, deu-lhe um conselho surpreendente: "Não se esqueça, embaixador, de que a Argentina é pródiga em três coisas: carne, trigo e gestos tresloucados." De fato, a Argentina tem uma história de conflitos que inclui uma controvérsia gravíssima com o Chile, em 1984, por causa do Canal de Beagle; uma querela séria com o Brasil, entre 1974 e 1980, devido à construção de Itaipu, que o governo militar argentino tudo fez para inviabilizar; e, finalmente, a invasão das Malvinas, em 1982. Sempre com governos militares, é importante frisar. Hoje, essa página conflituosa está virada.

A Argentina é nosso maior vizinho e tem uma importância grande na agenda diplomática brasileira. Na verdade, sempre a teve. Desde o início de nossa história, ocupou uma posição destacada em nossa inserção internacional. Após o desfecho da guerra contra o governo do presidente Juan Manuel Rosas, em 1852, não havia mais motivos geopolíticos para confrontos entre nós e eles. Não tenho dúvida de que devemos buscar entendimento com ela em torno das questões fundamentais.

Seria completamente artificial que hoje se desenvolvesse entre nós uma rivalidade capaz de transbordar para o plano militar, pois não há querelas profundas de natureza política, religiosa ou econômica que possam constituir, nem de longe, um *casus belli*. No passado havia uma inclinação confrontacionista por parte das forças armadas de ambos os países. Hoje é difícil compreender que tenha sequer havido a hipótese de um conflito armado.

Creio que o grande divisor de águas situou-se no episódio da invasão das Malvinas por iniciativa da ditadura argentina. O Brasil assumiu posição simpática à Argentina sem jamais apoiar o recurso à força, mas sempre insistindo no direito jurídico e histórico do nosso vizinho sobre o arquipélago. Em desempenho de grande habilidade, o ministro Saraiva Guerreiro deu-lhe apoio diplomático na medida do possível, evitando que o governo argentino fosse crucificado na reunião de chanceleres da OEA. O gesto cativou a Argentina e demonstrou-lhe que, face à resposta implacável de Margaret Thatcher e Ronald Reagan e à condenação geral da invasão ordenada pelo general Galtieri, a família com que ela podia contar não era a europeia, como achara até então, mas sim aquela encabeçada pelo Brasil, seu maior vizinho. Se tivéssemos condenado a iniciativa argentina, mesmo considerando toda a insensatez da decisão de Galtieri, teria restado um ressentimento que inviabilizaria a aproximação que se seguiu.

Ao contrário, a atitude brasileira abriu as portas para uma nova fase e alterou a visão argentina sobre nosso país. Depois do fim dos regimes militares aqui e lá, os presidentes Raúl Alfonsín e José Sarney superaram definitivamente as querelas. A partir de 1985, Brasil e Argentina caminharam juntos no final das décadas de 80 e 90, vivendo um dos períodos mais frutíferos de sua história. Os membros tradicionais do partido antibrasileiro — liderado pelo almirante Isaac Rojas e composto por outros militares, alguns jornalistas e diplomatas — tinham perdido ressonância.

Desde a virada do século XX, com Julio Roca e Campos Salles, não havia período tão sereno e construtivo nas relações bilaterais. Com Menem, que sucedeu Alfonsín, chegara ao poder um tipo de político argentino que não era parte da elite portenha. Seus referenciais não incluíam a rivalidade atávica com o Brasil, que vinha dos tempos da colônia.

Filho de emigrantes sírios, nascido e crescido num lugar periférico como La Rioja, onde inclusive havia estudado, Menem chegou à presidência da Argentina na crista de uma hiperinflação e da desmoralização do poder que tinham levado Alfonsín à renúncia. Encontrou um país cético quanto à sua capacidade de liderá-lo, até porque, para a elite de Buenos Aires, as enormes suíças brancas de Menem pareciam o auge da falta de classe.

Depois de um começo claudicante, em que faleceram dois ministros da Economia seguidos, Menem nomeou Domingo Cavallo, então ministro de Relações Internacionais, para o cargo. Foi apresentado um plano de estabilização intitulado Plano de Convertibilidad, que se fundava na paridade do peso argentino com o dólar americano, "uno por uno".

Produziu-se o prodígio do reerguimento desse país extraordinariamente bem-dotado que se transformara numa ruína política e econômica. Já em 1995, a Argentina tinha uma pujança econômica que, aliada à sua geografia generosa, dava-lhe autoconfiança justificada. Tão importante ou mais, entretanto, era a reconciliação nacional que Menem havia operado. É incrível que tenha sido este *cabecita negra* (termo depreciativo que a elite de

Buenos Aires usa para definir pessoas de classe social mais pobre) de La Rioja quem criou as condições para que seu povo colocasse em ordem sua economia e superasse o golfo de ressentimentos que durante cinquenta anos polarizou o país, empurrando-o para a violência, a ruptura, a decadência e, finalmente, o desvario das Malvinas.

Menem era astuto e sedutor. Mantinha com a opinião pública argentina uma relação novelesca, pontuada por episódios incríveis como a expulsão de sua mulher da residência oficial de Olivos pelo general chefe da Casa Militar. Porém, perdeu seu capital político e sua reputação no final, ao tentar a manobra do terceiro mandato numa das mais trágicas cambalhotas da história argentina. Hoje é difícil imaginar o prestígio imenso que Carlos Saúl Menem desfrutou na Argentina por quase toda a década em que governou.

Seu ministro das Relações Exteriores, Guido di Tella, ao contrário do presidente, era um patrício de Buenos Aires. Inteligente, espirituoso e simpático, ele desejava, antes de mais nada, redimir os passivos argentinos e estar bem com todos os países que importavam. Daí a famosa frase que o marcou: "Queremos ter relações carnais com os Estados Unidos."

Menem, Lampreia, FHC e Guido

Madeleine Albright perguntou-me certa vez: "O que será que ele quer dizer com isso?" Ao dizer relações carnais, Guido tinha em mente parentesco de sangue, mas a contundência da expressão provocava perplexidade. Um ministro brasileiro que dissesse tal frase provavelmente teria que refugiar-se na Ilha da Trindade por uma boa temporada.

Di Tella preconizava uma boa relação com o Brasil e empenhou-se nisso, reconheço-o plenamente. Com Menem, ele foi o construtor, da parte argentina, de um período especialmente fecundo das nossas relações bilaterais. Filho de um patriarca industrial, equivalente, digamos, ao líder empresarial paulista Francesco Matarazzo, Guido tinha a *nonchalance* do aristocrata, mas uma percepção clara do interesse nacional.

Sua convicção central era que estar em maus termos com a Inglaterra, os Estados Unidos e o Brasil constituíam um cenário de pesadelo para a Argentina. Pensava o oposto da divisa de Oliveira Salazar, quando Portugal engajou-se na guerra colonial nos anos 60: "Orgulhosamente sós", um dos pensamentos políticos mais estúpidos que conheço. Na avaliação de Di Tella, a Argentina perdera o bonde da história ao simpatizar com o nazifascismo e ficar fora da Segunda Guerra, enquanto o Brasil tomara o partido correto dos aliados, conseguindo por isso estar desde então na direção certa.

Por causa disso, pensava ele, o Brasil recebera investimentos estrangeiros e tivera o apoio dos principais países ocidentais para seu desenvolvimento. Enquanto a Argentina, em razão de seus desvios frequentes, ficara para trás e metera-se num cortejo de equívocos políticos, econômicos e militares que a conduziria a desastres.

Sua missão era reparar equívocos. Di Tella optou assim por uma política de alinhamento automático com os Estados Unidos, visando a resgatar um passado de más relações que vinha desde Perón, das famosas querelas com o embaixador americano da época. De outra parte, sem preocupar-se com o nacionalismo peronista, o ministro argentino dizia sempre que a Argentina tinha de aspirar a ser uma Suécia, ou seja, um país confortável, com uma população bem-alimentada e instruída.

Precisava ter seu papel intermediário, limitado, nas relações internacionais, não podia possuir aspirações a lideranças ou a posições hegemônicas na região. "Nós somos relativamente pequenos", dizia. Não era, porém, uma tese que os argentinos compartilhassem com entusiasmo, nem sequer na chancelaria. Guido di Tella, que tinha boas relações com a Universidade de Oxford, onde residira no exílio, levou adiante uma política de aproximação com os habitantes das Malvinas, a quem enviava presentes e cartões de Natal. Em fins de 2000, visitou o arquipélago e foi bem recebido pelos locais. Era um homem de boa vontade, com grande sentido humanista.

O governo Menem, que sempre foi muito preocupado com eventos midiáticos, tomou iniciativas para reforçar esse propósito. Criou, por exemplo, os capacetes brancos — uma força militar argentina a serviço da ONU, que desempenhava missões humanitárias. Também enviou uma fragata argentina ao Golfo Pérsico, para auxiliar a frota da coalizão liderada pelos Estados Unidos na guerra contra o Iraque, em 1991. E comprou um uniforme azul-marinho para a polícia argentina, igual ao da de Nova York. Em retribuição, os Estados Unidos desempenhavam o papel de avalistas da reinserção argentina. Não nos sentíamos ameaçados por essa situação em Brasília. Tampouco ficávamos com ciúmes por causa dessa lua de mel. Não tínhamos as mesmas razões, nem o mesmo estilo, e por isso não pretendíamos disputar com eles a competição de quem era mais próximo de Washington.

Em 1995, todos os ventos favoreciam uma boa relação entre nós. Brasil e Argentina tinham conseguido domar a hidra da inflação e encaravam o futuro com otimismo. A Argentina lançara sua nova moeda com um slogan confiante: *para siempre*. O Brasil tinha orgulho do seu novo Real. Carlos Menem e Fernando Henrique Cardoso gozavam de grande popularidade e mantinham uma relação pessoal de simpatia e estima mútuas, embora fossem pessoas com trajetórias e formações totalmente diferentes. No dia da posse de FHC, entrara em vigor a união aduaneira do Mercosul, um projeto ambicioso que então parecia viável. Tudo eram promessas e esperanças.

Nunca fui antiargentino. Durante a querela de Itaipu, como porta-voz do Itamaraty, tomei posições contundentes para rebater as manobras argentinas e era indispensável fazê-lo. Mas já no final da gestão de Silveira, em 1979, eu preconizava uma conclusão rápida do acordo tripartite, que seria assinado apenas no governo seguinte. Tenho numerosos amigos argentinos que muito aprecio e respeito. Creio que devemos ter com a Argentina as melhores relações possíveis, mas não podemos abrigar ilusões de que elas serão idílicas ou lineares. Sempre haverá ambiguidades e tropeços, é um dado insuperável.

O maior nó nas relações bilaterais durante minha gestão era a questão da cadeira permanente no Conselho de Segurança da ONU. Já na década de 90, o Brasil era percebido como tendo as melhores condições de obter essa posição, se e quando fosse feita a expansão do conselho. Para a Argentina isso era intolerável, porque representaria a obtenção pelo Brasil de um ativo geopolítico de peso.

Menem sensibilizava-se com esta obsessão portenha: o instinto de rivalidade, que sempre permeou nossa história. A questão da cadeira no Conselho tinha e ainda tem o poder de perturbar nossa relação. A orientação básica de FHC era a de que, entre a busca incessante de uma cadeira no Conselho e a amizade com a Argentina, ficaríamos com a segunda.

A conversa mais profunda que tivemos sobre o tema ocorreu numa reunião em Itaipava, no Centro General Ayrosa, em agosto de 1997. Em primeiro lugar, ficou patente que os argentinos estavam convencidos da prevalência da tese da rotatividade e achavam que os Estados Unidos se haviam se fixado nessa linha. Por essa configuração, haveria uma cadeira permanente fixa para a América Latina, mas ela seria ocupada alternadamente por três ou quatro países da região.

Guido Di Tella disse-nos: "A Argentina não tem condições de apoiar o Brasil nessa postulação, já que seria colocar-se numa posição subalterna. Um dia, talvez em breve, poderemos vir a ser um Canadá, uma Suécia, mas hoje ainda é cedo." Poucos meses depois, o presidente Carlos Menem concedeu uma entrevista ao *Estado de S. Paulo* em que dizia que a Argentina se oporia à entrada permanente do Brasil no Conselho, porque isso criaria um "desequilíbrio regional".

Pondo a questão tão cruamente, Menem nos obrigou a sair de uma linha de prudência e contenção. Por isso, dei uma entrevista ao mesmo jornal, rebatendo a colocação e exprimindo nossa surpresa e nosso desagrado. Afirmei que podíamos entender uma divergência de posições sobre a ONU, mas o que não compreenderíamos seria um veto argentino ao Brasil ou um abalo à ideia central da parceria estratégica Brasil-Argentina. Menem arrependeu-se de ter ido longe demais e telefonou para Fernando Henrique, dizendo ter sido mal interpretado. O preocupante para nós era que o Brasil virasse cada vez mais centro de polêmicas na Argentina e se transformasse num fator divisivo na política interna de Buenos Aires.

Essa postura acabou fazendo com que diminuíssemos a ênfase na busca da cadeira permanente na ONU, pois a manutenção das excelentes relações com a Argentina era uma prioridade maior, como já disse. Não tínhamos interesse em levar adiante uma batalha diplomática com esse país por um objetivo que poderia não ser viável por outras razões.

Sem abandonar o nosso pleito, deixamos de dar-lhe visibilidade e ênfase. O entendimento com a Argentina era crucial para que pudéssemos atingir nosso objetivo com uma campanha tranquila em que tivéssemos unidade regional. Seria desastroso que houvesse uma corrida eleitoral entre nossos países.

Em outra parte deste livro, examinarei o assunto de modo mais específico, mas em 1997 tinha ficado claro para mim que o potencial divisivo da cadeira no Conselho era tão grande que interferia na evolução especialmente positiva que se produzia nas relações com a Argentina. Por sua própria natureza e sensibilidade, a questão da ONU não podia ser resolvida antes de chegar a "hora da onça beber água". Essa hora ainda estava muito longe, como se viu.

Houve um episódio que poderia ter gerado mal-estar entre nós. Durante a referida reunião em Itaipava, Di Tella recebeu um telefonema do conselheiro de segurança nacional de Clinton, Sandy Berger, informando que a Argentina tinha sido elevada à categoria de aliado extra-OTAN dos Estados Unidos. Isso significava que nossos vizinhos teriam acesso a certos equipamentos militares que seriam vedados a outros países e gozariam de algumas vantagens financeiras em suas transações de material bélico com os EUA. Era a primeira vez naquele século que a Argentina tinha status de aliado dos EUA e o Brasil não. Minha reação, ao ser informado depois pelo secretário de Estado assistente para assuntos interamericanos, Jeffrey Davidow, foi de frieza estudada. Como já disse, não tínhamos as mesmas razões da Argentina, nem o mesmo estilo de relações com os Estados Unidos. Quando Davidow chamou-me mais tarde dizendo que poderíamos conversar sobre a possibilidade de o Brasil ter a mesma classificação, fiquei mudo. Isso não fazia parte de nosso programa. E a possível desavença esvaziou-se.

O Mercosul era nossa grande aposta, pois, além de constituir o núcleo duro da integração comercial sul-americana, tinha capturado a imaginação dos povos de nossa região. Os progressos no comércio intrazona eram de tal ordem que justificavam as expectativas mais extravagantes. Todos ganhavam com isso e forças produtivas eram liberadas. Os primeiros anos foram muito entusiasmantes.

A partir de 1998, tivemos uma sucessão de desapontamentos com os rumos de nosso grande projeto de integração. Em sua raiz, esteve justamente a impossibilidade de manter uma coesão macroeconômica entre Brasil e Argentina. A política cambial brasileira tinha chegado ao limite e os ataques especulativos contra o real forte se acentuavam. O próprio Plano de Conversibilidade argentino já apresentava fraturas.

A intenção firme da área econômica brasileira era manter o valor de nossa moeda, mas havia vozes influentes — dentro e fora do governo — que já tendiam em direção oposta à flexibilização do câmbio. Na Argentina isso era anátema. Domingo Cavallo, o todo-poderoso ministro da Economia, e a sociedade argentina tinham uma convicção arraigada de que a estabilidade de preços era o valor mais importante. Duas hiperinflações anteriores haviam marcado profundamente o sentimento nacional. Havia a convicção de que mexer na paridade com o dólar seria um salto no abismo.

A partir de então, o comércio se deteriorou, os lobbies começaram a gritar, sensibilizando os políticos, e surgiram os atritos entre nós. A lua de mel acabou com o fim dos bons ventos. Resistimos sempre, com vigor, à descaracterização das regras do Mercosul e à imposição protecionista de obstáculos às importações provenientes do Brasil. O caso mais agudo foi o da criação de um regime de salvaguardas unilaterais pela Argentina. Isso ocorreu quando foi posto em vigor unilateralmente um mecanismo que permitia a Buenos Aires suspender, com base em razões pouco transparentes, tarifas e condições de acesso ao mercado argentino que tinham sido aprovadas no Mercosul.

Convencido de que era preciso traçar um limite, fiz oposição tenaz à medida, afirmei que ela criava um clima tão negativo que seria preferível não haver a visita que o presidente Menem queria fazer para explicar a iniciativa. Disse-o no *Jornal Nacional*. E o governo argentino voltou atrás. Após extensas negociações que mantive com o seu principal assessor, Alberto Kohan, Menem concordou em cancelar o decreto das salvaguardas já em vigor e veio a Brasília para comunicar oficialmente sua decisão.

O Brasil não pode colocar-se sempre na defensiva, como tem feito nos últimos anos, mesmo que isso provoque controvérsia com um vizinho tão importante como a Argentina. É claro que "isto não é um convento de freiras, são duas nações com interesses internos", como disse o presidente Lula, considerando "normais" as medidas protecionistas que a Argentina adotou contra produtos brasileiros no primeiro trimestre de 2009. Não creio porém que deva ser sempre assim.

Concessões brasileiras como essas só aguçam o apetite por mais reivindicações e a fatura vai crescendo. O fato de ser amigo não quer dizer que jamais haja divergência, sobretudo quando há interesses díspares na área econômica e comercial. Tenho a convicção de que um ministro brasileiro deve visar à melhor relação com seus vizinhos e amigos, mas antes precisa defender os interesses nacionais. Essa é sua primeira obrigação.

Não é, entretanto, necessário extrapolar a divergência comercial, transformando-a em conflito político de dimensão ampla. É normal que ela exista mesmo entre os países mais intimamente aliados. É preciso circunscrever essas controvérsias e não permitir que elas contaminem o relacionamento global com um país amigo como a Argentina.

A partir da eleição de Fernando de la Rúa, a Argentina entrou numa ladeira escorregadia. Comparecemos à sua posse em dezembro de 1999. Em jantar íntimo na residência do seu competente chanceler, Adalberto Giavarini, pude verificar que o novo presidente argentino era homem de muita pinta, mas pouca substância. Tal impressão confirmou-se quando de uma reunião entre FHC e De la Rúa em Madri. Nosso presidente, com certa relutância, havia aceitado a sugestão de Armínio Fraga, então presidente do Banco Central, de alertar o colega sobre a grande preocupação que existia nos círculos internacionais sobre o desenrolar da crise econômica argentina.

Reunimo-nos na embaixada argentina e FHC colocou o assunto com muito cuidado, mencionando as dificuldades que o Brasil havia experimentado em tempos recentes. De la Rúa respondeu-lhe sobranceiro: "Não se preocupe. Na Argentina tudo está bem. Não vai ser igual ao que vocês passaram." No ano seguinte, cada vez mais alheado da realidade, o presidente argentino foi engolfado por uma crise terrível e teve que fugir de helicóptero do palácio presidencial, para onde nunca mais voltou.

–3–
Chile

Em artigo publicado no jornal *El Mercurio* em 11 de agosto de 1996, afirmei:

> "Caracterizadas há muitas décadas como uma amizade sem limites porque somos, na realidade, vizinhos sul-americanos que compartilham tudo menos fronteiras comuns, nossas relações assumiram um novo interesse a partir dos avanços do Brasil em matéria de estabilização econômica e abertura competitiva de sua economia."

Nos anos seguintes essa amizade ganharia um acréscimo de substância econômica que é fundamental no mundo de hoje. Superada a etapa Pinochet em que, malgrado estarmos também em regime militar, as relações tinham encolhido substancialmente, Brasil e Chile aproximaram-se na democracia, sobretudo com a eleição de FHC.

Eu havia desenvolvido uma relação particularmente próxima e afetuosa com José Miguel Insulza, o chanceler chileno, que reputo o mais astuto e hábil diplomata latino-americano com que lidei como ministro. Ele hoje é o secretário-geral da OEA, cargo que ocupa com grande competência. Desde o início, em nossas conversas com o presidente Eduardo Frei e com Insulza, ficou patente o desejo chileno de associar-se ao Mercosul. Em reunião realizada em Bariloche, em outubro de 1995, entre os quatro chanceleres do Mercosul e Insulza, demos instruções aos negociadores para que terminassem o acordo de livre-comércio até princípio de dezembro. O objetivo era que na próxima reunião presidencial do Mercosul, que teria lugar naquele mês em Punta Del Este, pudéssemos assiná-lo.

A frustração de não ter sido incluído no Nafta e a pressão dos lobbies industriais, que desejavam acesso preferencial aos nossos mercados, traziam o Chile para o nosso lado. Frei e Insulza lideravam a corrente pró-Mercosul, em oposição a um grupo forte, que preferia uma aproximação com os Estados Unidos. O pensamento desse grupo era espelhado pela frase de um de seus integrantes mais destacados: "O Chile é uma boa casa situada em um mau bairro."

Havia problemas importantes. Não se podia contemplar a hipótese de uma adesão plena ao Mercosul, já que isso provocaria uma elevação da tarifa alfandegária única que o Chile praticava, coerente com sua opção liberal, e que se situava em apenas 6% naquela altura, em contraste com uma tarifa externa média de 14% do bloco. E alguns setores da agricultura chilena, fortemente subsidiados, não se dispunham a abrir mão dos privilégios face à nova competição potencial dos produtores eficazes do Mercosul. Mas não há dúvida de que o presidente Eduardo Frei e o chanceler Insulza foram até o limite político máximo das concessões para promover uma associação tão profunda quanto possível com o bloco. A janela de oportunidade para ligar o Chile ao Mercosul não voltou mais a ser tão grande.

Em 19 de junho de 1996, em Buenos Aires, conseguimos um feito que já começava a parecer-me difícil, por causa das resistências comerciais da Argentina: fechamos o acordo de livre-comércio com o Chile. Poucos dias depois, na Reunião Presidencial do Mercosul, em San Luis, na Argentina, tivemos a solenidade da assinatura, em que o presidente Frei fez um discurso emocionado e belo de reencontro.

Era um bom acordo. Tivemos plena satisfação no plano comercial. Sobretudo, foi uma grande jogada diplomática trazer o Chile de volta para sua família e aceitar, com naturalidade, a evidência da geografia e da história. Por uma vez chegamos antes dos Estados Unidos numa questão fundamental da integração econômica regional.

Foi um lucro líquido para todos. Com o Chile o Mercosul ganhou um parceiro de peso e qualidade, multiplicando com isso seu prestígio internacional. Para o Chile, foi um bom casamento. A partir de então o comércio bilateral expandiu-se e, graças à capacidade investidora do país, um fenômeno novo na América do Sul, multiplicou-se a presença empresarial chilena no Brasil, que continua hoje a ser ponderável. Da mesma forma, foram feitos investimentos brasileiros importantes no Chile.

Sempre soube que a fase boa da parceria só duraria até que o Chile, de uma forma ou de outra, desse um grande passo rumo à América do Norte. A inclinação majoritária no Chile era obviamente no sentido de maior liberalização do seu comércio e não da adoção de uma política industrial e comercial diferente, que o aproximasse mais do Mercosul.

Isso acabou ocorrendo, com a assinatura de um acordo de livre-comércio com os Estados Unidos, em junho de 2003, depois de negociações que duraram nove anos. Mas já em dezembro de 2000, a chanceler chilena, Soledad Alvear, havia anunciado que o Chile pretendia fechar um acordo com os Estados Unidos, abandonando a ideia de ingressar no Mercosul. Mais lamentável do que o fato em si foi o procedimento sub-reptício de Alvear, que não nos comunicou a decisão previamente. Na verdade, soubemos disso em primeira mão pelo governo americano. Não deixei de registrar nosso grande desagrado de forma enfática com a colega chilena.

–4–
Bolívia

Visitei La Paz pela primeira vez em 1972, aos 30 anos, como integrante da comitiva do ministro Gibson Barboza. Naquela época, o gás natural já era um tema predominante na nossa agenda. Na euforia do milagre brasileiro, assinamos em 1974 o Acordo de Cochabamba, um tratado ambicioso mas equilibrado, que teria feito um enorme bem à Bolívia e que nós, após a crise do petróleo, talvez não pudéssemos cumprir cabalmente.

Na verdade, a existência de grandes reservas bolivianas de gás era apenas uma suposição dos geólogos, que somente se confirmaria trinta anos depois com os trabalhos da Petrobras. Mas em sua irracionalidade, a esquerda boliviana bloqueou ferozmente sua implementação.

Mesmo o general Banzer, um ditador de mão de ferro, não conseguiu superar as resistências. Sou testemunha de que o Brasil esperou pacientemente o quanto pôde e só excluiu o gás boliviano do nosso horizonte de suprimentos quando não dava mais e era forçoso encontrar alternativas para a geração elétrica e o abastecimento da indústria e da petroquímica.

Nos 15 anos seguintes, a Bolívia foi riscada do mapa como fonte de recursos energéticos. O assunto foi retomado em 1988, quando houve a visita do presidente José Sarney a La Paz, mas na ocasião a Petrobras e a Eletrobrás fizeram corpo mole. O projeto discutido previa grandes térmicas na fronteira, para ligação com a rede elétrica do Sudeste e, embora o ministro das

Minas e Energia, Aureliano Chaves, tivesse avalizado as negociações, as empresas do setor não tinham qualquer intenção de cumprir o pactuado.

Só em 1992/93, com a retomada das perspectivas de crescimento da economia brasileira, voltamos a pensar seriamente na possibilidade de compra de gás natural da Bolívia. Em 1996, minha avaliação era cautelosa. Vim a saber em 1998, diretamente do ministro das Minas e Energia da época, Raimundo de Brito, que teríamos quase inevitavelmente um racionamento de energia elétrica no Brasil. Essa informação prenunciava um quadro catastrófico para um ano de eleições importantes.

Visitei La Paz oficialmente em fevereiro de 1996 e fui recebido pelo presidente Sanchez de Lozada e pelo chanceler Aranibar. O presidente tinha sido ministro do Planejamento de Victor Paz Estessoro e implementara, em 1985, um plano radical de estabilização da moeda boliviana, que domou uma hiperinflação desenfreada. Na ocasião, havia dito que só tinha uma bala para matar o tigre e conseguira êxito.

Fernando Collor se apropriou da frase para implementar o famigerado confisco da poupança e errou, como bem sabemos. Mas Sanchez de Lozada — o Goni, como era conhecido por todos — acertara e conseguiu grande prestígio político, que lhe valeu a eleição presidencial em 1993. Goni havia sido educado nos Estados Unidos, onde seu pai se exilara, e era muito marcado pela cultura americana, a ponto de falar o espanhol com sotaque forte. Tornara-se um empresário importante do setor minerador e enriquecera. Era um homem brilhante e preparado, mas visivelmente mal enraizado na Bolívia.

Havia no Brasil, naquela ocasião, um debate intenso sobre a forma de utilização do gás boliviano. O raciocínio boliviano, como a Enron, empresa americana envolvida no projeto, preconizava regularmente, era que o consumo do gás nas térmicas era a única âncora capaz de gerar demanda firme e, por isso, de viabilizar os financiamentos internacionais.

O presidente Sanchez de Lozada explicou essa teoria detalhadamente na conversa comigo e fez-me chegar, por incrível que pareça, um texto em inglês de autoria da Enron, responsável pelo desenvolvimento da argumentação. Dizia o papel: "Não pode haver gasoduto sem térmicas-âncora assim como não pode haver térmicas sem o gasoduto."

Embora não tivesse os elementos técnicos para expressar opinião abalizada, parecia-me difícil imaginar que a demanda industrial se materializasse a tempo para consumir o gás no fluxo necessário para viabilizar o gasoduto, por um lado, e que e, por outro, o problema da oferta de energia no Brasil pudesse ter solução alternativa comparável.

Comprometi-me com o presidente boliviano a organizar uma reunião interna, chefiada por FHC, para discutir o tema. A decisão seria levada ao conhecimento do governo boliviano. Lozada garantiu-me que acataria nossa orientação e tomaria conosco as medidas necessárias para seguir adiante com o gasoduto. A fórmula final foi uma combinação dos dois usos do gás. Sanchez de Lozada tinha razão: só a grande demanda das térmicas viabilizaria o gasoduto.

Durante a referida visita, ficou-me a impressão de uma grande precariedade no equilíbrio político boliviano. O chanceler Antonio Aranibar falou-me, profeticamente, do provável surgimento no futuro de um Fujimori boliviano, que viria ninguém sabe donde, para purgar o sistema partidário que se fragilizava cada vez mais.

Vale assinalar que Evo Morales não existia como figura política na ocasião. Registrei na época alguns dados preocupantes sobre o cenário político boliviano. Banzer, o velho general e ex-ditador, continuava a ser uma presença dominante na Bolívia, mas seu tempo estava acabando. Outro ex-presidente, Jaime Paz Zamora, pareceu-me em fase política terminal, embora até seus inimigos dissessem que as acusações americanas de envolvimento dele com o narcotráfico eram espúrias.

Goni disse-me estar sozinho, abandonado por todos. Tinha dificuldade para conduzir um processo de reformas em um meio tão pouco liberal e muito clientelista como a Bolívia. Os problemas da privatização (chamada pelo governo de capitalização) da estatal Yacimientos Petrolíferos Fiscales Bolivianos (YPFB) e da lei de hidrocarbonetos que a viabilizara eram, em sua visão, as chaves para o futuro político do país. Seriam também as precondições para o gasoduto, mas encontravam enormes resistências. As forças armadas se inquietavam com a privatização da YPFB.

A Bolívia parecia estar fazendo progresso real na luta contra o narcotráfico. Estava pagando 2 mil dólares por hectare de coca arrancado e mais uma boa soma para financiar outros cultivos. Isso estaria levando a uma redução

Joel Rennó e Lampreia

líquida efetiva da área plantada. Por outro lado, o sistema produtivo já estaria se sofisticando, com a fabricação de pasta de coca pelo próprio plantador.

Em setembro de 1996, no mesmo Palácio Portales em que Geisel e Banzer tinham assinado o Tratado de 1974, houve a assinatura dos acordos que levariam o gás boliviano a diversos estados e cidades do Brasil. Tanto FHC quanto Sanchez de Lozada fizeram referências muito tocantes ao meu trabalho de 25 anos em seus discursos. O gasoduto teria sido muito importante em 1976/77, mas pegaria o Brasil já enfraquecido pela curva descendente do milagre. Logo após, pelo segundo choque do petróleo, a grande alta dos juros e o enorme tombo da dívida de 1982. Já nos anos 90, iria trazer consequências importantíssimas para o Brasil:

— Encontraria nossa indústria num momento de reorganização, com ingressos de capital produtivo e tecnologia e funcionaria como acelerador.
— Chegaria no início de um ciclo de crescimento de longo prazo em que começávamos a colher os benefícios da abertura co-

mercial e precisávamos superar custos fixos para poder melhorar nossa performance de exportação.
— Teria significativo impacto ambiental sobre nossas cidades grandes, a começar por São Paulo, na medida em que reduziria as emissões de dióxido de carbono.
— Contribuiria para robustecer poderosamente a Bolívia, nosso sócio e vizinho, que se aproximaria muito mais do Brasil.

No dia 25 de julho de 1997, em Puerto Suarez, houve a assinatura dos contratos de construção do gasoduto de Santa Cruz. Lá estavam os principais atores brasileiros, de Paulo Belotti a José Coutinho Barbosa, de Joel Rennó a Antonio Menezes, de Marco César Naslauski — nosso excelente embaixador em La Paz — a Luiz Orlando Gélio. Também estavam lá muitos dos grandes protagonistas bolivianos, como Banzer, Jaime Paz Zamora, o embaixador Jaime Balcazar, Arturo Castaños e outros.
Estávamos convencidos de que aquele era o momento e de que aquilo era bom para a Bolívia, assim como para o Brasil. Levei os veteranos — Belotti e Gelio, em particular — e foi muito comovente ver frutificar um trabalho de toda uma vida, depois de tantas frustrações, de altos e baixos.
Foi uma ironia do destino que o primeiro documento tenha sido entregue para a assinatura de Joel Rennó por Carlos Miranda, então superintendente de hidrocarbonetos, um dos homens que mais sabotou a implementação do acordo de 1974, e que também estivesse presente Hugo Banzer, o subscritor do acordo de Cochabamba, que não o pôde implementar.
De nossa parte, pude testemunhar a importância que atribuímos ao gasoduto pelo que representaria de modernização de nossa indústria, de despoluição de nosso meio ambiente. Para mim, foi um orgulho ver concretizado um projeto pelo qual me bati ao longo de 25 anos e que, mesmo nos momentos de frustração, sempre considerei muito importante para meu país.
O gasoduto foi construído no prazo e nas condições previstas, mesmo tendo atravessado mais de 3 mil quilômetros, passando pelo Pantanal Matogrossense. A Petrobras realizou um trabalho esplêndido na Bolívia, descobrindo grandes reservas de gás em Santo e San Andrés, na província

de Tarija, construindo tubos para transportar esse gás até o início, em Santa Cruz, do gasoduto Bolívia-Brasil.

Em 2006, o governo Evo Morales, em ato insultuoso para o Brasil, ocupou militarmente as instalações de nossa empresa e nacionalizou seus ativos na Bolívia. Hoje, pergunto-me frequentemente se não deveria ter prestado mais atenção à profecia de Araníbar, feita em 1996, de que o sistema político boliviano estava à beira do colapso, ensejando o surgimento de um caudilho messiânico.

Naquele momento, entretanto, todos que lidavam com o tema Bolívia no Brasil estavam persuadidos de que, desde 1985, com a segunda presidência de Paz Estenssoro, a democracia boliviana estava consolidada. Parecia-me que os episódios da sempre agitada vida política boliviana eram apenas manifestações normais em um sistema democrático. Estávamos todos equivocados, infelizmente, como devo admitir. Voltarei a esse assunto mais adiante, ao examinar a nacionalização da Petrobras e a evolução política da Bolívia.

–5–
Paraguai

Nossas relações com o Paraguai são distintas de todas as outras. O espectro da guerra de 1865/70 ainda paira sobre elas e habita o inconsciente de muitos brasileiros e paraguaios, a meu ver de modo totalmente infundado. Assinalo quatro temas principais, em torno dos quais giraram nossas relações com esse país durante minha gestão no Itamaraty:

1. A propriedade conjunta da maior hidrelétrica do mundo: Itaipu
Respondendo a pressões paraguaias, houve grandes concessões brasileiras, que alteraram os termos originais do acordo, levando-nos a aceitar a cogestão total da usina. Malgrado isso, não cessaram as pressões para revisão da dívida paraguaia. Elas vinham, inclusive, do presidente Juan Carlos Wasmosy. Frequentemente, ele nos pressionava de forma constrangedora. É preciso recordar que as receitas de Itaipu formam parte essencial do orçamento do Paraguai e financiam toda a máquina pública, inclusive os sa-

lários dos funcionários. Uma fração substancial do que o Paraguai recebe, por conta da venda ao Brasil da parte que não consome da energia gerada por Itaipu, vai para a amortização da dívida paraguaia contraída quando da construção da usina. Itaipu foi financiada somente com recursos do Brasil.

É um mecanismo que está em vigor há 36 anos e vai durar até 2023. Não há nenhuma razão para modificá-lo, nem para qualquer tipo de "generosidade" de nossa parte. Mas a aspiração paraguaia era e continua a ser a de modificar esses termos fundamentalmente. É importante registrar, contudo, que não havia, durante nosso governo, pressões paraguaias para a modificação do tratado fundacional de 1973, como é o caso atualmente. Em agosto de 1997, visitei Itaipu, essa imensa catedral do Brasil, uma obra que me emocionou porque representa a consagração de algumas de nossas melhores virtudes — a engenharia e a diplomacia. Pensei em Azeredo da Silveira, Mario Gibson Barboza e Ramiro Guerreiro, meus antecessores que viveram com paixão a grande aventura da construção e tiveram papel decisivo na consolidação de Itaipu. Hoje 1/3 da eletricidade do centro-sul do Brasil provém de lá. Não podemos permitir que se modifiquem os termos do tratado fundacional.

2. **A existência de uma grande população de origem brasileira (em torno de 300 a 400 mil), com papel importante na agricultura moderna do país**

Nossos esforços para protegê-los são cotidianos, pois trabalham honestamente e muito acrescentam ao Paraguai. Não existem problemas sistêmicos maiores, mas escaramuças pequenas que merecem nossa atuação consular constante.

3. **A presença em grande escala de vários tipos de comércio ilícito na fronteira**

Esse não é um problema de exclusiva responsabilidade do Paraguai, já que os ilícitos não seriam possíveis sem parcerias no Brasil. Ainda no primeiro ano do governo FHC, recebi a visita de uma comitiva de vários ministros paraguaios, que vieram discutir os problemas em nossas relações. Seu esforço maior era o de afirmar que a imagem do Paraguai bandido, que frequentemente se faz no Brasil, é injusta, pois há conexões entre o comércio ilícito e organizações criminosas brasileiras.

O importante nessa iniciativa, porém, era o desejo que os ministros revelaram de uma atuação conjunta para controlar contrabando, tráfico de droga, terrorismo e todas as mazelas do triângulo das Bermudas que é nossa fronteira. Todos esses fenômenos são transnacionais, disseram eles, e de nada servirá que um ou outro atue sozinho. Pareceu-me um sintoma da modernização da sociedade paraguaia que representantes de seu governo propusessem essa aliança. Na realidade, fatos posteriores demonstraram que a visita dos ministros não foi o princípio de uma nova fase.

O governo Wasmosy decidiu inicialmente que a única estratégia capaz de alterar o peso do contrabando na economia paraguaia era tentar desenvolver um polo industrial à base de tarifa zero para insumos, a exemplo da Lei da Maquila mexicana. Tal lei refletia o ressentimento crescente no Paraguai contra os baixos benefícios que acreditava estar obtendo do Mercosul. Mas o esquema não funcionou bem.

O embaixador Botafogo Gonçalves, no período em que ocupou o Ministério da Indústria e Comércio, desenvolveu um programa para financiar, com a ajuda do BNDES, o estabelecimento no Paraguai de indústrias que pudessem se inserir nas cadeias produtivas da indústria brasileira. Não tenho notícias de que esse mecanismo inteligente tenha podido ser implementado em seu pleno alcance.

As relações com o Paraguai são complexas. Certamente o Brasil não pode nem deve ser intervencionista ou truculento. Tampouco, porém, deve ser leniente ou excessivamente generoso. É necessário ter em mente que uma política de concessões constantes por parte de países mais fortes não esgota a lista das reivindicações dos mais fracos. Ao contrário, geralmente aumenta as faturas que são apresentadas por eles.

4. A instabilidade política no Paraguai

Esse não é o lugar para fazer a crônica da rumorosa vida política paraguaia. Registre-se, porém, que durante nosso governo houve fatores de perturbação da jovem democracia do Paraguai.

Desde o barão do Rio Branco o Brasil absteve-se de imiscuir-se na cena interna do país vizinho. As crises diversas no Paraguai, como a tentativa de golpe do general Oviedo e o assassinato do vice-presidente Luis Argaña, em 1998, entretanto, afetaram Brasília de maneira significativa.

Com a adoção, pelo Mercosul, em 1997, da cláusula democrática como condição básica para permanecer na instituição, o Brasil mudou bastante a sua postura, em relação, sobretudo, ao Paraguai, tornando-se muito mais assertivo. Sem ser ingerente, mas com posição firme no tocante ao respeito à democracia e ao estado de direito na região.

O general Lino Oviedo, que tinha sólidas ligações no Brasil, atuava de modo cada vez mais desenvolto. Por vezes, eu tinha a impressão de que a montanha-russa da política paraguaia estava tomando um embalo incontrolável e não era possível saber onde pararia.

Era evidente que o país vivia uma magnificação de todas as suas insuficiências democráticas, em que afloravam cenários de manipulação. Em 1996, o presidente Wasmosy destituiu Oviedo do posto de comandante do Exército. O militar reagiu com uma tentativa de golpe. O embaixador do Brasil, meu colega de turma e velho amigo, Márcio Dias, atuava vigorosamente para defender o regime democrático e teve papel decisivo. Quando a pressão oviedista fora mais aguda, porém, o presidente Wasmosy cogitou renunciar. O embaixador — amigo pessoal do presidente também — dissuadiu-o. As pressões diplomáticas do Brasil, da Argentina e dos Estados Unidos terminaram neutralizando a tentativa golpista.

O general Oviedo, porém, continuou a ter força para intervir no processo político do país, ao arrepio da legalidade. Era claro que, se fosse necessário, ele a usaria, embora confiasse em sua capacidade de ganhar as eleições com a formidável máquina eleitoral colorada e seus próprios recursos, que pareciam não ser poucos. Wasmosy ordenou então sua prisão por indisciplina, em final de 1997, e ele foi condenado pela justiça paraguaia a dez anos de prisão, em razão da tentativa frustrada de golpe contra o presidente um ano antes.

Depois da saída do embaixador Márcio, o competente Bernardo Pericás assumiu a embaixada em Assunção. Ele afirmava-me categoricamente que o general blefava ao ameaçar as instituições, porque não tinha força real para tanto. Finalmente foram realizadas eleições presidenciais, vencidas por um partidário de Lino Oviedo, Raul Cubas, que tomou posse em agosto de 1998 e passou a defender ostensivamente o militar, concedendo-lhe um indulto.

Poucos meses depois, porém, acusado que foi do assassinato do vice-presidente Luis María Argaña e da morte de jovens em enfrentamentos com a polícia, quando protestavam pedindo a sua renúncia, a situação de Raul Cubas ficou insustentável. Atendendo a uma sugestão minha, o presidente FHC resolveu telefonar para Cubas, pedindo-lhe que não resistisse mais, pois poderia provocar um banho de sangue no Paraguai. Em março de 1999, Luis González Macchi, presidente do Congresso, assumiu a presidência, e Raul Cubas exilou-se por algum tempo no Brasil.
Até o fim do mandato de FHC, esse foi um tema recorrente, com a presença de Oviedo do nosso lado da fronteira. Em julho de 2002, o presidente do Paraguai, González Macchi, garantiu que o país não sofria mais ameaças de golpe por parte do ex-general Oviedo. Disse ele: "Tenho garantias do governo brasileiro de que medidas rígidas serão tomadas caso Oviedo volte a tentar intervir na vida política do Paraguai. Nosso governo respeita veementemente a soberania e a decisão do governo brasileiro."
Como se compreende, fomos atraídos para o centro da vida política paraguaia, um tanto contra a vontade. Mas creio que tivemos êxito em ajudar nosso vizinho a atravessar o desfiladeiro estreito e perigoso de seus primeiros dez anos de democracia.

–6–
Venezuela

Nos primeiros anos do governo FHC, tivemos um aprofundamento considerável de nossas relações com a Venezuela, que se havia iniciado durante a gestão de Itamar Franco. Em maio de 1996, houve uma visita importante do presidente Rafael Caldera, que consolidou a aproximação com um país que tradicionalmente estivera distante do Brasil, herdeiro que era da suspicácia de Bolívar sobre nosso país.
O principal projeto era o da interligação elétrica, com o fornecimento ao norte brasileiro da energia da hidrelétrica venezuelana de Guri, que enfrentava a oposição de alguns setores do governo brasileiro mais inclinados a priorizar o gás de Urucum, na Amazônia. Também havia a possibilidade de uma aproximação na área do petróleo, mas sobre isso nunca tive maiores ilusões, já que a companhia estatal venezuelana, a PDVSA, era imune à

ideia. Toda a sua orientação era voltada para os Estados Unidos. Até hoje, malgrado a retórica dos dois governos, nada de concreto ocorreu entre a Petrobras e a estatal venezuelana.

Em 1972, fui visitar Juan Pablo Perez Alfonso, o fundador da OPEP, em sua chácara nos arredores da capital, e dele ouvi uma profecia pessimista: "Não sabemos e não vamos aprender nunca a semear o petróleo. Ao fim só vão restar os esqueletos dos elevados de Caracas e o povo vai querer que sejam prestadas contas." De fato, a Venezuela nunca foi capaz de gerar alternativas ao petróleo. O resultado foi que, desde a década de 30, quando começou a produção em larga escala, o petróleo sempre foi a única âncora fiscal do Estado.

Essa dependência levou a períodos de abundância, como na década de 70 e início da década de 80, quando os preços do petróleo estiveram muito elevados, ou de crise, depois do colapso das cotações no restante dos anos 80. Ainda hoje o petróleo responde por 1/3 do PIB venezuelano, 80% das exportações e mais de 50% da arrecadação governamental. Políticas econômicas equivocadas e o desperdício crescente da riqueza do petróleo levaram ao aumento da pobreza e à deterioração dos indicadores sociais. Com isso, já na década de 90, houve um aumento da violência urbana e diversas crises políticas.

Em dezembro de 1998, Hugo Chávez foi eleito presidente da Venezuela. Era o mesmo tenente-coronel que, no dia 4 de fevereiro de 1992, comandando cerca de trezentos efetivos, protagonizara um golpe de Estado contra o presidente Carlos Andrés Pérez. Embora fracassada, a tentativa de golpe serviu para catapultá-lo ao cenário nacional, não sem antes ter sido encarcerado por dois anos. Durante esse período, segundo ele próprio me informou, Chávez fez um curso intensivo de literatura política, com ênfase nos clássicos marxistas. Após um período na prisão, Chávez foi anistiado (uma decisão tomada pelo presidente Rafael Caldera, que deve tê-la lamentado depois).

Após o fim do mandato de Pérez, Chávez abandonou a vida militar, dedicando-se integralmente à política. O agravamento da crise socioeconômica e a desintegração dos partidos tradicionais o impulsionaram. Seu discurso populista o conduziu à vitória. Compareci à sua posse teatralmente organizada, em fevereiro de 1999. Chávez começou benzendo-se estrepitosamente e afirmando que jurava "por esta constituição moribunda". Anunciou logo seu propósito de convocar um referendo para criar uma assembleia constituinte. Era o princípio de uma marcha para o autoritarismo apoiado em plebiscitos. Na rua a multidão usava as boinas vermelhas dos paraquedistas como símbolo de lealdade a Chávez. Aquilo me pareceu um mau augúrio.

Chávez ainda não era o possesso, à la Nelson Rodrigues, mas já se revelava uma pessoa inquietante. Desde as primeiras conversas que tive com ele — e foram muitas — formei o juízo de que o novo presidente venezuelano era um homem ambicioso, tenaz e determinado. Ele tinha um sentido militar de missão e era tomado pelo fervor de um cristão-novo do esquerdismo. A imagem que faz de si mesmo, penso eu, é a de um anjo vingador do povo humilde contra os desmandos da oligarquia que havia desperdiçado a riqueza do petróleo.

Um episódio ilustra o estilo de Chávez. O presidente FHC havia recebido uma carta do venezuelano, pedindo que ele fosse o intermediário junto ao presidente de turno do Mercosul para advogar a entrada da Venezuela no bloco. Fernando Henrique respondeu que pediria que o embaixador especial para o Mercosul, José Botafogo Gonçalves, fosse até Caracas para conversar. O encontro foi muito curioso. Chávez recebeu-o no Palácio Miraflores e disse que tinha uma proposta a fazer. Incontinente, puxou uma carta dirigida ao presidente Fernando Henrique, solicitando a adesão da Venezuela ao "Mercosul político".

O embaixador Botafogo relatou a sua resposta em depoimento ao CPDOC:

> "'Presidente, muito bem. Só que tem um pequeno detalhe: não existe o Mercosul político.' 'Como que não existe Mercosul político?!', indagou Chávez. 'Não. Existe o Mercosul criado pelo Tratado de Assunção, em 1991. É um instrumento comercial econômico. É verdade que os membros do Mercosul — Brasil, Argentina, Paraguai, Uruguai — há dois anos desenvolveram um diálogo político entre eles, em especial para salvaguardar a democracia, que é uma condição importante e tem que ser respeitada dentro do Mercosul. Existe apenas um diálogo político e não um Mercosul político. Ou a Venezuela entra para o

Mercosul, que é uma união aduaneira e um acordo de livre-comércio, ou não entra.'"

Chávez passou um pito nos seus colaboradores, porque não tinham dito a ele que não existia Mercosul político. E rasgou a carta. Creio que Chávez ainda possuía uma certa insegurança e via em Fernando Henrique um mentor político. Havia uma relação bastante cordial entre os dois, embora não pudessem ser pessoas mais diferentes. É verdade que o comércio bilateral e as oportunidades para as empresas brasileiras cresceram muito nos primeiros anos de seu governo.
Em outro capítulo deste livro, discutirei as relações de Chávez com o governo Lula.

–7–
Colômbia

Durante minha gestão no Ministério das Relações Exteriores, a Colômbia era claramente o homem doente da região, como se dizia do Império Otomano no século XIX. As FARC controlavam com autonomia uma parte substancial do território nacional (cerca de 30 a 40%, segundo algumas estimativas da época), em cumplicidade crescente com os cartéis da droga, e tinham 15 mil efetivos e sessenta frentes de combate. Bogotá e as grandes cidades regionais eram altamente inseguras. O país caminhava aceleradamente para o descontrole e o Estado colombiano perdia seus atributos básicos.
Em meados da década de 90, os Estados Unidos davam uma ênfase obsessiva à questão do narcotráfico em todas as suas relações com a América Latina em geral e com a Colômbia em particular. O eixo central da política americana para nossa região era a guerra às drogas, "war on drugs". O processo de "certificação", uma espécie de aval, dos países pelo Congresso dos EUA era um fator de tensão e irritação para muitos governos latino-americanos. Representava um exame das suas políticas de combate à produção e à comercialização de drogas, e a não aprovação acarretava consequências severas.

O presidente colombiano na época, Ernesto Samper, havia desenvolvido uma política agressiva de combate aos cartéis da droga, que levou inclusive ao desmantelamento do cartel de Cáli. Mas em 1995 foi aberto um processo judicial acusando-o de utilização de dinheiro procedente do narcotráfico no financiamento de sua campanha à eleição presidencial.
O secretário de Estado americano, Warren Christopher, confidenciou-me, no início de 1996, que seu governo estava convencido de que tal envolvimento existia. Samper reconheceu mais adiante que havia entrado dinheiro dos traficantes em sua campanha, mas sempre negou que soubesse da conexão e foi posteriormente isentado de responsabilidade pelo Congresso colombiano.
Entretanto, o mal estava feito e a imagem internacional da Colômbia foi prejudicada severamente. Seu governo arrastou-se por uns anos ainda, com a crise política repercutindo na legitimidade do poder do Estado e paralisando as forças armadas.
O sucessor de Samper, Andrés Pastrana, foi eleito em junho de 1998, após ter sido um líder agressivo da oposição por quatro anos. O centro de sua plataforma era o início de um processo amplo de negociação com as Farc. Pouco depois de sua eleição, Pastrana veio a Brasília para conversar com o presidente Fernando Henrique, sendo recebido para um almoço reservado no Palácio da Alvorada durante o qual expôs suas ideias.
O cerne de seu programa era a criação de uma zona desmilitarizada de 42 mil quilômetros quadrados ao sul de Bogotá, com decretação de um cessar-fogo por ambas as partes e o início de negociações de paz. Quando o visitante partiu, o presidente e eu logo constatamos que havíamos chegado à mesma triste conclusão: o plano não ia dar certo.
Só seria possível garantir o êxito do programa se o Estado colombiano tivesse uma superioridade militar nítida. Negociar questões militares em posição de fraqueza é a receita certa para o fracasso. E Pastrana iludia-se.
Dias após sua posse, seguiu para uma reunião em San Vicente del Caguán, em plena selva, com o então comandante das FARC, Manuel Marulanda, o Tirofijo (tiro certeiro). Pastrana chegou sorridente, vestido com uma camisa polo. Mas a cadeira do chefe das FARC estava vazia, humilhando publicamente o novo presidente colombiano.

Como disse Fidel Castro no livro *La Paz en Colombia*, "Marulanda não estava longe dali e possuía forças suficientes para controlar aquela zona". Mesmo assim Pastrana discursou dizendo que "a ausência de Manuel Marulanda Vélez não pode ser razão para não seguirmos adiante com a instalação da Mesa de Diálogo, onde se acordará uma agenda de conversas que devem nos conduzir à paz".

Mais adiante, com incrível boa-fé, Pastrana acrescentou: "Sei que [os dirigentes das Farc] estão comprometidos a trabalhar pela busca da paz." Enquanto isso, conforme outra citação do livro, um porta-voz das FARC, Marcos Calarcá, informava o governo cubano de que "o objetivo das Farc é realizar três ou quatro rodadas e sair das negociações com uma imagem boa e ganhando o tempo necessário para se preparar frente a uma eventual invasão americana".

O resultado altamente previsível foi que, ao longo dos anos, o movimento guerrilheiro ocupou a zona desmilitarizada, passando a utilizá-la como refúgio e base de treinamento, ampliando seu poder militar enquanto discutiam com o governo. O sudeste da Colômbia tornou-se território das Farc e estabeleceu-se uma política de aliança com o narcotráfico, aumentando também o número de sequestros políticos.

Em visita a Washington, Pastrana convenceu Clinton a apoiá-lo em um grande plano para fortalecer o Estado colombiano. Após a constatação um tanto tardia do fracasso da iniciativa de paz original, surgiu assim o *Plan Colombia*, que pretendia ser uma réplica do Plano Marshall com uma dimensão militar. Com a política americana dominada pela ótica de repressão ao tráfico de drogas, houve um apoio maciço em recursos financeiros e assessoria militar da parte dos EUA.

Em meu primeiro encontro com Madeleine Albright como secretária de Estado, ela tomou a iniciativa de referir-se ao que viria a ser o *Plan Colombia*, dizendo que tinha grande preocupação com a deterioração do quadro colombiano e que era necessária uma ação mais vigorosa dos amigos do país, inclusive dos vizinhos.

Minha primeira reação foi alinhada com o que sempre tinha sido colocado por mim para o antecessor dela, Warren Christopher, no primeiro quadriênio de Clinton: o Brasil não tem problema nenhum quanto à colaboração dos Estados Unidos no combate ao narcotráfico com qualquer país que a solicite ou aceite. Disse-lhe, porém, que não desejávamos participar nem ser envolvidos de nenhum modo nessa iniciativa, não aceitando fazer parte de uma ação multilateral na Colômbia.

Afirmei especificamente que o Brasil não se envolveria em ações militares ou policiais de qualquer tipo dentro do território colombiano. Nossa posição em relação à Colômbia era de não intervenção, embora naturalmente estivéssemos solidários com o governo de Bogotá em sua luta contra os cartéis da droga e os movimentos irregulares que visavam a derrubar a ordem democrática e o regime constitucional.

Houve um episódio grave que, por um momento, afetou nossas relações com a Colômbia. No dia 2 de novembro de 1998, um efetivo das forças armadas colombianas aterrissou em território brasileiro. Um oficial de baixa patente do nosso Exército e seus poucos comandados assistiram perplexos à chegada de vários aviões e helicópteros na pista de Querari, um posto militar brasileiro de fronteira. As aeronaves traziam um efetivo superior a mil homens. O objetivo era utilizar o local como base para operações contra as FARC em Mitu.

Nada sabíamos até então sobre a iniciativa colombiana. No dia seguinte, o presidente FHC convocou uma reunião comigo e os ministros militares para examinar a questão. Abri o encontro com um breve histórico dos fatos, começando pela consulta que acabara de receber do ministro colombiano das Relações Exteriores, Guillermo Fernandez Soto, sobre a possibilidade de apoio militar brasileiro a uma operação em marcha para retomar o povoado de Mitu, atacado por mais de mil guerrilheiros.

Estávamos diante de um fato consumado. Sem meu conhecimento, o ministério da Aeronáutica havia dado autorização de sobrevoo e pouso às aeronaves colombianas, o que dava alguma legitimidade à iniciativa colombiana de utilizar território brasileiro, embora a solicitação tivesse feito referência apenas à evacuação de seus mortos e feridos em combate. A autorização tinha sido revogada algumas horas depois, a pedido do Itamaraty. Afirmei logo que considerava inaceitável a presença de tropas estrangeiras em operação de guerra em território nacional e preconizei uma reação de protesto firme, a chamada para consultas do nosso embaixador e a divulgação do episódio. Essa linha foi aprovada, resolvendo-se, sobretudo, dar um prazo breve para a evacuação total pelas forças colombianas de suas posições no Brasil.

Chamei o nosso embaixador na Colômbia, Mário Galofre, para comunicar-lhe nossa decisão. O chanceler colombiano telefonou-me ao fim do dia, demonstrando constrangimento e pedindo que lhe dissesse o que o governo brasileiro queria. Respondi que necessitava da segurança de que haveria uma partida rápida e completa de todos os efetivos colombianos do território nacional, mas que não queríamos transformar o incidente em confronto com o governo de Bogotá.

A imprensa brasileira cobriu o episódio na fronteira com a Colômbia de forma objetiva e favorável à nossa reação. Obedecendo às nossas determinações, os colombianos se retiraram de Querari ainda no dia 3, ao fim da tarde. No dia seguinte, retomaram Mitu e, com o controle da pista, não precisaram mais utilizar nosso território. O presidente Andrés Pastrana telefonou a FHC para agradecer e, de modo velado, desculpar-se pelo abuso.

O episódio preocupou-me, pois revelou que, por solidariedade funcional "entre camaradas", tinha havido uma autorização para utilização da pista de Querari sem que o presidente da República fosse avisado imediatamente da presença em território brasileiro de tropas estrangeiras em situação de combate.

Uma notícia grave de revés militar tinha levado o governo colombiano a empreender uma ação emergencial em nosso território, mas o Brasil não podia ser arrastado para participar do conflito interno do país vizinho. Se assim fosse, as FARC poderiam julgar que o Brasil unira-se militarmente à Colômbia, passando a considerar-nos objetivo de guerra.

Mais grave ainda, poderia criar-se a expectativa de que nossos efetivos militares passariam a atuar em coordenação com as forças armadas da Colômbia no combate à guerrilha. Tais desdobramentos contrariariam frontalmente a posição de não intervenção que tínhamos traçado e que havíamos comunicado com a maior clareza aos governos da Colômbia e dos Estados Unidos.

Com a nossa postura firme, o episódio de Querari foi encerrado sem maior repercussão internacional e não se repetiu.

-8-
México

É um país admirável, com tamanha personalidade que, mesmo com a gravitação dos Estados Unidos e os muitos milhões de seus cidadãos que vivem ao norte do Rio Grande, jamais perdeu sua especificidade cultural. Exerce provavelmente maior influência na cultura americana do que a que dela recebe. Pátria de grandes artistas e escritores — como Orozco, Diego Rivera, Rufino Tamayo, Juan Rulfo, Octavio Paz e Carlos Fuentes —, o México é herdeiro da enorme riqueza herdada das civilizações indígenas e do mais completo legado da arquitetura e da arte da Espanha.

Tenho muita admiração por esse grande e belo país latino-americano e muitas vezes visitei-o a título privado com minha mulher, Lenir, e em inúmeras viagens oficiais.

O governo FHC coincidiu praticamente com o início do mandato de Ernesto Zedillo Ponce de Léon. Apanhado de surpresa, depois do assassinato do candidato oficial do Partido Revolucionário Institucional (PRI), Donaldo Colosio, do qual era chefe de campanha, Zedillo começou seu mandato debaixo de uma tempestade assustadora, pois em dezembro de 1994 desatara a maior crise financeira da história mexicana.

Houve uma fuga maciça de divisas e uma desvalorização de mais de 100% do peso, provocando o que veio a ser conhecido internacionalmente como o "efeito tequila". Com grande coragem e serenidade, Zedillo mostrou desde o início uma determinação férrea de modernizar o México, ainda que isso significasse o enfraquecimento da hegemonia do PRI, que havia durado desde 1929.

A cultura do PRI era tão enraizada, que mesmo funcionários humildes sentiam-se ungidos de poder. Certa vez, durante uma visita presidencial, eu tinha um carro oficial à minha disposição, dirigido por um motorista que infringia perigosamente todas as leis do tráfego. Perguntei-lhe por que não respeitava as regras e ouvi a seguinte resposta: "Senhor, quando estava na Câmara dos Deputados, eu já não respeitava nada. Agora que estou na presidência, respeito muito menos."

Nossa relação diplomática, que sempre fora cordial, embora um tanto distante, havia-se tornado mais difícil depois da adesão do México ao Nafta e da retirada por ele das preferências que existiam para o Brasil na Associação Latino-Americana de Integração (Aladi). O episódio nos causou mal-estar. Ciente disso, o chanceler mexicano, Angel Gurria (hoje secretário-geral da Organização para a Cooperação e o Desenvolvimento, a importante OCDE, sediada em Paris), procurou-me para uma conversa durante visita do presidente FHC ao México.

Falou-me de sua aspiração a ter com o Brasil uma "relação estratégica entre os dois Estados mais importantes da região", construindo conosco um Nafta alternativo e deixando em surdina tudo que nos separava. Inclusive as posições na OMC e a rivalidade pela cadeira permanente no Conselho de Segurança da ONU. O governo mexicano precisava sinalizar para seu público interno que suas raízes latino-americanas não haviam sido afetadas pela adesão ao Nafta. O anúncio de um acordo com o Brasil era parte importante dessa estratégia.

Na entrevista entre os presidentes, no Palácio Nacional, Zedillo explicou com todas as letras os conceitos que fundamentavam a proposta de aliança estratégica. Disse pensar em um acordo de complementação econômica Mercosul-México, que tivesse um nível de desgravação tarifária em etapas sucessivas, com liberalização de serviços, regras claramente estipuladas, normas de proteção à propriedade intelectual. Enfim, um modelo próximo do Nafta.

FHC dispôs-se a estudar o assunto e solicitou meus comentários. Apontei para a existência de resistências prováveis entre nossos parceiros do Mercosul, disse que teríamos de estudar o assunto a fundo e que, para fazê-lo, precisávamos ter uma ideia mais precisa sobre o alcance das propostas mexicanas. Ficamos assim num primeiro momento.

O presidente Zedillo insistia no conceito de aliança estratégica e desejava anunciar logo a decisão dos dois governos de estabelecê-la. Na manhã do último dia da visita, Gurria ligou-me às sete da manhã para pedir que fizesse um esforço para incluir as palavras mágicas no comunicado oficial da visita. Disse-me que o presidente insistia muito nesse ponto.

Expliquei de vários modos que nós só usamos o conceito de parceria estratégica quando há uma massa crítica de ativos — comércio, investimentos, projetos comuns, identidade substancial de posições internacionais

— que o justifiquem e, no caso do México, ainda não existia essa base. Aceitei apenas dizer que a aliança estratégica devia ser um objetivo que procuraríamos construir para o futuro.

Assim está registrado no comunicado conjunto. Disse a Gurria, por outro lado, que devíamos nos empenhar para não ficar apenas nas palavras. Especificamente quanto ao acordo de complementação econômica, pedi-lhe que nos enviasse em breve uma proposta precisa do que o México tinha em mente. Comprometi-me a levá-la aos meus colegas do Mercosul e, sobretudo, a examiná-la com todo o rigor.

Na realidade isso não ocorreu e só vários anos depois, no final do governo FHC, foi possível fazer um acordo significativo, mas limitado, de comércio, graças à perseverança do embaixador Sérgio Amaral, ministro da Indústria e Comércio.

Daí por diante, tivemos um período bastante frio em nosso relacionamento, conquanto os dois presidentes se dessem muito bem, como até hoje é o caso. Com o passar do tempo e a nomeação como ministra, em princípio de 1998, de Rosario Green, uma política e intelectual notável, o quadro desanuviou-se e voltamos a ter relações muito cordiais, como sempre fora o caso.

As turbulências que narrei foram superadas no plano político e também no pessoal. Até hoje tenho uma relação de amizade e respeito com Ernesto Zedillo, que considero um dos maiores e mais íntegros líderes de nosso continente. Atualmente, ele ocupa uma posição importante na universidade de Yale e em diversos conselhos internacionais, em alguns dos quais nos sentamos ambos. Zedillo é um homem de cultura e visão amplas, que obtém o respeito de todos que com ele convivem.

–9–
Cuba

Uma jovem residente em Havana, Yoani Sanchez, hoje mundialmente famosa como a face da crítica ao regime cubano, publica regularmente um blog fascinante que intitula *Generación Y*. Em 19 de fevereiro de 2009, ela escreveu:

"Cada dia topo com alguém que se desiludiu e retirou seu apoio ao processo cubano. Alguns devolvem a carteira do partido comunista, emigram com suas filhas casadas para a Itália ou se concentram na ocupação plácida de cuidar dos netos e fazer a fila do pão. Passam de delatar a conspirar, de vigiar a corromper-se... Toda essa conversão — lenta em alguns, vertiginosa em outros — percebo-a em volta de mim como se, ao sol da ilha, milhares de pessoas mudassem de pele. Mas essa metamorfose é só numa direção. Não encontrei ninguém — e olha que eu conheço muita gente — que tenha passado da descrença à lealdade, que começasse a confiar nos discursos depois de tê-los criticado por anos.
A matemática nos confronta com algumas verdades infalíveis: o número dos insatisfeitos aumenta, mas o grupo dos que aplaudem não ganha novos adeptos. Como numa ampulheta, cada dia centenas de pequenas partículas de desenganados vão parar no lado oposto àquele onde sempre estiveram. E não há volta ao lado da confiança, porque nenhuma mão poderá fazer o relógio andar para trás, levantar o que está derrubado. O tempo de multiplicar ou somar já passou, agora há a interminável fuga em uma única direção."

Não seria preciso dizer mais nada. Cuba é uma ruína moral, social e econômica. A revolução cubana fez cinquenta anos em 1º de janeiro de 2009 e os oligarcas de Havana celebraram. Mas a sessão da Assembleia Nacional teve que destacar as sérias dificuldades econômicas que o país atravessa. Raul Castro enfatizou a necessidade de cortar subsídios e referiu-se à queda dos preços de exportação, aos três furacões que assolaram a ilha e mencionou que, como Cuba importa 80% dos alimentos, a alta dos preços iria penalizar as já frágeis contas externas. Por isso, Raul anunciou que apertar o cinto era a única solução, como sempre.
O *Le Monde*, baluarte de centro-esquerda da imprensa francesa, que tradicionalmente apoiava Cuba, publicou um suplemento especial sobre o aniversário. O correspondente especial Guillaume Carpentier escreveu uma matéria contundente, que começava assim:

"Estradas estragadas, fachadas que desmoronam, cinemas e livrarias fechados: cinquenta anos depois da entrada triunfal dos barbudos na mais bela cidade da América Latina, reina a desilusão em Havana. A capital é um cemitério de cinemas, de mercados, de lojas. Em suma, Cuba é um cemitério de esperanças. Tudo que resta aos cubanos é o humor negro, alimentado por rumores sempre desmentidos da morte de Fidel."

Em outro artigo, intitulado "O nascimento de um mito", Alain Abellard descreve a mentira que é a historiografia de Castro. Não nega que Fidel tenha sido um homem notável, mas assinala que Cuba possuía uma taxa de alfabetização de 80% em 1959, uma renda per capita equivalente à da Itália, que seu sistema de saúde pública era dos melhores da América Latina, produzia 80% dos alimentos que consumia e tinha a terceira maior economia da região. Hoje "tudo é racionado, exceto a polícia e a desilusão", conclui Abellard.
Malgrado tudo isso, Cuba faz parte de nossa família latino-americana e queremos vê-la reintegrada em nosso meio. A oposição ao embargo a Cuba, decretado pelos Estados Unidos há 46 anos, sempre foi um ponto cardeal da política externa brasileira. Sempre votamos nesse sentido em todos os foros internacionais. Qualquer avanço diplomático, porém, esbarrou sempre na intransigência cubana.
A crônica de minha participação nesse esforço de reintegração de Cuba começou em 1996. Havia uma vaga esperança de que, se Bill Clinton fosse reeleito em novembro, a posição americana poderia mudar gradualmente. Em fevereiro, porém, Migs da força aérea cubana derrubaram duas pequenas avionetas de turismo que se dirigiam a Cuba para lançar panfletos contra o governo. Estava formado um incidente grave que levou a um endurecimento americano, com corte de ligações telefônicas e aéreas. O prognóstico de uma suavização após as eleições presidenciais americanas do outono daquele ano fora abalado.
Em maio do mesmo ano, estive na Santa Sé com o cardeal Angelo Sodano, secretário de Estado do Vaticano, que contou-me ter recebido, através de emissários, uma manifestação de interesse do presidente de Cuba em realizar uma visita a Roma em data próxima. O cardeal assinalou que um eventual encontro dessa natureza teria, necessariamente, de ser precedido de convite para que o papa fizesse uma visita a Cuba.
Aduziu que a Igreja via com grande preocupação o cerceamento das liberdades religiosas na ilha. A visita terminou por só ocorrer em janeiro de

1998, depois, aparentemente, de um debate interno em Havana sobre o interesse de Cuba em realizá-la. A peregrinação de João Paulo II acabou sendo positiva para ambos os lados: a Igreja conseguiu adquirir visibilidade e prestígio em Cuba, enquanto o ditador teve um êxito político enorme, até por ter permitido grandes manifestações religiosas em torno do papa. O que não se sabia na época era que o presidente Bill Clinton havia pedido a João Paulo II para ser portador de uma mensagem a Fidel sobre sua disposição de levantar o embargo e normalizar as relações entre os dois países. Não tendo certeza de que sua mensagem fora entregue, Clinton resolveu, quando de sua visita ao Brasil em outubro de 1997, pedir ao presidente Fernando Henrique Cardoso que a repetisse na primeira ocasião possível. A oportunidade apresentou-se quando da Reunião de Cúpula Ibero-Americana um mês após, em Isla Margarita, na Venezuela. Fernando Henrique falou com Fidel Castro, na minha presença e na de Roberto Robaina, o chanceler cubano, sobre a mensagem de Clinton a respeito de seu desejo de levantar o embargo econômico contra Cuba antes do fim de seu mandato.

Explicou que estávamos transmitindo a mensagem mas não desejávamos ser intermediários de nada. Fidel reagiu com certa surpresa e muito cuidado. Disse que Clinton é um "homem decente e que fez bem em escolher FHC" como o mensageiro, já que ele era uma pessoa em quem o cubano confiava. Mas sobre a substância Fidel limitou-se a dizer que ia pensar e depois daria um retorno. Nunca o fez.

Fernando Henrique ainda aduziu: "Telefone quando quiser." Fidel reagiu rápido: "Nunca, os ianques me têm aterrorizado. Estão sempre escutando." Vi naquela conversa a prova cabal de que o líder cubano não desejava o fim do embargo, pois era seu principal instrumento de congraçamento do seu povo em torno de sua liderança.

Fidel era um peixe fora d'água nas reuniões da cúpula ibero-americanas, as únicas a que era convidado, chateando-se a valer com a ladainha democrática dos outros, pois estava na contramão total das tendências democratizantes da América Latina. Mas permanecia inabalável, nem sequer pensando em sua sucessão. Ainda assim subscrevia sem pestanejar, a cada ano, declarações que eram odes à democracia e pregavam a superioridade de tudo que ele não pratica.

Por outra parte, Fidel continuava a ser um grande artista que seduz e cativa. Mesmo numa roda de seus mais ferozes críticos, ele dominava com bom humor, falsa humildade e sentido de palco. Na mesma reunião de Isla Margarita a que me referi, ocorreu um episódio extraordinário. Fernando Henrique havia regressado previamente ao Brasil, preocupado com as nuvens negras que começavam a acumular-se sobre a economia brasileira, deixando-me em seu lugar.

Por isso compareci à reunião fechada que sempre ocorria apenas entre presidentes, sem qualquer tipo de assessoria. Quando chegou sua vez de falar, Fidel fez uma quase despedida, um testamento patético, ele que vinha das lonjuras da história e sentia seu tempo acabando. Começou falando da integração latino-americana e disse que deveríamos tê-la feito antes do Nafta. "Agora já era e o México passou para lá." Zedillo interrompeu-o, dizendo em voz alta: "Estamos aqui!" Fidel deu um sorriso amargo e disse: "Sim, o México está aqui e acolá."

Depois falou bem do Mercosul e do Pacto Andino. Falou mal dos Estados Unidos, que seriam a potência mais egoísta que houve na história. "Queriam nos transformar em Puerto Rico, mas Cuba jamais aceitaria." Falou da História: "Já são dois séculos de vida independente da América Latina, mas ainda não somos livres." Falou do ostracismo e da pequenez de Cuba.

Depois, Fidel se pôs mais pessoal. Disse que não estaria mais lá por muitas cúpulas ibero-americanas e via-se no seu semblante muito magro, na sua pele muito pálida, que ele estava pensando cada vez mais frequentemente na morte. "Tenho acompanhado, procurado me informar sobre o que se passa no mundo, na Europa do leste, na Ásia, na China, na Europa. Tenho feito um grande esforço para entender, mas não vejo como estar otimista, eu que sempre fui mais otimista do que pessimista."

Falou da insegurança das nações frente às ondas de ataques especulativos, da falta de legitimidade de uma riqueza imensa, não fundada na produção de bens concretos, na diluição do poder dos Estados nacionais, da pobreza descomunal de uma fração crescente da humanidade. Ao final, arrematou: "Meu tempo, meu mundo está acabando. Vejam lá o que vocês vão fazer com o mundo." O presidente de Portugal, Jorge Sampaio, ele próprio um socialista tradicional, segurou-me o braço e disse: "Estamos a assistir a um momento extraordinário, nunca pensei que fosse ouvir essas palavras de Fidel."

Hoje a maioria dos cubanos anseia por uma normalização das relações com os Estados Unidos e tem esperança de que Barack Obama de algum modo vá transformar-lhes a vida. O próprio Fidel, do seu retiro de enfermo, escreveu um artigo em que deu boas-vindas cautelosas ao governo de Obama. Parece haver um consenso crescente na elite cubana sobre a necessidade de entabular conversas com Washington.

Se esse diálogo for iniciado, entretanto, ele será muito gradual e lento. Mas não era assim em princípio de 1998, quando resolvemos tentar uma aproximação que pudesse conduzir a uma inserção plena de Cuba no continente e ao fim do embargo americano.

Minha análise era de que havia um início de mudança do lado americano, pois o líder do poderoso lobby de Miami — Jorge Mas Canosa — estava morto e o aguerrimento dos exilados havia diminuído. A comunidade cubano-americana havia envelhecido e era cada vez menos marcada pela amargura da expropriação e da violentação de suas vidas.

Ficava muito menos sujeita a automatismos negativos e podia ser sensível ao argumento da aproximação gradual com Cuba. Quem sabe ao sonho de retorno para os mais velhos e, sobretudo, à promessa de que a abertura e o levantamento do embargo iriam minar o totalitarismo fidelista.

Estive em Miami para conversar com alguns intelectuais e jornalistas de origem cubana e comprovei que a postura da grande colônia oriunda da ilha era muito matizada. O desejo confessado de Clinton podia então encontrar terreno político mais firme e o levantamento do embargo — para alimentos e remédios, inicialmente — tinha tudo para transformar-se em um fato político importante.

Se Clinton transmitira aquela mensagem a Fidel era porque julgava que já havia condições políticas para uma abertura. Mas deve ser dito com toda a ênfase que o governo americano não havia voltado a pedir qualquer interferência nossa junto a Cuba. Mesmo porque sempre ficara claro que a relação dos Estados Unidos com a ilha nada tem a ver conosco e que o Brasil nunca foi instrumento de um ou de outro nessa matéria.

Fidel, por sua vez, emitia alguns sinais novos. A mudança dramática de posição a respeito da visita papal e sua reação aos pedidos de João Paulo II eram fruto, segundo minha visão equivocada da época, de sua constatação de que não havia outro caminho para a revolução e para o sofrimento de seu povo senão uma abertura suave e controlada. Uma glasnost sem os deslumbramentos de Gorbatchev.

As questões eram muitas: se isso fosse verdade, será que o "comandante" encontraria grandes resistências dentro do seu politburo? Será que a *policia de seguridad* e as forças armadas permitiriam que o processo avançasse? Eram perguntas difíceis de responder e não havia nenhuma indicação de que as respostas fossem positivas.

Muitos haviam alertado para a dificuldade da tarefa. Felipe Gonzalez, o carismático e brilhante presidente do governo espanhol, fez um esforço genuíno para dar uma mão a Fidel, sem encontrar retorno. Decepcionou-se profundamente. Disse-me uma vez que "Fidel Castro é um ditador que pretende saber tudo e não aceita orientação de ninguém".

Mas o secretário-geral da OEA na época, César Gaviria, ex-presidente da Colômbia, acreditava que era chegado o momento de uma iniciativa com Cuba, pois começava a haver o reconhecimento nos Estados Unidos de que não era possível continuar indefinidamente na linha de confrontação com a ilha. Sua teoria era de que Brasil e Canadá tinham condições especiais para facilitar uma evolução positiva. Fui inicialmente cauteloso sobre o papel que poderíamos desempenhar.

O êxito já logrado pela visita do papa no início de 1998 era um fator muito significativo. Pedi ao embaixador brasileiro no Vaticano, Frank Thompson Flores, que sondasse a Santa Sé sobre o assunto Cuba. Em conversa com o influente monsenhor Giovanni Battista Re (hoje o cardeal responsável pela Congregação dos Bispos), Frank ouviu dele que "é fundamental o papel da América Latina no processo de abertura de Cuba, pois este é um país de raízes e alma latinas".

Acrescentou depois que "a ação que o Brasil poderia desempenhar em toda essa questão é crucial, uma vez que é o país mais influente do continente latino-americano". Afirmou que a Santa Sé mantinha diálogo com Washington sobre Cuba, mas não sentia grande possibilidade de avançar no que seria o gesto decisivo: o levantamento do embargo. Por fim, monsenhor Re disse que o diálogo de Fidel com o papa foi particularmente cordial — fruto talvez do fato de o ditador cubano ter se lembrado da intervenção a seu favor feita pelo arcebispo de Havana, quando fora preso por Batista —, mas inconclusivo quanto ao futuro.

Eu nunca tinha sido um simpatizante de Cuba como ícone político. Na verdade, não gosto de ditaduras. Como ministro havia quase quatro anos, tinha mantido uma atitude discreta, sem permitir que nos sentíssemos atraídos pelas sereias que preconizavam desde 1995 um maior envolvimento brasileiro no processo de educação democrática de Fidel.
Acompanhei a evolução da posição do Vaticano, que passou de uma negativa de diálogo com Fidel para uma atitude de protagonismo central, culminando na visita papal. Vinha mantendo bom diálogo com os cubanos, com o chanceler Robaina em particular, e creio que era visto por eles não como um amigo ou simpatizante, mas como um profissional que percebe os aspectos positivos de uma relação amistosa com esse país pequeno.
Naquela ocasião, vários fatores me capacitavam a visitar a ilha como mensageiro do presidente. O gesto de apoio ao financiamento da compra pelos cubanos de alimentos no Brasil, nossos diálogos respeitosos sobre direitos humanos e, sobretudo, a circunstância de ser ministro da confiança pessoal de FHC.
Com essas premissas, resolvi fazer uma visita oficial a Cuba em maio de 1998. O que realmente estava no meu pensamento era que a América Latina deveria ter um peso na democratização de Cuba e sua consequente reincorporação no conjunto das instituições hemisféricas. Sendo o Brasil o país de maior peso na região, deveríamos cumprir nossa parte. Com a minha visita, esperávamos que os cubanos respondessem com um gesto político de valor, que permitisse uma ida de Fernando Henrique a Havana em curto prazo.

Como já mencionei, o Brasil sempre manteve uma posição firme em defesa do levantamento do embargo imposto pelos Estados Unidos, rejeitando a aplicação de normas legais para enrijecimento do bloqueio, como a Lei Helms-Burton. Na Assembleia Geral das Nações Unidas, sempre votamos a favor de resoluções que pedem o fim do bloqueio.
Por outro lado, preconizávamos que, à reintegração plena de Cuba, deveriam corresponder passos do governo cubano em direção à democracia e à observância dos direitos humanos, como exigido por diversas instituições latino-americanas, entre elas o Mercosul e o Grupo do Rio. Elas previam até a expulsão de países que infringissem a cláusula democrática.

Nesse espírito, decidi fazer o gesto de avistar-me com o presidente da Comissão Cubana de Direitos Humanos e Reconciliação Nacional, Elizardo Sanchez, durante a visita oficial a Havana. Ele tinha um papel simbólico na área de direitos humanos, mas possuía reconhecimento internacional.
A reunião era muito menos do que as iniciativas tomadas por Fidel Castro de encontrar-se com membros destacados da oposição em eventos públicos durante suas visitas ao Brasil. O governo brasileiro jamais objetara a isso. Assim, pedi ao nosso embaixador em Havana que agendasse o encontro e desse conhecimento dele ao governo cubano.
Ao chegar a Havana, fui recebido muito cordialmente por Roberto Robaina, egresso da Juventude Comunista, cuja promoção fazia parte de um programa de modernização dos quadros dirigentes. Robaina vestia-se sempre com uma camisa de malha preta e um paletó de mangas arregaçadas, fazendo um gênero pop com seu corte de cabelo moderninho.
Terá levado seu ímpeto renovador longe demais? Pois pouco tempo depois foi demitido e preso. A última notícia que tive dele foi a de que estava frequentando uma escola de reorientação ideológica, por ter sucumbido às tentações do capitalismo. Uma vez lhe havia perguntado, brincando, se era dono da marca de charutos Robaina. Ele me respondeu: "Antes fosse..."
Ainda no aeroporto, Robaina foi logo dando-me conta do desconforto causado por minha decisão de receber Sanchez. Na véspera do encontro, o competente vice-ministro Jorge Bolaños também fez-me um apelo para que, em lugar de receber o dissidente pessoalmente, eu delegasse a tarefa a alguém de minha comitiva. Caso contrário, Fidel não me receberia.
Não sendo admissível esse tipo de barganha, respondi que manteria a minha decisão original inalterada. Fidel realmente não me recebeu, o que representou um desaire deliberado. Soube que hoje se um visitante oficial manifestar intenção de se entrevistar com qualquer dissidente, é imediatamente impedido e lhe é feita uma indicação de que deve deixar o país.
O presidente da Comissão Cubana de Direitos Humanos era um homem de grande moderação e suavidade. Disse-me que interpretava a iniciativa do governo brasileiro como um gesto de apoio humano e moral. Recordei-lhe que o presidente Fernando Henrique também havia sofrido a perseguição de um regime autoritário e, por isso, tinha compromisso com o respeito aos direitos humanos.

Expliquei que aquele encontro me parecera um gesto necessário, pois embora não estivesse em Cuba como inimigo do governo, tampouco podia concordar com todas as suas práticas. Elizardo era tão brando em relação ao regime que afirmou que falava bem do governo cubano e de seu país em todas as suas viagens ao exterior, o que me pareceu bastante surreal.

Disse-me que reconhecia ter havido algum progresso, como, por exemplo, a redução do número de presos políticos, que teria caído para cerca de trezentos, especialmente depois da visita do papa. Indaguei se ele acreditava que Castro estivesse pensando em alguma abertura política. Sanchez respondeu-me que havia sinais contraditórios. Segundo ele, 99% dos cubanos mais educados desejavam reformas, mas seu temor era que o próprio Fidel estivesse no centésimo oposto.

Esse grupo temeria a ameaça da comunidade cubana nos Estados Unidos, que poderia desejar um ajuste de contas. A própria reação ao encontro que tive com Elizardo Sanchez era uma prova cabal da intransigência do governo cubano e uma indicação forte de que não era razoável esperar medidas liberalizantes.

Em almoço que me foi oferecido pelo ministro Robaina, fiz um discurso muito brando e positivo:

> "A evolução do relacionamento entre Brasil e Cuba ocorre em um contexto mais amplo. De modo geral, esse contexto reúne elementos que reforçam o impulso de criar as condições para um convívio mais denso.
>
> No plano mundial, com o fim da Guerra Fria, há quase dez anos, encerrou-se uma era na qual as divergências ideológicas, bem como as rivalidades e preconceitos a elas associados, se sobrepunham ao fato de que, na essência, entre os seres humanos existem muito mais semelhanças do que diferenças.
>
> Assim, a crescente prevalência dos valores da democracia e do respeito aos direitos humanos não significa a vitória de um lado sobre o outro, mas o reconhecimento de que a liberdade e a integridade do indivíduo são aspirações universais."

Dificilmente algum governo poderia tomar essas palavras como uma provocação. Mas o de Cuba assim considerou. Tive uma boa ilustração disso em uma conversa dura e por vezes acalorada com Ricardo Alarcón, presidente da Assembleia Nacional. Eu o conhecera em Nova York, nos anos 60, como um jovem embaixador cubano.

Já era um tigre, sempre pronto a polemizar e a defender suas posições com aguerrimento. Suscitei o assunto de direitos humanos, dizendo que Cuba precisava ajudar-nos a ajudá-la, com gestos como, por exemplo, a adesão aos dois principais instrumentos multilaterais na matéria: o Pacto Internacional sobre Direitos Econômicos, Sociais e Culturais e o Pacto Internacional sobre Direitos Civis e Políticos.

Alarcón retrucou que não havia violações de direitos humanos em Cuba. Existiam, segundo ele, alguns pontos nos dois pactos que causavam dificuldades ao seu governo. Tal adesão levaria a uma "politização excessiva" e à "vinda a Cuba de relatores especiais que descreveriam um quadro falso e negativo da situação cubana".

Estava demonstrada a absoluta intransigência cubana em sequer conversar sobre direitos humanos. Um alto funcionário cubano confidenciou-me que não havia entendido a reação de Alarcón quando eu lhe dissera que Cuba precisava ajudar seus amigos a ajudá-la, e citei o valor que teria a assinatura dos dois pactos. E informou-me, também confidencialmente, que já havia estudos adiantados para que Cuba tomasse aquelas iniciativas.

Estive pouco depois com o cardeal Jaime Ortega, um homem equilibrado e sensato. Segundo ele, a visita do papa significara de fato uma inflexão, mas os gestos subsequentes do regime haviam sido tímidos, pois não havia vontade da liderança de ampliar o grau de liberdade da sociedade cubana. O governo de Fidel mantinha o desejo de obter ganhos de reconhecimento internacional (como os que havia alcançado com a visita), mas sem ceder nada em troca.

A psicologia de Fidel, segundo o cardeal, se assemelhava à do ditador espanhol Francisco Franco: "Se me empurras, não me movo." Mas a Igreja não pretendia envolver-se com nossa iniciativa diplomática de facilitar a reinserção de Cuba, como já me tinha sido antecipado discretamente no Vaticano.

O regime cubano estava convencido de que tudo jogava a seu favor na cena mundial. A partir da visita do papa João Paulo II, numa sucessão de êxitos que iam da vitória recente na Comissão de Direitos Humanos da ONU ao bom resultado que Fidel obtivera em Genebra, por ocasião da reunião ministerial da OMC, Cuba sentia-se capaz de retomar sua antiga aura internacional como líder do Terceiro Mundo.

O governo estava persuadido de que estava superada a fase de queda livre que se seguiu ao fim da URSS, gerando a perda de 1/3 do PIB cubano em três anos. Havia uma confiança no controle que o regime tinha sobre o país e nos alicerces desse controle: o onipresente partido comunista, com a eficiência do aparelho repressivo fundado na polícia política e nas forças armadas.

Por outro lado, julgavam os dirigentes, o incentivo gradual à propriedade e à iniciativa privadas — que já responderia por 10% da força de trabalho — dera aos cidadãos boa dose de liberdade econômica. Por tudo isso, Cuba vivia há dez anos uma fase de autoconfiança. Julgava-se que, pela primeira vez em sua história, a ilha não dependia totalmente de nenhum país, como havia sido seu destino no passado em relação à Espanha, aos Estados Unidos e, por fim, à União Soviética.

Na entrevista coletiva à imprensa internacional que encerrou minha visita, preferi não enfatizar as diferenças e os atritos. Havia em Robaina e nos altos funcionários da chancelaria um visível constrangimento com a situação. Concluí que era necessário reavaliar nosso engajamento na campanha pela plena reinserção de Cuba no sistema político do continente, em vista da intransigência cubana e da indisposição revelada para aceitar qualquer atitude que não seja de aplauso incondicional e homenagens ao regime comunista.

Fui a Cuba com um pensamento positivo, fazendo um gesto politicamente expressivo como ministro das Relações Exteriores do Brasil, justamente para trabalhar no sentido da reintegração cubana. Infelizmente, não encontrei nenhuma disposição de diálogo, especialmente sobre a questão dos direitos humanos, que é sempre central na política externa do governo brasileiro. E os cubanos não deixaram de acionar seus correligionários no Brasil para promover uma barragem de críticas contra mim durante um mês.

Meses depois, porém, o gelo se quebrou com uma ida de Fidel Castro ao Brasil. Voltando de uma conferência na África do Sul, seu avião fez um grande desvio para realizar uma parada em Brasília. A finalidade era superar o mal-estar nas relações bilaterais. Fernando Henrique recebeu Fidel para jantar no Palácio da Alvorada e o cubano jogou todo o seu charme. Em relação a mim, já no momento de despedir-se, convidou-me a voltar a Cuba, e "aí vamos cozinhar lagostas juntos". Depois deu-me um abraço e disse: "Já não estás mais chateado comigo, não é, chanceler?"

–10–
Peru

Fujimori foi um fenômeno político que, durante certo tempo, marcou muito a América do Sul. De reitor de uma universidade de segunda linha a presidente da República — eleito em 1991 e reeleito em 95, com 64,5% dos votos, feito inédito na história política de seu país —, esse filho de imigrantes japoneses havia subido ao poder para reconstruir o Peru, derrotar o Sendero Luminoso e liquidar a inflação.
Um homem simples, mas extremamente astuto, Fujimori tinha uma comunicação carismática com o povo, que se identificava com ele. Mas seu temperamento autoritário e seu viés manipulativo levavam-no a ter uma atitude de pouco respeito pelas instituições democráticas do Peru e a desafiar os limites do aceitável. Foi em última análise o que o aniquilou.
No final de seu segundo mandato, a imagem de Alberto Fujimori já era declinante. Embora a economia peruana continuasse bem, seu presidente estava cansando por sua voracidade de poder e pelo autoritarismo que se refletia em atos brutais, como a expropriação que foi a cassação da nacionalidade e da televisão do empresário Baruch Ivcher.
Ademais, àquela altura, ele era refém de Vladimiro Montesinos, o corrupto chefe do serviço de informações do país, que havia se transformado em um verdadeiro Himmler peruano. Montesinos montou um esquema sombrio através do qual mantinha uma grande parte dos políticos e funcionários governamentais do Peru sob seu controle, valendo-se de operações de chantagem. Incapaz de parar, em seu afã de conquistar mais e mais poder, levou

o governo à ruína política total. Fujimori só pôde dar-lhe combate — infrutífero, ademais — quando já estava literalmente perdido.

No auge desse processo de desgaste, Fujimori resolveu que era necessário um terceiro mandato para "completar a sua obra". A eleição realizou-se em dois turnos em maio de 2000. Fujimori, com sua inclinação pouco democrática, organizou toda sorte de irregularidades, tendo o controle da justiça eleitoral. Seu oponente, Alejandro Toledo, anunciou que não participaria do segundo turno.

O processo foi adiante e a vitória de Fujimori ocorreu em 28 de maio, o que gerou grande comoção no Peru e no continente em geral. A missão de observação da OEA, chefiada pelo ex-chanceler guatemalteco Eduardo Stein, trabalhou muito próxima aos embaixadores da América Latina e, finalmente, convalidou os resultados da eleição. Logo após estava marcada a assembleia geral anual da OEA, a realizar-se em Windsor, no Canadá.

O tema Peru monopolizou as atenções. A delegação peruana não podia evadir-se de uma discussão franca, por vezes dura, dos problemas do recente processo eleitoral. O novo ministro das Relações Exteriores, Fernando de Trazegnies, um jurista respeitado, tinha se preparado para aquelas circunstâncias e já anunciara a criação de uma comissão, presidida por Francisco Tudela, o ex-chanceler e vice-presidente eleito, para "aprofundar a agenda democrática" do país.

O chanceler, que sempre se houve com discrição e dignidade, admitiu que o governo peruano se dispunha a aceitar o envio de nova missão especial da OEA capaz de contribuir com o programa, desde que não se pretendesse questionar a legalidade da eleição do presidente Fujimori. Queixava-se, porém, do que chamou de "satanização" do pleito peruano, instrumentada pela oposição para frustrar o processo eleitoral.

No diálogo informal entre os ministros, surgiram duas grandes correntes. Uma, liderada pelos Estados Unidos e pelo Canadá, partia de apreciações morais e éticas e buscava invalidar as eleições peruanas. Argentina e Costa Rica somaram-se a essa linha. Em outro plano, estávamos Rosario Green, chanceler do México, e eu.

Pela Venezuela, o ministro e futuro vice-presidente José Vicente Rangel preocupava-se, sobretudo, pelo precedente que se estaria criando, às vésperas de megaeleições em seu país. Prevaleceu, finalmente, a avaliação mais prudente e moderada, pela qual o tratamento da situação peruana deveria voltar-se para o futuro, para a capacidade de associar o governo, por sua própria vontade, ao objetivo compartilhado de garantir novas conquistas democráticas no país. Não com ingerência internacional, mas por opção do povo peruano respaldada pela solidariedade dos países-membros da OEA.

Para mim, a questão essencial era: poderia o Brasil aceitar que seu sistema eleitoral — leis, justiça, procedimentos e resultados — fosse questionado e invalidado por decisões de organismos internacionais ou de alguns países? Como a resposta era obviamente negativa, tomamos uma posição defensiva — não em relação a Fujimori, com o qual não tínhamos o menor compromisso —, mas do princípio da não intervenção em tema tão sensível e fundamental para a soberania quanto o processo eleitoral.

O México, que sabia na carne o que era intervenção estrangeira, a Venezuela, que temia ser atingida por ela, e o Brasil não podiam aceitar o conceito de que o processo eleitoral dos países das Américas fosse, em última análise, sujeito à aprovação internacional e, portanto, revogável por uma instância estrangeira.

Nenhum país pode chegar ao ponto de renunciar ao direito soberano de conduzir eleições por critérios nacionais. Para o Brasil, seria inadmissível a subordinação da Justiça eleitoral e de nossas instituições democráticas a uma autoridade internacional, qualquer que fosse ela. Aceitar o questionamento multilateral da legitimidade do mandato de um presidente eleito conforme as leis vigentes em seu país era, a nosso ver, um precedente inaceitável, ainda que a integridade política de Fujimori fosse duvidosa.

Finalmente, não houve maior dificuldade em estabelecer que seria enviada uma missão da OEA ao Peru, liderada pelo ministro Lloyd Axworthy, do Canadá, presidente da Assembleia Geral da OEA, acompanhado pelo secretário-geral César Gaviria. Eles examinariam a situação no país. A premissa da atuação desses enviados seria o reconhecimento, a priori, de que o processo eleitoral estava encerrado e seus resultados definidos.

Em entrevista a uma revista semanal em junho de 2000, declarei que:

"Não podemos esquecer que há um grande debate internacional hoje sobre o direito de ingerência. Precisamos ter isso em mente. Queremos dar a outros países o direito de interferir em nossos assuntos? Queremos que eles venham aqui dizer como se faz uma eleição ou se administra a Amazônia? Não queremos. Se não queremos aqui, como podemos fazer em outro lugar?"

Tenho segurança de que agimos com toda a responsabilidade e em plena consonância com os princípios de nossa política externa. O nosso embaixador José Viegas — que mais tarde viria a ser ministro da Defesa no governo Lula — teve atuação equilibrada e profissional, dialogando com todos os setores do espectro político peruano, inclusive o próprio Alejandro Toledo e os seus principais assessores.

Alguns meses depois, veio à tona o grau de corrupção e manipulação que Fujimori tinha utilizado em seu governo. Isso levou-o a renunciar e fugir. Fomos acusados de estar errados, de intervir em favor da sua posse, após suspeitas de fraude nas eleições. A essa crítica, respondi que estaria correta se nós tivéssemos feito uma defesa de Fujimori, tomando o partido da sua pessoa.

Mas o que fizemos foi defender a autonomia das instituições peruanas, numa questão de tal gravidade quanto uma eleição presidencial. Substituir as autoridades eleitorais nacionais por autoridades internacionais ou mesmo organizações não governamentais, por mais respeitáveis que sejam, é uma proposta inaceitável para o Brasil. Tampouco os EUA e o Canadá cogitariam abrir mão dessa vertente essencial de sua soberania, se houvesse um questionamento da lisura das suas eleições, como aliás foi o caso na eleição de George W. Bush, em 2000.

Fujimori, que em seu auge foi um paradigma de político realizador e aprovado por maioria esmagadora do seu povo, é hoje um presidiário totalmente desmoralizado. *Sic transit gloria mundi.*

–11–
Uruguai

De todos os nossos numerosos vizinhos, o Uruguai deve ser o que mais gosta do Brasil. São várias as razões dessa simpatia. Primeiro, figura a generosidade do barão do Rio Branco, que cedeu espontaneamente à república irmã a parcela por direito brasileira do condomínio das águas do rio Jaguarão e da lagoa Mirim. Há também a história gaúcha compartilhada, a fronteira tênue e porosa que nos separa e a intensidade do turismo nos dois sentidos.

A própria vitória sobre o Brasil na final da Copa do Mundo de 1950, que eles chamam de *maracanazo* e representa um episódio fundamental da história uruguaia, constitui de certo modo uma afirmação de um país pequeno, que até hoje é fonte de autoconfiança na sua relação com o Brasil. Concluí em minhas visitas diversas que o pequeno Uruguai não se incomodava com a *Brasil-dependência,* tão discutida em Buenos Aires. Até apreciava o Brasil por contraste com os portenhos, seus arquirrivais do Prata.

Hoje, com a querela das fábricas de celulose no rio Uruguai, que tão longe foi, esse sentimento terá sido reforçado. Trabalhei com muita harmonia com os chanceleres uruguaios Sérgio Abreu, Alvaro Ramos e Didier Opertti. O tema futebol sempre aparecia em nossas conversas.

Em certo momento, a seleção uruguaia havia trocado seu famoso uniforme por uma camisa de azul mais escuro e calções marinho. A *Celeste* atravessava uma péssima fase e comentei com Ramos que um uniforme que havia ganhado duas Olimpíadas e duas Copas do Mundo não podia ser trocado: dava má sorte. Três meses depois, o chanceler uruguaio anunciou-me que sua federação havia decidido voltar atrás e restabelecer o calção preto e a camisa original. Essa é uma pequena vinheta da intimidade que tínhamos.

FHC visitou Montevidéu em maio de 1997 a convite do grande presidente Julio Sanguinetti, evidenciando-se na ocasião a excelência de nosso relacionamento. Exemplo disso foi uma reunião na prefeitura da capital, comandada por um prócer da Frente Ampla, de oposição na época.

Um vereador que havia sido guerrilheiro tupamaro começou a discursar de modo agressivo. Em lugar de confrontá-lo, FHC conversou suavemente, apresentando seus argumentos. Ao final o dirigente confessou-se conquistado pelo presidente. Esse estar à vontade com nosso país é responsável pelo fato de termos com o Uruguai as mais tranquilas e amplas relações bilaterais de todos os muitos vizinhos do Brasil.

O presidente Luis Alberto Lacalle gostava de dizer que o Uruguai é a dobradiça — *bisagra* — entre o Brasil e a Argentina. Não sei se concordo com essa ideia, mas o país é certamente um fator de equilíbrio importante no Cone Sul.

Estados Unidos

Ao justificar a política externa independente, Afonso Arinos — que foi um chanceler importante, embora muito breve — diz em suas memórias que o primeiro objetivo de Jânio Quadros, de quem ele foi o ministro do Exterior, era "romper com a velha tradição do Itamaraty de votar sempre com os 'nossos amigos' dos Estados Unidos".
Não conheci essa época, pois entrei para a carreira em 1963. A partir da política externa independente, produziu-se uma reviravolta no Itamaraty e passou a haver um certo gosto em tomar uma posição diferente e até adversa em relação aos EUA. Foi o que fizemos no Tratado de Não Proliferação, na extensão do mar territorial para 200 milhas, no acordo nuclear com a República Federal da Alemanha e no reconhecimento do governo marxista do Movimento Popular pela Libertação de Angola (MPLA), por exemplo.
Essas posições eram vistas, geralmente com razão, como um sinal do amadurecimento brasileiro, e tinham, sobretudo, base em considerações de política interna. Mas essa fase foi, em larga medida, superada. Vivíamos naquela época um momento de afirmação nacional de um Brasil que deixava de ser um país rural e inseguro. Hoje, para a decepção dos ideólogos do antiamericanismo, o Brasil a cada dia se parece mais com os Estados Unidos.
Para nós a questão das relações com os Estados Unidos já não se põe, como no passado, em termos de alinhamento ou não alinhamento. Hoje a disjuntiva é falsa. Uma análise histórica isenta confirma que as posturas extremas não foram os traços mais acentuados, nem os episódios mais duradouros. Ao contrário, a relação entre os dois países tem sido geralmente boa, desde o início do século XIX.
Os capítulos de desavença mais marcantes entre os dois governos foram o período final do governo João Goulart e o atrito no governo Geisel, por causa da oposição de Jimmy Carter ao programa nuclear brasileiro e às

violações de direitos humanos pelo regime militar. Somados os períodos, são cinco anos. Já as fases assinaladas por uma postura subordinada do Brasil são a gestão de Lauro Müller no Itamaraty (1912-1917) e o governo Castello Branco (1964-1967).

No total, pouco mais de dez anos de exceções à regra do relacionamento positivo. Em dois séculos foi assim. E por quê? Porque o Brasil não ameaça os Estados Unidos, nem os Estados Unidos ameaçam o Brasil. É absolutamente equivocada a interpretação de que os EUA se opõem à modernização do Brasil porque temem o surgimento de um rival no cenário regional. Não há nenhuma evidência de que seja o caso. Também é totalmente falsa a concepção de "relações perigosas" para nós, assim como é absolutamente inútil pensar que dos Estados Unidos virá uma contribuição decisiva para o desenvolvimento e o fortalecimento do Brasil.

Nos anos 90, o quadro político e econômico em que se inseriam as nossas relações com os Estados Unidos era substancialmente diferente do que é hoje. A Guerra Fria tinha acabado havia pouco e os EUA emergiram dela como a única superpotência. Essa constatação levou-nos a priorizar as relações com os americanos, que vinham trincadas desde o fim da década de 70 e a década de 80.

Para poder manter a sua autonomia e as suas opções, o Brasil precisava ter as melhores relações possíveis com os Estados Unidos. Já tínhamos consolidado nossas instituições democráticas, mas, malgrado o enorme avanço do Plano Real, ainda apresentávamos vulnerabilidades externas consideráveis. Nossa autonomia era menor do que é hoje, graças ao desempenho da economia brasileira, ao nível de reservas atual e ao peso crescente do Brasil na nossa região. Mas nas matérias essenciais mantivemos uma postura própria, como foi o caso na ALCA e nas negociações comerciais internacionais.

O governo Clinton apostou numa relação positiva com o Brasil, respeitando nossa especificidade e nossas premissas, como Henry Kissinger havia feito vinte anos antes. Logo nos primeiros dias do governo, houve o convite para uma visita a Washington. Fernando Henrique achou que era muito importante realizar a viagem o mais rápido possível, para ter um primeiro diálogo com o presidente Clinton, coerente com sua visão da centralidade das relações com os Estados Unidos para a nossa política externa.

A visita de FHC em abril de 1995 deu o tom de um relacionamento cordial que prevaleceu. Nessa viagem, Fernando Henrique se expôs muito. Deu, por exemplo, uma longa entrevista à imprensa, que foi televisionada ao vivo pelo canal C-Span. Ter um presidente brasileiro falando um inglês articulado e respondendo longamente a todas as questões durante duas horas era um fato que dava a nova dimensão do Brasil.

Os problemas na área de propriedade intelectual — que durante a década de 80 tinham sido um contencioso grave, tendo os Estados Unidos nos imposto sanções comerciais duras — haviam sido superados. Em março de 1996, o Congresso Nacional aprovara uma nova Lei de Patentes, plenamente compatível com nossas obrigações na OMC (acordo de TRIPS), na qual o ministro José Israel Vargas e eu tínhamos posto muito empenho.

Mas a relação tinha suas dificuldades, em particular na questão do combate internacional ao narcotráfico. Havia uma grande insistência americana em envolver as forças armadas latino-americanas nesse combate. Programas agressivos destinados a erradicar as plantações de coca nos países andinos e a bloquear o acesso das drogas eram apresentados como imperativos pelo governo de Washington.

Os países ficavam sujeitos à certificação de que colaboravam de modo diligente. Caso contrário, poderiam resultar consequências penosas. Em 1995, foi desenhado um plano intitulado Operação Laser Strike, que era essencialmente uma estratégia de mobilização de efetivos miltares para interditar o escoamento e a produção de drogas no Peru e na Amazônia Ocidental. Havíamos recebido o plano pronto e ele previa a mobilização e posicionamento de efetivos militares e policiais brasileiros, o que era obviamente inaceitável. Os comandantes das forças armadas estavam decididos a não envolver as tropas no combate ao narcotráfico, com base na avaliação correta de que o preparo de nossos soldados não era adequado para as tarefas de confronto ao tráfico.

A gravidade da questão levou o presidente a realizar, em fevereiro de 1996, um jantar no Palácio da Alvorada em que estiveram presentes os quatro ministros militares, o chefe da Casa Militar, o secretário de Assuntos Estratégicos e eu. O prato principal era a operação Laser Strike. Ficaram patentes as grandes suscetibilidades dos nossos militares, que estavam convencidos de que os americanos nos percebem como rival potencial e

Warren Christopher visita Brasília

buscam cooptar-nos ou provocar-nos regularmente. Por isso, nossos militares veem neles um desafio.

Minha posição era que nós não tínhamos nenhum interesse em participar de qualquer programa que fosse concebido e que vinha sendo implementado pelos Estados Unidos no qual os demais países desempenhariam o papel de meros auxiliares. O presidente aprovou essa linha e me incumbiu de comunicá-la ao governo americano.

Logo após, em março de 1996, o secretário de Estado, Warren Christopher, fez uma visita oficial ao Brasil. Aproveitei a ocasião para fechar a porta a qualquer participação brasileira. Assim que Christopher entrou no Palácio do Itamaraty, disse-lhe que precisava ter uma conversa a sós com ele, fora do programa. Ele concordou, embora seus acompanhantes manifestassem alguma contrariedade.

Levei-o para minha sala e fiz uma colocação muito precisa de nossa posição, dizendo inclusive que, se houvesse insistência americana, o assunto poderia afetar negativamente o conjunto de nossas relações. Expliquei que o Brasil tinha consciência da gravidade do problema do narcotráfico e faria sua parte, pois vinha investindo muito no Sistema de Vigilância da Amazônia, que estava sendo desenvolvido com tecnologia americana, e na montagem de um esquema policial na Amazônia Ocidental.

Pedi-lhe que considerasse definitiva a recusa de participação brasileira na Laser Strike. Christopher entendeu perfeitamente a sensibilidade do tema e prometeu-me que tomaria as providências necessárias naquele sentido. De fato, o assunto morreu e, embora a operação tenha sido continuada no Peru, não ouvimos mais falar nela.

A questão da insistência americana em programas agressivos enfocados em erradicação e interdição do tráfico continuava a ser uma coluna mestra da política dos Estados Unidos para a América Latina. Expressei a Christopher que no nosso continente havia uma percepção crescente de que esse era um instrumento de pressão excessiva sobre os governos.

O secretário de Estado, que pouco conhecia a região, disse-me que tomava nota do meu aviso e que refletiria sobre o assunto. Na verdade, isso não ocorreu. Na mesma viagem, Christopher confidenciou-me que os Estados Unidos possuíam evidências graves contra o presidente Ernesto Samper e tomariam uma posição dura contra a Colômbia, retirando-a da lista dos países que eram "certificados" como cooperativos. A Colômbia acabou

Lampreia, Clinton e FHC

sendo penalizada, em 1996 e 1997, com a retirada de toda a ajuda financeira e até ameaçada de sanções comerciais.

Quando Madeleine Albright foi anunciada como secretária de Estado, tive muita preocupação em um primeiro momento. Depois de trabalhar com Christopher, eu temia que ela, pelo seu estilo mais colorido e incisivo, fosse mais difícil. Recordava-me sempre que Azeredo da Silveira tinha tido uma excelente relação com Henry Kissinger, mas péssima com Cyrus Vance, durante o governo Carter. Na verdade, isso não aconteceu e tivemos um relacionamento positivo e amistoso que perdura até hoje.

Em outubro de 1997, Bill Clinton veio ao Brasil para uma visita oficial. Não faltaram incidentes nos preparativos. A Polícia Federal impedira a entrada de armas pesadas da segurança do presidente americano, criando um clima de tensão. Um documento do Departamento de Comércio dos EUA, orientando os empresários americanos sobre oportunidades de negócios com o Brasil, citou a corrupção como um problema "endêmico da cultura brasileira" e acabou sendo recolhido.

Com a rudeza dos americanos gerou-se um verdadeiro clamor nacional. Mas assim que chegou a Brasília, Clinton repudiou as afirmações do relatório sobre o Brasil e disse que ele não espelhava seu pensamento e nem o do povo americano. O mal-estar desvaneceu-se, como por encanto. Nos seis anos em que fui ministro e em toda a minha carreira, não encontrei uma figura pública com talento igual, seja para o lado teatral do poder, seja na condução com inteligência e conhecimento dos assuntos de Estado.

Em entrevista ao *Jornal do Brasil*, a jornalista Claudia Safatle perguntou-me se o Brasil ainda era o quintal dos Estados Unidos ou se isso havia mudado. Respondi:

> "Sem dúvida mudou. Hoje não ocorreria a ninguém propor como axioma que o que é bom para os Estados Unidos é bom para o Brasil. Certamente o Brasil não tem vergonha de ter uma relação dinâmica, rica e excelente com os EUA, nem tem qualquer dificuldade de ter divergências, quando o interesse nacional assim recomendar. Nossas relações, hoje, são muito equilibradas e maduras. Sem angústias, complexo de inferioridade ou postura amedrontada de nossa parte. Mudaram as credenciais do Brasil."

A estada de Clinton foi excepcional. Ele nunca tinha vindo ao Brasil e encantou-se com nosso país, com a música que ouviu nos jardins do Alvorada, com as pessoas que conheceu, com sua visita à Mangueira, onde jogou futebol, levando Jamelão a dizer que o presidente americano estava "como pinto no lixo". Chegou mesmo a contrariar a tradicional crença americana sobre o voo pioneiro dos irmãos Wright, dizendo que Santos Dumont é o pai da aviação.

Nas conversas com Fernando Henrique, ele reconheceu que o Brasil era um grande parceiro dos Estados Unidos. Havia um certo mal-estar a propósito da posição americana sobre o Mercosul. Algumas pessoas acreditavam que os EUA desejavam o fim de nossa integração regional. Clinton disse-nos que isso era falso e perguntou ao presidente se seria útil que ele o afirmasse de público. FH respondeu que sim, naturalmente.

O presidente americano foi então muito categórico, apoiando a nossa visão sobre a importância do Mercosul como fator de progresso, de consolidação da democracia, de promoção dos negócios e sua compatibilidade com a futura ALCA.

A visita de Clinton deu-nos a ocasião de demonstrar o amadurecimento do Brasil e a recuperação de nossa autoconfiança. A edição seguinte da *Time* consagrou essa nova imagem do Brasil com uma matéria sobre o novo papel internacional do país. O título era "The odd man is back in" (algo como "Aceito no clube") e trazia uma boa frase minha: "Não somos mais um país com o qual se pode lidar superficialmente."

Visitei Washington regularmente para rodadas de conversas no Departamento de Estado, no USTR e no Departamento de Comércio. Com Madeleine Albright, havia um ambiente distendido e amistoso que nos permitia passar em revista uma lista ampla de temas, sobretudo regionais, como a sublinhar que o Brasil era visto crescentemente pelos Estados Unidos como seu principal interlocutor no continente.

Não se tratava de uma relação subordinada, como a que podia ter havido durante a Guerra Fria. Naquele contexto o problema para os Estados Unidos era evitar o surgimento de situações favoráveis ao inimigo e vinha bem um vice-xerife. Esse papel o Brasil só desempenhou brevemente, a grande custo político, no episódio da República Dominicana.

Na década de 90, como hoje, a questão para o governo americano residia em ter aliados capazes de contribuir ativamente para a organização de uma ordem política e econômica na qual prevalecessem a democracia, a paz, a abertura econômica e o tratamento receptivo dos investimentos estrangeiros. Outros pontos importantes eram o combate ao crime organizado, principalmente o narcotráfico e o terrorismo, a promoção dos direitos humanos e a preservação ambiental.

Portanto, uma relação de aliança em torno de objetivos comuns, em que os parâmetros eram internacionais e múltiplos. Para o Brasil, aquelas metas não apresentavam problemas, desde que não nos fosse pedida uma atitude intervencionista. Muitas vezes, porém, havia uma postura impaciente em relação a certos governantes latino-americanos, em particular a Hugo Chávez.

Sempre aconselhei moderação e prudência, porque atitudes agressivas dos Estados Unidos só levariam ao efeito contrário. Foi o que ocorreu no golpe de 2002, que tentou canhestramente derrubar Chávez e falhou, resultando em uma radicalização do governante venezuelano.

Na grave crise cambial de 1998/99, a atuação do governo americano foi decisiva para ajudar o Brasil. Sofremos um ataque especulativo violento em fins de 1998, que levou a uma desvalorização drástica da taxa de câmbio em janeiro de 1999. Sob a orientação de Pedro Malan e Armínio Fraga (que em boa hora foi chamado para assumir a presidência do Banco Central), foi montado um programa de recuperação cujo alicerce básico foi um empréstimo de 41 bilhões de dólares, concedido pelo Tesouro americano e o Fundo Monetário Internacional. Já em maio a economia voltou a crescer, as entradas líquidas de capital estrangeiro foram retomadas e a crise foi superada.

RELAÇÕES COM A EUROPA

–1–
Portugal

Durante minha gestão no Itamaraty, já se haviam dissipado as nuvens que toldaram os anos que passei em Lisboa como embaixador. Não se punham mais problemas com profissionais brasileiros em Portugal e não éramos mais um país de inflação alta e economia de alto risco. Havia condições para uma aproximação. Pudemos, então, construir uma relação moderna e vigorosa politicamente.

Para as empresas portuguesas, investir no Brasil era utilizar as vantagens comparativas da língua e da intimidade a fim de buscar novos horizontes e investimentos. O primeiro-ministro, António Guterres, impulsionou decisivamente este verdadeiro redescobrimento do Brasil por Portugal. Em abril de 1996, veio ao nosso país acompanhado de alguns dos maiores pesos pesados do empresariado português. A aposta de Guterres no Brasil tinha a seguinte lógica:

— A Europa não tinha mais grandes oportunidades a oferecer, pois haviam se esgotado os grandes fluxos de recursos do continente, sob forma de fundos estruturais. Além disso, as disciplinas macroeconômicas previstas no acordo de Maastricht iriam limitar o crescimento por um tempo e todas as atenções europeias estavam voltadas para Leste.

— Por outro lado, na medida em que pôs a casa em ordem, o Brasil oferecia oportunidades de escala e de expansão que não existiam na Europa, nem na África — os tradicionais endereços do empresariado português.

— Por isso, Portugal deveria fomentar laços maiores com o Brasil, a fim de permitir o alargamento do escopo de suas empresas; a realização de operações financeiras novas; as exportações de novos produtos (as vendas portuguesas haviam crescido 500%

desde 1990); a participação nas privatizações brasileiras e a realização de jont ventures em diversas áreas (telecomunicações, indústria militar, high tech etc.)

Minhas relações pessoais, familiares e profissionais com Portugal acentuavam em muito a noção da responsabilidade e a alegria com que via concretizar-se a grande aproximação. Ela não fora possível quando fui embaixador em Lisboa, mas tornava-se realidade naquele momento. Como eu disse em discurso no Real Gabinete de Leitura, ao receber o Laurel da Gratidão, em março de 1997: "Portugal tem para mim, portanto, uma dimensão existencial e uma dimensão profissional que se completam e que me são fundamentais no encontro da minha própria identidade."
A nossa relação, que sempre foi de origem, tornava-se uma parceria econômica. Da parte do governo português havia a maior disposição de levar adiante aquele programa. O presidente Jorge Sampaio, o primeiro-ministro António Guterres e o ministro dos Negócios Estrangeiros, Jaime Gama, partilhavam daquela visão e faziam valer todo o peso do Estado português nesse sentido. Ambos os governos sabiam que aquela relação reforçava a identidade dos nossos países e suas credenciais para operar no mundo e em suas próprias regiões. A aposta no Brasil, que parecia um tanto retórica de início, concretizou-se com um investimento português que já em 1997 beirava um bilhão de dólares. Para um país de 115 bilhões de PIB, era uma marca excepcional e ela foi obtida em grande parte por indução do primeiro-ministro Guterres. Essa marca foi muito expandida.
Finalmente, no dia 21 de abril de 2000, em que o descobrimento do Brasil completou 500 anos, Jaime Gama e eu assinamos em Porto Seguro um novo Tratado de Amizade, Cooperação e Consulta, que substituiu os tratados da época salazarista mas manteve os princípios fundamentais, inclusive o estatuto da igualdade: "Os brasileiros em Portugal e os portugueses no Brasil, beneficiários do estatuto de igualdade, gozarão dos mesmos direitos e estarão sujeitos aos mesmos deveres dos nacionais desses Estados, nos termos e condições dos Artigos seguintes." Estava superada definitivamente a crise de família.
Criou-se em 1996 a Comunidade dos Países de Língua Portuguesa (CPLP), por impulso do embaixador do Brasil em Lisboa, José Aparecido de Oliveira. Desde então essa instituição vem prestando bons serviços à aproximação entre os países que partilham a língua portuguesa, ainda que seu

Com o ministro português dos Negócios Estrangeiros, Jaime Gama: "crise de família" estava superada. Brasília, 1998.

escopo seja limitado e que no Brasil não exista nenhum entusiasmo com a instituição. Na alfândega em Lisboa, por exemplo, existe uma fila especial para os portadores de passaporte da CPLP.

–2–
Espanha

No início do nosso governo, o primeiro-ministro espanhol era Felipe González. Poucas figuras públicas causaram-me impressão comparável. Já o havia conhecido em 1989, no Palácio da Moncada, sede do governo espanhol. Ele acabara de receber Lula, em campanha eleitoral, e lhe dera um conselho fundamental, do qual ele terá se lembrado quando escreveu a Carta aos Brasileiros, que o elegeu em 2002. "Não podes estar só de um lado da mesa contra os outros, como fazias no sindicato e no teu partido. Para ser presidente tens que pensar e agir levando em conta as posições de toda a mesa."

Felipe Gonzalez e Lampreia

Felipe havia sido o verdadeiro pai da democracia espanhola, compreendendo que a opção pelo socialismo não era excludente nem radical. Após uma campanha difícil, havia vencido um referendo pela entrada da Espanha na OTAN, que consagrou definitivamente a inserção espanhola na aliança ocidental.

Em outubro de 1995, enfrentando uma campanha negativa arrasadora na Espanha, que terminaria por derrubá-lo do posto de primeiro-ministro, compareceu a Bariloche, onde havia uma reunião de cúpula ibero-americana. González impressionou-me muito, pois estava, como sempre, altivo e expressivo. "Não sei como aguenta", anotei no meu diário.

José Maria Aznar visitou-nos ainda como candidato à sucessão de Felipe. Sua autoconfiança era enorme. Em visita a Brasília, recebi-o para um almoço no Itamaraty. Aznar não apenas afirmou sua certeza de que iria ganhar as eleições com boa margem, o que acabaria ocorrendo, como também antecipou seu programa de governo. Ele governou de 1996 até 2004, e no seu período tivemos excelentes relações com a Espanha. Mas Aznar ligou seu destino político a George W. Bush. Assim como ocorreu com Tony Blair, essa opção ficou-lhe como um estigma político e acabou por derrotá-lo.

–3–
França

Conheci três presidentes franceses. De Gaulle foi o primeiro. Ele veio à América do Sul em 1964 com o propósito bastante quixotesco de substituir a influência americana pela francesa. No Equador, teve que aguentar um grande desaire, segundo relato que ouvi de Garcia Escudero, chanceler daquele país naquele momento.

Quando De Gaulle lhe pediu que fizesse um discurso sobre as vantagens de uma troca de parceiro, o ministro equatoriano respondeu-lhe que "o Equador é um país pequeno, mas que sabe seu lugar e jamais cometeria a ingratidão de afastar-se dos Estados Unidos". Estava demonstrado que o périplo gaullista não daria frutos.

O presidente francês chegou ao Rio a bordo do cruzador *Colbert* e desfilou em carro aberto pela avenida Rio Branco, sob ovação pública entusiasmada, ao lado do presidente Castelo. Chamava a atenção o contraste enorme entre os quase dois metros do francês e a baixa estatura do brasileiro.

Conheci-o porque meu pai era chefe do cerimonial do Itamaraty e trabalhei com ele na organização da visita. Por isso fui a uma grande recepção a bordo do navio de guerra francês. Impressionaram-me seu olho de elefante e sua figura mítica.

Meu colega Igor Carrilho, chegado a atos teatrais, saudou-o com uma frase longamente estudada: "Meu general, a emoção supera a honra." Foi a primeira vez que me encontrei com uma lenda viva. Para quem tinha tido uma educação com marca francesa como eu, De Gaulle era o chefe da Resistência à ocupação nazista, o herói da França livre. Foi com emoção que apertei sua mão no *Colbert*.

Conheci outro grande presidente da França, François Mitterrand, em 1995. Já muito perto da morte por causa de um câncer de próstata, ele compareceu, cumprindo seu dever, a uma recepção para ministros latino-americanos no Palácio do Elysée, em Paris. Malgrado sua palidez extrema, Mitterand manteve-se ereto e conversou com todos, preservando o teatro do Estado, parte simbólica tão importante do poder.

Ele desempenhava estoicamente uma das muitas tarefas rituais do governo, indiferente à dor e ao fato de que em poucos dias deixaria o poder e a vida.

Mencionou comigo a importância que atribuía ao Brasil, como várias vezes demonstrara durante seu governo. Senti que estava frente a um dos últimos gigantes dos nossos tempos de líderes pequenos, possuídos pela obsessão do marketing e tiranizados pelas pesquisas de opinião.

Foi um grande operador político, um mestre das estratégias, malgrado seus erros iniciais. Uma vez chegado ao topo do poder, deu-lhe uma marca de *grandeur*. Sua obra maior terá sido a consolidação europeia, que costurou com o então chanceler alemão, Helmut Kohl, ambos com horror à possibilidade de repetição das guerras que haviam destruído gerações inteiras de ambos os lados do Reno desde 1870. A França que legou, após os longos dois "septénats" (mandatos de sete anos), tinha vários problemas graves, mas a marca de Mitterrand foi indelével. A História a registrará intensamente.

O terceiro foi Jacques Chirac, de quem formei uma imagem bem menos grandiosa. Político muito articulado, como todos os líderes franceses de primeira linha, ele se especializava em dizer coisas que caíssem bem nos ouvidos de seus interlocutores estrangeiros.

Por exemplo, sentado ao lado dele em um banquete no Palácio da Alvorada, ouvi-o dizer que estava farto de afirmar aos grandes produtores rurais franceses que deviam abandonar sua postura protecionista para investir no Brasil, aproveitando as vantagens comparativas que teriam aqui. Ora, Chirac era, em toda a sua carreira iniciada como ministro da Agricultura, o maior defensor do protecionismo agrícola.

Em maio de 1996, o presidente Fernando Henrique fez uma visita de Estado a Paris. Os franceses haviam-se dado conta de que estavam perdendo muito terreno no Brasil quando nosso país despontava no mundo como uma das oportunidades mais interessantes do momento. Certamente a perda do meganegócio do Sivam (Sistema de Vigilância da Amazônia), que acabou sendo vencido pela empresa americana Raytheon, foi o ponto crítico dessa tomada de consciência.

Resolveram fazer uma ofensiva, jogando com todo o charme de que são capazes. Ninguém, desde os tempos remotos da monarquia, domina melhor as artes do teatro do Estado. Champs-Élysées e Invalides estavam embandeirados com nossas cores, lado a lado com o tricolor francês. Houve um grande jantar no Palácio do Elysée, em que Chirac fez um discurso extraordinário de loas ao Brasil.

Nas conversas, dirigentes e empresários franceses demonstravam o apetite que o Brasil lhes estava despertando. Eram realmente muitas as oportunidades: as concessões de serviços públicos, as privatizações, o mercado de importações, as possibilidades de investimentos. Eles sabiam que tinham perdido terreno e queriam recuperá-lo. Em prosseguimento à ofensiva, o presidente Chirac veio ao Brasil em março de 1997; em novembro, fiz visita de trabalho a Paris, e logo depois os dois presidentes encontraram-se na fronteira norte nas margens do rio Oiapoque.

Outro terreno em que a França tinha consciência de seus desafios era o da cultura e do uso da língua francesa. Alain Juppé, o excelente ministro das Relações Exteriores, perguntou-nos claramente o que poderia ser feito para reverter o quadro. Ele sabia que não havia como conter a maré anglófona, mas tinha consciência de que a França descuidara-se no Brasil. Não havia, por exemplo, uma televisão a cabo francesa, enquanto já existiam a TVE, DW (Alemanha), BBC (Inglaterra) e RTP (Portugal), para não falar das americanas.

O cinema francês, que marcara uma época, era quase inexistente entre nós. Desde então eles tomaram várias providências, mas a perda de terreno do francês é um fenômeno universal. O ensino da língua de Proust não é mais obrigatório nos colégios brasileiros, e no próprio concurso de admissão ao Rio Branco o exame do francês teve que ser suprimido, pois seria injusto que a matéria fosse eliminatória quando tão poucos jovens brasileiros tinham acesso ao seu ensino.

Em minha opinião, a França, entre as grandes potências, é o país que mais atribui importância real ao Brasil. Desde Villegaignon e os marinheiros que aqui tentaram fundar a França Antártica, nosso país exerce sobre os franceses um grande fascínio. As grandes apostas francesas no terreno da defesa refletem esse interesse e essa prioridade.

–4–
Grã-Bretanha

Conheci Tony Blair antes do poder. Era o líder dos trabalhistas e tinha conseguido reformular o partido, afastando os dinossauros que ainda favoreciam o socialismo e já não possuíam mais nenhuma conexão com o eleitorado.

Blair foi à nossa embaixada em Londres visitar o presidente FHC, durante as cerimônias de comemoração dos cinquenta anos da vitória na Europa contra o nazismo. Era um rapaz jovem, articulado e simpático, que estava pronto visivelmente para voos maiores. Sua expressividade e suas ideias políticas eram cativantes.

Mais tarde, depois de unir-se a George Bush, Blair foi sofrendo uma transformação impressionante que o fez envelhecer, tornar-se rígido e distante. O precipício do Iraque em que se meteu para acompanhar os americanos acabou por destruí-lo.

Nesse processo, Blair perdeu também um aliado fiel, Robin Cook, seu ministro do Exterior. Cook era um trabalhista escocês de Aberdeen, um homem íntegro e fiel a seus princípios políticos. Quando Blair iniciou uma campanha contra a caça à raposa, esporte tradicional praticado por aristocratas montados a cavalo e acompanhados por matilhas de cães, houve reação política, e milhares de manifestantes encheram o centro de Londres.

Robin Cook disse-me que estava com os manifestantes, pois gostava demais de cavalos (era proprietário e cronista turfístico) para favorecer algo que os afetasse. Senti que havia ali a semente de uma separação com Blair. Tornamo-nos muito amigos e tive muita tristeza ao saber de sua morte prematura numa excursão de montanha.

Quando ainda era o titular do Foreign Office, sabendo que eu iria à Escócia para jogar golfe em Saint Andrews, Cook fez questão de receber-me no Castelo de Edimburgo, cidade pela qual era membro do Parlamento britânico. Organizou um jantar muito agradável na sala mais especial do castelo, com apenas oito pessoas, entre as quais meus amigos Marcos de Azambuja e Sebastião do Rego Barros. Foi uma ótima conversa.

Em dezembro de 1997, realizou-se a visita oficial de FHC a Londres. Ficamos hospedados no Palácio de Buckingham, com toda a pompa e circunstância em que os britânicos são mestres. Sentei-me ao lado esquerdo da rainha Elizabeth no primeiro almoço e, procurando um assunto de seu interesse, contei-lhe que a havia visto em 1956, no hipódromo de Ascot, durante uma corrida em que seu cavalo era o favorito.

Eu estava com dois amigos italianos na tribuna popular quando a rainha, ainda jovem no início de seu reinado, entrou sob grande aplauso. Ela ficou feliz com a lembrança. Na verdade, tínhamos ido ver correr o grande Ribot, um cavalo da Itália que havia vencido todos os prêmios importantes do continente. Apostamos nosso curto dinheirinho no cavalo e tivemos a alegria de vê-lo ganhar do animal da rainha, para grande pesar dos ingleses.

No final da visita, houve um banquete na embaixada do Brasil, a que a rainha compareceu. Dessa feita, eu estava sentado protocolarmente entre ela e a sua irmã, princesa Margaret. Foi servido um vinho excepcional de Bordeaux: Gruau Larose 1982. Subitamente, Margaret dirigiu-se à soberana, dizendo: "Cuidado, não beba que o vinho está estragado. Lembra do que papai dizia. Se o vinho cheira a amêndoas, é porque está ruim." Provei o vinho e realmente não estava bom. A rainha disse-me, então, com classe: "Senhor ministro, não se preocupe. Esse vinho não vai matá-lo."

–5–
Vaticano

Estive regularmente no Vaticano durante minha gestão. Em primeiro lugar, pela importância que a Igreja Católica tem no Brasil e, em segundo, pelo peso da diplomacia vaticana, que é, reconhecidamente, uma das mais bem informadas e eficazes do mundo. Ao longo dos anos, desenvolvi uma relação ótima com o cardeal Angelo Sodano, secretário de Estado, com o cardeal Giovanni Re, hoje prefeito da Congregação dos Bispos, e com o cardeal Tauran, que ocupava a função de ministro do Exterior do Vaticano.

O ponto alto certamente foi a entrevista que tive com o papa João Paulo II, acompanhado pelo ministro da Casa Civil, Clóvis Carvalho, em maio de 1996. Ninguém tinha maior poder de convocatória no mundo, nem autoridade moral, ainda que tenha-se desgastado com seu conservadorismo teológico.

O cenário foi extraordinário: a cidade do Vaticano, com seus pátios belíssimos, a guarda suíça em seus uniformes de Michelangelo, as salas e os corredores com quadros de grandes mestres. O Santo Padre estava só na sua biblioteca privada. Ele sentou-se à escrivaninha, uma figura bonita, com sua seda adamascada de branco, cabeça coberta com o solidéu, rosto eslavo largo de pele rosada, mãos com o anel em cruz de ouro. Tem-se a sensação de estar na presença do transcendente.

Foi uma conversa de meia hora em que, falando um português muito correto, João Paulo II mostrou bom conhecimento das questões sociais do Brasil. Perguntou, porém, mais do que falou, na melhor tradição sacerdotal. Quis saber sobre a reforma agrária, os movimentos dos sem-terra, a violência no campo e os direitos humanos.

Explicamos a nossa posição sobre todas essas questões, mencionando sempre o empenho do governo brasileiro com a causa da inclusão social e do respeito aos direitos humanos. João Paulo II falou com carinho de suas visitas ao Brasil, do alegre povo brasileiro. Seu carisma excepcional também se fazia sentir naquele ambiente de quietude, como nos grandes eventos de massa, pois João Paulo II tinha essa capacidade de galvanizar, sem eloquência, mas com serenidade.

Em fevereiro de 1997, FHC fez uma visita de Estado ao papa que foi extraordinária pela expressividade e pelo esplendor. Pudemos ver a Capela Sistina vazia e visitar a catedral de São Pedro sem nenhum turista. João Paulo II ainda tinha o olho bom e a mente intacta.

No ano seguinte, no dia 3 de outubro de 1997, o papa veio ao Rio de Janeiro. Sua chegada no aeroporto do Galeão foi bonita. Fiquei emocionado ao ver João Paulo II descendo muito devagar a escada enorme do avião, apenas com o cardeal Sodano atrás. Logo se dirigiu para o povo e acenou. Seu sentido do espetáculo era incrível. Estava cada vez mais encurvado e lento, com sinais visíveis da doença que acabaria por levá-lo, mas continuava seguindo em frente em sua peregrinação. Anotei em meu diário: "Que sentido de dever, que disciplina!"

Foi uma visita extraordinária que marcou época no Rio. A cidade teve seu momento de gala, sendo até chamada de capital do Brasil por várias televisões internacionais. Até o tempo, que se apresentava ameaçador na chegada, ficou claro e fresco. O Maracanã estava belíssimo, com um ambiente maravilhoso que levou o papa a rodar com toda velocidade sua bengala diante do coro de João de Deus e dizer "o papa é carioca", contagiado pela alegria tão bonita do povo brasileiro.

Lampreia com FHC e o papa

–6–
Alemanha

Em setembro de 1996, realizou-se uma visita presidencial a Bonn, ainda capital da Alemanha. Helmut Kohl era o *Bundeskanzler* — o primeiro-ministro federal. As conversas com ele foram das que mais me impressionaram em toda a minha carreira. Kohl é um homem imenso, pesando 180 quilos e com quase dois metros de altura. Mais ainda do que sua imagem física imponente, me chamou a atenção seu sentido da história. Sempre foi um visionário e conseguiu, nos seus 16 anos de governo, de 1982 a 1998, a queda do Muro de Berlim, a reunificação alemã e a consolidação da unidade europeia com o euro.
Falando com emoção da infância, época em que era obrigado a atravessar a rua quando estivesse passando um oficial francês, logo depois da Segunda

Guerra Mundial, Kohl fez uma profissão de fé na Europa. Disse que seu objetivo principal sempre tinha sido que nunca mais ocorresse aquele tipo de divisão.

Esses tinham sido os fatos definidores de sua vida e de sua atuação política. "A unidade europeia é a outra face da moeda da unidade alemã. A divisão da Alemanha era, na verdade, um subterfúgio que usávamos para ficar um tanto à margem de um papel muito ativo na cena internacional. Como a Alemanha não precisa mais ter complexos, devemos ter uma atuação vigorosa, inclusive para contrabalançar o enorme peso dos Estados Unidos."

Com relação à unidade monetária, Kohl foi enfático: "Vai haver um euro com os critérios integrais de Maastricht. A moeda europeia só pode existir se for um rochedo bem plantado. É impossível que haja facilidades nisso." Mas, ao mesmo tempo, Kohl afirmou que "não haverá fortaleza Europa. Alguns não pensam assim, mas a Alemanha só participa de uma Europa aberta. Temos de saber competir, senão não poderemos exportar e nossa indústria envelhecerá. Se não tomarmos juízo agora o futuro está perdido."

Kohl preconizou um upgrade nas relações com o Brasil: "Temos que mostrar aos americanos que não estamos sozinhos. Este é o momento da semeadura, que só se instala por um pequeno tempo. Precisamos aproveitá-lo." E citou a frase de Bismarck: "Quando o manto de Deus passa sobre a História, é preciso agarrá-lo." Sempre foi um grande amigo do Brasil, que gostava de visitar — foi duas vezes à Amazônia, sem jamais ser impertinente ou paternalista.

Outra figura política alemã com quem trabalhei, a partir de dezembro de 1998, foi o ministro do Exterior da época, Joschka Fischer, que também era o líder do Partido Verde. Ele havia sido um líder estudantil radical e existiam fotos suas lutando com policiais nos anos 70. Para minha surpresa, quando o encontrei pela primeira vez, em Bonn, estava em face de um senhor de meia-idade, muito bem vestido de terno e colete, com um anel de ouro no dedo.

Tivemos um jantar interessante em que pude sentir o brilho da sua inteligência e seu à-vontade na área internacional. Ao longo dos anos, desenvolvemos uma relação de confiança. O que mais caracterizava o ministro alemão era sua prioridade total à unidade europeia. Joschka nunca me colocou seu pensamento em termos explícitos, mas fiquei sempre com a impressão de que havia um temor nele de que o poderio alemão pudesse reacender pensamentos hegemônicos no futuro, e que, para evitá-lo, a melhor vacina era diluir a Alemanha na Europa unida no maior grau possível.

–7–
Itália

Giulio Andreotti, ministro do Exterior da Itália e figura onipresente na política do país no pós-guerra, foi um político que me causou viva impressão. Sua astúcia legendária transparecia a cada gesto, a cada palavra. Visitei-o na companhia do então ministro das Relações Exteriores, Roberto Abreu Sodré, em 1988, em seu escritório suntuoso no centro histórico de Roma, onde trabalhava sem se dignar a comparecer à sede do ministério, a Farnesina.

Sodré, diligente e sério, fez-lhe uma longa exposição sobre a política brasileira de preservação da Amazônia. Andreotti, com o seu sorriso oblíquo, respondeu que tomava boa nota, mas tinha uma ponderação a fazer. Contou que todas as manhãs fazia a barba com o mesmo barbeiro, que vinha à sua casa e que em trinta anos só lhe falava de política e futebol.

"De um ano para cá, porém, só me pergunta sobre o que estou fazendo para evitar o efeito estufa e o buraco na camada de ozônio, causados pelo desmatamento da Amazônia", contou. "Então, ministro, eu tenho que me preocupar. Ele é o italiano típico, meu eleitor."

Menciono também Gianni Agnelli, o maior líder empresarial italiano do século XX. Era a quintessência do italiano vitorioso — bonito, engenhoso, sedutor e autoconfiante. Um ícone, como tenho visto raramente. Jantou com Fernando Henrique em nossa belíssima embaixada em Roma, em fevereiro de 1997, para falar com eloquência dos planos da Fiat no Brasil.

É curioso notar que, na hora de seu maior perigo, em 2005, a Fiat foi salva basicamente pelo seu sucesso e por seus lucros no Brasil. Não resisti a puxar o assunto das corridas de automóveis, que sempre me fascinou, desde que assisti em criança a um grande prêmio nas Termas de Caracalla, em Roma.

Participaram da corrida Ascari, Villoresi e outros ases lendários da então Fórmula Corsa.

Perguntei-lhe qual tinha sido o maior piloto que conhecera: Fangio, Ascari, Stirling Moss, Jim Clark, Jackie Stewart, Nelson Piquet, Ayrton Senna... O "avvocato" não pestanejou e respondeu: Tazio Nuvolari (um grande piloto da década de 30), porque "dirigia com a emoção, como um possesso, e não como estes rapazes de hoje, que são engenheiros frios e calculistas".

Como subsecretário de Assuntos Políticos, nos anos 80, eu havia feito um grande esforço de aproximação com a Itália, país pelo qual tenho grande afeto e carinho. Chegamos a negociar um acordo importante de cooperação econômica, com o montante apreciável de 1,5 bilhão de dólares. Mas o então ministro do Exterior, o lamentável Gianni de Michelis, acabou frustrando o entendimento.

Sobreveio depois o episódio do Mani Pulite, Mãos Limpas, em que juízes italianos corajosos fizeram uma ofensiva contra os ilícitos de toda sorte que caracterizavam as relações entre governo, políticos e empresários. A própria Farnesina — Ministério do Exterior italiano — foi objeto de grande devassa e ficou praticamente inoperante por algum tempo.

Não voltamos a ter uma relação densa com a Itália, embora ela seja sempre cercada de grande cordialidade e simpatia mútua. Assim que o presidente Oscar Scálfaro visitou o Brasil, FHC esteve na Itália, e contamos em Roma com o excelente embaixador Andrea Matarazzo. Temos grande presença empresarial italiana no Brasil — com a Fiat, a Pirelli, a TIM e muitas outras —, mas as relações de governo não estão na mesma dimensão.

Oriente Médio

–1–
Israel

A invasão iraquiana do Kuwait, em 1991, levou à formação de uma grande aliança organizada pelos Estados Unidos, que não tinha apenas uma vertente militar, mas incluía a busca de uma solução duradoura para a até então intratável querela entre Israel, os Estados árabes e os palestinos.

Façamos um breve retrospecto. Essa rivalidade profunda já havia dado lugar a três guerras. O avanço mais notável tinha-se produzido quando o presidente egípcio Anuar Sadat, em gesto de coragem política e pessoal, decidiu normalizar as relações do seu país com Israel e fez uma visita histórica a Jerusalém, em 1977. Ele falou perante à Knesset, o parlamento israelense.

Assim, o Egito foi o primeiro país árabe a reconhecer Israel, o que valeu a Sadat grande condenação entre os árabes. Desse passo haviam resultado a reunião de Camp David com o primeiro-ministro israelense Menachem Begin e, sob a égide do presidente Jimmy Carter, a assinatura do um tratado de paz nos jardins da Casa Branca, em 1979, que tantas esperanças gerou. Mas extremistas de seu próprio exército assassinaram Anuar Sadat durante uma parada militar, em outubro de 1981, e com isso paralisaram o processo de paz e puseram de novo em marcha as engrenagens da guerra. Israel invadiu o sul do Líbano, em 1982, para atacar a Organização da Libertação da Palestina, que tinha sede em Beirute.

Foi uma campanha sangrenta que ocasionou críticas ao país pelos ataques aos campos de refugiados de Chatila e Sabra. A primeira Intifada, sublevação civil assinalada pelo lançamento de pedras contra as forças israelenses, iniciou-se em 1987 e produziu uma escalada de violência que exacerbou a situação, revelando o desequilíbrio de forças e o desespero dos palestinos.

Esse era o quadro que existia em 1991. Os Estados Unidos pressionaram para um novo equacionamento diplomático do processo de paz no Oriente Médio, em vista das mudanças fundamentais que haviam ocorrido no cenário internacional com a queda do Muro de Berlim, em 1989; a invasão do Kuwait, por Saddam Hussein, em 1990; e a deflagração da Guerra do Golfo, em janeiro de 1991. Tanto Israel quanto os países árabes foram sensíveis aos novos elementos e aceitaram entrar em negociações diplomáticas em busca de um acordo de paz.

Foi então convocada a Conferência de Madri, em outubro de 1991. Ela visava a servir de lançamento de conversações entre todas as partes do conflito e teve um êxito importante, inaugurando novas bases de entendimento sob a liderança de Itzakh Rabin e Arafat.

A partir daí, houve uma evolução rápida. Em 1993, foi firmado um acordo inédito através do qual Israel reconheceu pela primeira vez a existência de uma nação palestina, e a OLP fez o mesmo pelo Estado de Israel. Em maio de 1994, foi assinado o Tratado de Oslo, que definia as bases de uma paz duradoura. Por ele os palestinos conquistariam direito pleno sobre a Faixa de Gaza e a cidade de Jericó.

Era o passo inicial para a criação de um Estado independente e a primeira vitória tangível dos palestinos. Mais adiante, em fins de 1995, Israel e a OLP assinariam, em Washington, o Tratado de Oslo II, agregando a Cisjordânia ao controle palestino. Em agosto de 1995, fiz uma visita oficial a Israel e a Gaza, sublinhando o apoio brasileiro ao processo de paz que, naquele momento, parecia ter possibilidades de êxito. O tempo demonstraria que era apenas um intervalo.

Lampreia com Shimon Peres

Em Jerusalém, onde fica a sede do governo israelense, olha-se muito para o passado. É difícil construir algo novo, especialmente algo que seja a superação das velhas crenças e dos ódios.

Mas Shimon Peres, o então ministro das Relações Exteriores e um dos maiores líderes políticos do país em toda a sua história, considerava o

progresso irreversível e o proclamava com paixão. Usava uma analogia curiosa dizendo que, uma vez quebrados os ovos, não se tinha conhecimento de um método para repô-los na casca.
Rabin era mais sóbrio. Falou-me longamente de sua determinação de completar o processo pelo bem de Israel. Sempre fui admirador dos grandes líderes que construíram o Estado judaico, como Ben Gurion, Golda Meyr, Abba Eban, Itzahk Rabin e Shimon Peres. Os dois que conheci naquele momento — o tímido Rabin e o teatral Shimon Peres — formaram provavelmente a dupla de líderes israelenses que mais perto chegou de conduzir seu país à paz duradoura com os árabes.
A avaliação estratégica das autoridades israelenses naquele momento era de uma força grande em todos os aspectos — militar, tecnológico, diplomático, financeiro. Mas Israel tinha contra si a massa dos árabes, que, se fosse incendiada pelos radicais, poderia virar uma bola de fogo. Nos briefings que recebi de analistas militares israelenses, foi-me transmitida a preocupação com a possibilidade de uma bomba nuclear iraniana surgir dentre cinco a dez anos dali. Ela poderia criar uma desestabilização regional completa.
Era notável a complementaridade de Peres e Rabin. Um era o pensador visionário. O outro, um político que executava com determinação seu plano estratégico. Não se pode deixar de admirar a coragem de ambos, em especial de Rabin, um grande general de Israel.
Ele sabia que teria de evacuar os 100 mil colonos da região da margem ocidental do Rio Jordão e o preço que isso custaria. E entendia que era preciso ir em frente mesmo assim. Sabia que seria preciso apertar a mão de Arafat, com toda a angústia que isso lhe causava, nos jardins da Casa Branca. Foi com enorme pesar que recebi a notícia de seu assassinato por um extremista israelense, em fins de 1995. Daí por diante, os caminhos da paz iriam estreitar-se velozmente.
Em Israel, impressionou-me a força intemporal de Jerusalém, a energia que flui daquele lugar, que é o berço das três religiões monoteístas, o somatório de todas as crenças. Recolhi-me nos lugares santos do cristianismo: o Muro do antigo templo de Salomão, a mesquita de Al Aksa, o Domo da Rocha, cuja grande cúpula dourada emana espiritualidade e dignidade.
Visitei o Yad Vashem, monumento à memória das vítimas do Holocausto. Comoveu-me, em especial, uma sala escura, onde pequenas luzes se acen-

dem como estrelas sobre um mapa da Europa e são pronunciados os nomes e as cidades de origem das crianças judias que foram destruídas pela barbárie nazista.

Há um contraste violento entre Israel e Gaza. A faixa é quase um subúrbio de Jerusalém. Encontrei Yasser Arafat lá para um almoço. Perdido na tarefa de governar uma terrinha miserável, pareceu-me que havia nele certa nostalgia de seu passado revolucionário. A sensação que me ficou foi de que o gato continuava a ter sete fôlegos, mas estava cada vez mais cercado.

Yasser Arafat era reconhecido pelos palestinos como seu único e legítimo representante. Desde sua morte ninguém foi capaz de preencher o seu lugar, e as duas facções rivais — Fatah e Hamas — disputam esta condição, o que muito dificulta qualquer esforço de paz. Mas em agosto de 1995 o processo achava-se a pleno vapor e Arafat dizia-se plenamente engajado nele.

Arafat era um sobrevivente. De líder revolucionário, havia-se transformado num moderado, que dizia aceitar a existência de Israel. Tinha superado grandes derrotas da OLP — na guerra de 1967, quando combatera ao lado do Egito; na Jordânia, em 1970, quando o rei Hussein o expulsara de Amã após uma tentativa de golpe para derrubá-lo; em Beirute, em 1982, quando tivera que fugir para Túnis, acossado pelas tropas de Israel.

Arafat em visita oficial ao Brasil

A partir daí sua trajetória seria de ascensão. Pelo Acordo de Paz de Oslo, de 1993, havia sido estipulada a autoadministração palestina na Cisjordânia e na faixa de Gaza. No ano seguinte, Arafat havia recebido o Prêmio Nobel da Paz, juntamente com Ytzhak Rabin e Shimon Peres. Estava no auge de seu prestígio internacional e, pouco tempo depois, em janeiro de 1996, seria eleito de forma ampla presidente da Autoridade Palestina.

Em Gaza, em meio a grande pobreza e caos, surgiam algumas construções novas, que apenas começavam a alterar o perfil urbano e denotavam a confiança nascente de alguns investidores locais, estimulados pelas perspectivas de paz. Mas os investimentos maiores das ricas comunidades palestinas no exterior ainda eram uma realidade distante, como ressaltou o líder palestino.

Ele era um homem muito mirrado e envelhecido, mas seus olhos pequenos brilhavam com intensidade e tinha um sorriso permanente. Recebeu-me com muitos gestos de cortesia. Falou-me sobre sua preocupação com o fato de que o processo de paz estava sendo ameaçado por extremistas de ambos os lados.

Respondi que o governo brasileiro estava muito satisfeito ao verificar o quanto se havia avançado até aquele ponto. Essa satisfação era tanto maior pelo fato de o Brasil ter duas comunidades importantes vinculadas ao Oriente Médio — a comunidade judaica e a comunidade árabe-palestina — que vivem em paz e trabalham na construção de nosso país. Poucos meses depois, Arafat fez uma visita oficial ao Brasil.

–2–

Líbano

Fiz uma visita ao Líbano em fevereiro de 1997. Os libaneses queixavam-se de que, desde D. Pedro II — que esteve lá quando de uma viagem particular à Terra Santa —, nenhuma autoridade brasileira tinha visitado o país. Isso era uma coisa incrível à luz do aporte significativo dos libaneses à construção da sociedade brasileira. Não há uma aldeia no Líbano que não tenha um parente, uma pessoa que não tenha vindo para o Brasil. Receberam-nos por isso com enorme cordialidade e afeto.

Fui festejado por todos. Recebido pelo presidente em audiência e para almoço, pelo primeiro-ministro, pelo ministro do Exterior do Líbano, Fares Bueiz, e pelo presidente da Assembleia. Só faltou o Hezbollah. Aliás, impressionou-me a presença dessa organização. Ela tem *check points*, alto-falantes que repetem suas diretrizes, bandeirolas e escolas enormes. Enfim, uma presença maciça. Joguei golfe num campo cercado por integrantes seus. Afinal, é o Hezbollah que mantém a luta contra Israel no sul e isto lhe dá uma grande credibilidade.

Houve um episódio que me mostrou como é profundo o ódio e o mal-estar que existem no Oriente Médio. O então ministro do Exterior do Líbano, Fares Bueiz, ofereceu-me um banquete para 120 convidados. No meio da refeição — eu estava sentado ao lado dele —, o ministro foi procurado por um assessor, que cochichou alguma coisa no seu ouvido.

Vi que ele ficou perturbado com aquilo, mas não perguntei nada. Achei que seria indiscreto. Dez minutos depois, veio de novo o assessor e disse outra coisa ao ministro. Bueiz ficou numa grande felicidade. Resolvi perguntar. Ele disse: "Na primeira vez, tinha me sido dito que dois helicópteros israelenses tinham caído no sul do Líbano, e eu temia muito que tivessem sido abatidos por forças nossas e que houvesse uma retaliação pesada, como Israel sempre faz. Mas depois ele veio me dizer que os helicópteros tinham se chocado entre si e havia mais de oitenta mortos."

Ouviram-se tiros do lado de fora. Aí o ministro mandou a orquestra tocar e começou uma grande festa, com as pessoas dançando efusivamente. Fiquei chocadíssimo com aquilo. Eu já tinha estado em Israel antes e tenho muitos amigos judeus. Foi um constrangimento enorme.

Beirute ainda era uma cidade devastada por muitos anos de uma guerra louca. Ao longo da linha verde, uma rua central que separava muçulmanos e cristãos, só havia ruínas de combates absurdos. Mas o centro histórico estava sendo reconstruído num projeto extraordinário que se chama SOLIDERE e que encontrou uma fórmula engenhosa de desapropriar os terrenos, dando ações aos proprietários.

O primeiro-ministro Hariri — que acabou sendo brutalmente assassinado — subscreveu inicialmente a maior parte das ações da empresa, porém, uma vez lançado o empreendimento, revendeu-as com proveito. Os capitais estão retornando, os apartamentos estão subindo, as avenidas estão sendo rasgadas, enfim, o Líbano está se reencontrando. Só faltava a paz, que permitisse a retirada das tropas sírias, que ocupavam de modo ostensivo posições no vale do Bekaa e mesmo em Beirute. E, sobretudo, das tropas israelenses, que estavam no sul do país desde 1982. Como quer que seja examinada, essa região é um enigma político que talvez seja indecifrável.

Bilateralmente, duvido que se possa fazer muito. É longe e os riscos são enormes. A colônia libanesa no Brasil possui vínculos sentimentais e familiares, mas nós não temos razão para entrar pesado como governo. O importante era a presença, o gesto político e este calou fundo, como pude sentir pela repercussão de uma entrevista minha ao periódico *Orient Le Jour*.

Relações com a África

O Brasil precisa ter uma política positiva e presente em relação à África, dispensando-lhe atenção por grande parte da nossa população ser de origem africana e pelo fato de haver uma identidade marcante. Não devemos olhar a África apenas como o maior contingente de votos na ONU, capaz de ajudar o nosso país a conseguir uma cadeira permanente no Conselho de Segurança. Por isso, abrir embaixadas em todos os países africanos não faz sentido, na minha opinião, já que, além de ser um gasto enorme para o contribuinte, é impossível atender às expectativas criadas com esse gesto. O Brasil termina sendo uma decepção para eles. Uma grande parte dos países africanos tem vínculos profundos com suas antigas metrópoles, que se consubstanciam em preferências comerciais, financiamentos, apoios educacionais e até cooperação militar.

Não podemos esperar competir com a França, a Inglaterra ou a União Europeia nesses campos. A alternativa tem que ser mais limitada, centrada sobretudo na cooperação cultural, que é nosso maior vínculo, na cooperação técnica e no financiamento a empresas brasileiras, sendo imperativa a definição de prioridades. A nossa no governo FHC eram os países de língua portuguesa e a África do Sul. Foram esses os países com os quais estabelecemos laços mais fortes.

–1–
Angola

Angola figurava em primeiro plano por diversos motivos. Houve uma visita presidencial ao país em fins de 1996. As conversas com o presidente José Eduardo dos Santos, em Luanda, foram boas e interessantes. Ele é um velho amigo do Brasil e frequentemente vem ao nosso país. Mas o ponto alto foi a visita às nossas tropas a serviço da Força de Paz da ONU em Kuito.

Não há no mundo nenhum emblema maior do ódio e da estupidez humana do que a destruição de cada casa, cada muro naquela cidade. A desolação é absoluta. A população foi dizimada e mutilada nos combates com a União Nacional para a Independência Total de Angola (Unita). E, no entanto, o povo estava inteiro nas ruas, com ar festivo e sorrisos nos rostos a celebrar a visita dos amigos brasileiros.

Ao chegar ao quartel, encontramos nossos rapazes formados impecavelmente e nossa bandeira no alto do mastro. Quando o Hino Nacional começou a ser entoado por todos, senti talvez a maior emoção de minha carreira e só a muito custo segurei o choro. Lá estava a melhor face do Brasil, no jeito positivo de seus jovens, na fala comovida, mas simples e expressiva, do nosso presidente, na contribuição que fizemos muito concretamente para a paz em um país irmão. Foi belíssimo.

Havia o desejo de consolidar o processo de paz, mas não estava nada claro onde desembocaria o conflito angolano. O então vice-presidente sul-africano, Thabo Mbeki, nos fez uma análise aguda das bases sociológicas angolanas. Disse que o processo de descolonização ainda não havia terminado, pois o poder fora empolgado desde a independência pelos kimbundos e assimilados — que sempre foram os parceiros dos colonizadores — em prejuízo dos bacongos e ovimbundos, desprezados por serem supostamente primitivos e ignorantes, que formam a base da Unita.

Enquanto não se completasse essa integração, não se saberia qual Angola queriam os angolanos, nem se poderia estabelecer realmente uma base duradoura de convívio entre adversários históricos. Ninguém excluía naquele momento a possibilidade de uma nova confrontação. O presidente José Eduardo nos disse que via uma dimensão crucial na evolução de sucessão zairense e estava buscando uma aliança com Mobutu Sese Seko,

presidente do Zaire, e seus partidários, como forma de neutralizar Jonas Savimbi, líder da Unita.
Por outro lado, tinha a esperança de que se pudesse chegar a uma solução para a questão dos diamantes. Sem ela, não se podia pensar em estabilidade para Angola, pois Savimbi tinha neles a sua fonte fundamental de recursos. Na verdade, eu estava convencido de que, com Savimbi e sua megalomania, jamais haveria paz duradoura. Em fevereiro de 2002, Savimbi foi morto pelas forças armadas angolanas. Com a sua morte, Angola encontrou finalmente o caminho para a paz que durante tanto tempo buscou em vão.

–2–
África do Sul

Só vim encontrar Nelson Mandela quando da visita de FHC à África Meridional, em final de 1997. Mandela é o que o mundo tem de mais próximo de um santo leigo. Ele próprio certamente diria que pertence a uma categoria bem mais comum: um político, porque é modesto e bem-humorado. Mas o homem com quem convivemos em Pretória era um ser que reunia doçura e muita presença, uma autoridade serena, mas indiscutível, uma cordialidade imensa, mesmo após todo o seu sofrimento.
Afinal, o apartheid havia-lhe tolhido 27 anos de vida madura, preso na pequena e inóspita ilha de Robben, onde, em geral, passava todo o seu tempo quebrando pedras. Poderia demonstrar rancor e sede de vingança. Mas não. De sua boca só saíam palavras de reconciliação.
Não se preocupava com pesquisas de opinião nem com gestos midiáticos. Seus dois instrumentos políticos eram o sorriso (o político sul-africano Cyril Ramaphosa diz que "o sorriso é a mensagem") e o "toyi-toyi", a dança que era o emblema da luta contra o apartheid. Depois do jantar em Pretória, ele convidou FHC a dançar. Os músicos e o salão inteiro os seguiram. Capaz de grande gentileza, Mandela escreveu-me uma dedicatória comovente no menu do jantar em Pretória. Conservo-a como uma das melhores lembranças que recebi na vida.
Mandela, como grande democrata que é, deixou o poder no fim do seu mandato, quando podia facilmente ter sido presidente vitalício, pois a

África do Sul agradecida lhe teria dado isso sem contestação. Ele o merecia, pois era o pai da nova África do Sul. Em vez disso, afirmou que preferia retirar-se para sua aldeia no Transkei, onde esperava ficar tão velho quanto as montanhas que a cercam.

Relações com a Ásia

–1–
Japão

Nossa relação com o Japão havia atingido seu ponto alto na década de 70, quando se realizaram os grandes investimentos que visavam a garantir o suprimento de matérias-primas para a indústria de lá. Durante a visita do presidente Geisel ao país, em 1976, foram tomadas as decisões políticas para a criação da Albrás (alumínio), Cenibra (celulose e papel), siderúrgica de Tubarão e do porto de Praia Mole, em Vitória.

Todas essas iniciativas foram concretizadas, assim como o Prodecer (Programa de Desenvolvimento do Cerrado). Esse processo de aproximação fora impulsionado pelo boom da economia japonesa e o Brasil foi um dos maiores recebedores de investimento direto japonês, atrás apenas dos Estados Unidos e da Indonésia. Havia-se constituído uma parceria estratégica.

Os graves percalços que o Brasil sofreu na década de 80, como a moratória e a hiperinflação, levaram o Japão a desencantar-se. Durante 15 anos, houve um congelamento de nossas relações.

Com a estabilidade política e monetária do Brasil, surgiram novas expectativas de aprofundamento das relações. A partir de 1995, as companhias japonesas recomeçaram a movimentar-se para realizar novos investimentos aqui. O número de empresas do país que instalou novas subsidiárias passou de oitenta, inclusive as que vieram atraídas pelo novo regime automotivo brasileiro — como a Toyota, a Honda e as fábricas de autopeças —, mas também as da área de eletroeletrônicos e informática, máquinas, telecomunicações e alimentos.

O maior marco da renovação do interesse político japonês pelo Brasil foi a visita do primeiro-ministro japonês, Ryutaro Hashimoto, em agosto de

1996. Hashimoto tinha sido ministro da Indústria e Comércio e, logo, conhecia bem os assuntos comerciais. Era um personagem interessante que divergia do modelo sóbrio e contido dos políticos japoneses. Foi a primeira visita de um primeiro-ministro japonês ao país depois de 14 anos. Eu o havia visitado em Tóquio e me surpreendera por encontrar apetrechos de alpinismo e lutas marciais japonesas em sua sala.

Quando o presidente FHC visitou o país em março de 1996, a questão do apoio japonês ao nosso programa automotivo estava em aberto. Na reunião de trabalho com o recém-promovido primeiro-ministro Hashimoto, houve um episódio que ilustra a peculiaridade do sistema nipônico de trabalhar. Levantei o assunto dos automóveis, como seria normal em qualquer país, mas não estava na agenda. Hashimoto ficou indignado e disse: "Como é que meu mais antigo amigo brasileiro levanta uma questão que não é apoiada pelo Japão?" Pouco tempo depois, porém, as companhias japonesas convenceram-no de que o regime automotivo brasileiro era bom para elas e o Japão levantou suas objeções. Quando Hashimoto veio ao Brasil alguns meses depois, sua postura era a mais positiva possível.

A questão diplomática de interesse comum em 1995 era a cadeira permanente no Conselho de Segurança da ONU. O Japão atribuía-lhe enorme importância, por ver nela a consagração de seu papel político na cena mundial, onde já era um gigante econômico.

Os japoneses dispuseram-se a aumentar consideravelmente sua contribuição financeira à ONU. Trabalhando em conjunto com a Alemanha e a Índia, tentamos fazer avançar o projeto, mas não chegamos a estar próximos do êxito. No caso do Japão, a oposição tenaz da China — devido ao grande ressentimento que ainda existe em razão da violenta ocupação japonesa antes e durante a Segunda Guerra Mundial — não pôde ser superada até hoje, no que diz respeito ao Conselho.

Em 1997, como para sublinhar o interesse renovado do empresariado japonês pelo Brasil, realizou-se uma missão coordenada pela Keidanren, a Federação das Organizações Econômicas do Japão — encabeçada por Soichiro Toyoda, presidente da Toyota Motor Company — com a finalidade de estudar as possibilidades e oportunidades de negócios.

No ano de 1997 houve uma longa visita do imperador Akihito a Brasília e a diversas capitais brasileiras, com significado político enorme para as relações nipo-brasileiras. O Japão recomeçara a interessar-se pelo Brasil depois do desgosto dos anos 80, mas ainda estava em fase de sondagens exploratórias. Creio que uma das principais características do empresariado japonês em relação ao Brasil era certa desconfiança e um temor de estarem desconhecendo alguma coisa de muito importante. A estabilidade econômica nos fez recuperar credibilidade.

–2–
Índia

A Índia é um país fascinante, mas também pode ser perturbador. Passei dois meses lá em 1968 e fiquei chocado com a miséria imensa do país, infinitamente mais esmagadora do que a que existia no Brasil ou em qualquer outro lugar que tivesse conhecido.
Haviam falhado todos os esquemas de controle de natalidade, inclusive alguns muito radicais, e a demografia parecia ter ultrapassado o ponto de não retorno. O sistema socialista fabiano, altamente intervencionista, não parecia capaz de modificar o rumo do país.
Em 29 de janeiro de 1996, o presidente Fernando Henrique foi o convidado de honra para as celebrações do Dia da Independência. Era a primeira visita presidencial à Índia, constituindo um marco de nossa política externa.
A parada militar foi espetacular. Desfilaram desde bandas montadas em camelos até regimentos de elefantes, tropas com os mais coloridos e variados uniformes e mísseis enormes de fabricação indiana, enquanto aviões russos de última geração, modificados com tecnologia local, evoluíam nos céus.
As conversações foram cordiais e plenas de boa vontade, de parte a parte. O primeiro-ministro indiano, Narashima Rao, era um líder seco, duro, de poucas palavras, temido e inescrutável. Um homem pequeno, mirrado, com um olhar de indiferença severa, que adorava o poder em sua forma autoritária. Estabelecemos todas as pontes que podíamos e tentamos aberturas para vertebrar a relação com a Índia. Anotei em meu diário que "só o tempo dirá se tivemos realmente êxito". Hoje creio que a Índia é um parceiro significativo em alguns terrenos, mas que não há afinidades reais e coincidências estratégicas entre nós.

De substância, pouco resultou daquela visita de janeiro de 1996. Mesmo hoje, quando Índia e Brasil subiram na escala de poder mundial, é difícil encontrar afinidades profundas além da retórica mais geral. A agenda da Índia é marcada pela prioridade que representam os enormes problemas regionais, frutos de suas relações conturbadas com a China e o Paquistão.

Por outro lado, existe a necessidade imperativa de incorporar contingentes cada vez maiores da população pobre à classe média emergente e de não afetar o frágil equilíbrio que mantém as zonas rurais relativamente calmas. Nisso os interesses do Brasil e da Índia diferem consideravelmente, pois como exportadores agrícolas desejamos abrir todos os mercados, enquanto para os indianos importações maciças de alimentos seriam um fator de grave perturbação de sua agricultura familiar.

–3–
China

Tenho por Mao Tse-Tung um conceito muito inferior ao que ele desfruta como ícone da China comunista. É indiscutível que teve importância grande na resistência contra o invasor japonês e na guerra civil chinesa, na conquista do poder e no estabelecimento de certo grau de disciplina social e política em um país devastado pela guerra e desintegrado por uma história conturbada.

A partir dos anos 50, entretanto, Mao transformou-se num autocrata de ambição desmesurada, que quase destruiu a China com erros calamitosos como a política de siderurgias de quintal e a loucura da Revolução Cultural. Ela ceifou uma geração inteira do que o país tinha de melhor, a começar pelos próprios companheiros do tirano.

Depois de sua morte, em 1976, houve uma reacomodação gradual, até que Deng Xiaoping — esse sim um líder visionário — assumisse o poder em 1979, tendo sobrevivido aos expurgos dos anos 60, quando foi humilhado durante a Revolução Cultural. Deng tinha o poder absoluto e soube usá-lo bem, imprimindo um curso sábio, marcado pelo pragmatismo e pela busca da modernização.

Exerceu após a morte de Mao Tse-Tung o cargo de secretário-geral do partido, mas não ocupou cargos de governo. Durante a visita do presidente José Sarney a Pequim, Deng afirmou que "Brasil e China são aliados estratégicos", revelando atenção especial para com nosso país. A partir daí, a China enviou seus maiores dirigentes ao Brasil com frequência.

Isso levou a uma elevação sensível do patamar, da qual o projeto Cebers (fabricação conjunta e lançamento por um foguete chinês de uma série de satélites de observação) foi o farol bem-sucedido dessa fase.

O sucessor de Deng como secretário-geral do partido comunista chinês foi Zhao Ziyang. Conheci-o quando visitou Brasília em 1988. Nas reuniões no Itamaraty, o líder chinês pareceu-me deprimido e um tanto desorientado. Um ano mais tarde, no levante dos estudantes na Praça da Paz Celestial, Ziyang manifestou sua simpatia pelos que reivindicavam mais abertura e foi dialogar com quem protestava, rompendo a unidade da elite dirigente chinesa.

Como Deng, que ainda mandava no partido, optou pela repressão militar para preservar a autoridade do regime, Zhao Ziyang foi voto vencido e terminou afastado, vivendo o resto de seus dias na obscuridade e no confinamento. Seu abatimento em Brasília talvez fosse um prenúncio do que o esperava.

Desde a morte de Deng Xiaoping, em 1997, o poder decisório em Pequim cabe em última instância ao presidente e ao primeiro-ministro. Mas eles não têm a autoridade incontrastável de Mao ou do próprio Deng. Por isso, são compelidos a equilibrar interesses que competem entre si, buscando uma forma de consenso básico, e não podem ditar políticas de modo imperial.

Quando do reatamento de relações diplomáticas conosco, em 1974, veio nos visitar uma missão comercial chinesa. Na ocasião, discutiu-se um programa de trocas comerciais para viabilizar exportações brasileiras para a China, em especial de café solúvel e manufaturados. O projeto não foi adiante porque a China praticamente não tinha nada a exportar, salvo pólvora e algum artesanato.

Os anos loucos da Revolução Cultural tinham-lhe devastado a economia. Isso não foi há séculos, mas há 35 anos. Quando se pensa nisso e se compara com a situação chinesa atual, novo centro industrial do mundo, vê-se como pode ser vertiginosa a evolução histórica dos países em circunstâncias especialmente favoráveis.

FHC fez uma visita oficial à China em dezembro de 1995, como uma das primeiras etapas da diplomacia presidencial. Ficou-me clara a impressão de que naquele momento a China considerava o Brasil um elefante do seu tope. Éramos vistos como um país capaz de atitudes altivas face às superpotências, supridor potencial de alimentos, matérias-primas e know-how, parceiro tecnológico válido e, por fim, não ameaçador, pois situado em outras latitudes.

Por isso, a atitude da liderança chinesa — o secretário-geral e presidente Jiang Zeming, o primeiro-ministro Li Peng, o ministro do Exterior, Qian Qiseng — era de muita descontração e confiança no diálogo conosco. Ilustro essa afirmação com uma história engraçada. Em um banquete no Grande Hall do Povo, foi servido um consomê onde boiava um filhote depenado de passarinho que estava recheado com barbatanas de tubarão, para perplexidade da comitiva brasileira. Jiang Zeming disse então a FH: "Eu também nunca tinha provado isso. Você está com muito prestígio aqui!" Depois comentou que Deng Xiaoping, ao passar-lhe o poder, dissera: "Agora quem manda é você, não precisa vir sempre me prestar contas no meu retiro de aposentado."

Em junho de 1996, recebi a visita da ministra chinesa do Comércio Exterior, Wu Ui. A conversa teve afirmações um pouco arrogantes de sua parte no que dizia respeito ao comércio de têxteis. Ela reclamou das restrições que tínhamos aplicado sobre alguns itens de vestuário de origem chinesa.

A ministra veio buscar lã, mas saiu tosquiada. Falei-lhe sobre a concorrência desleal que os produtos chineses nos fazem, o uso do dumping no mercado brasileiro, o ingresso da China na OMC, que não podia ser apenas uma negociação bilateral com os EUA. Também falei da necessidade de a China responder a nossos pleitos de acesso no grupo de trabalho pertinente da OMC.

Disse-lhe que não podíamos aceitar que camisetas chinesas chegassem ao Brasil por 10 centavos a unidade. Ela levou um susto e pediu os nomes dos exportadores chineses daquelas mercadorias. "Por que quer saber?", perguntei-lhe. Wu Ui respondeu que mandaria a polícia investigá-los. Era uma ilustração dos conceitos administrativos em voga na China.

Em 1º de julho de 1997, assisti em Hong Kong à passagem de soberania para a China. O Império Britânico, que reinou sobre o mundo por mais de 250 anos, teve seu fim naquele dia. Debaixo de uma chuva torrencial, numa cerimônia ao ar livre que só a tenacidade inglesa poderia conceber, testemunhamos um espetáculo único, com bandas, cantos e danças, para dar uma ideia de fim glorioso.

Depois veio a fala contundente e emocionada do governador Chris Patten e a leitura insossa do príncipe Charles. À noite, em jantar a bordo do iate real *Brittania*, estavam reunidos todos os principais líderes políticos britânicos. Um dos mais proeminentes, Michael Heseltine, sentado a meu lado, confessou que vertera lágrimas pelo império que acabara.

Não havia dúvida de que os ingleses tinham o direito de exibir Hong Kong como uma prova de sua capacidade de gestão e da excelência de seu sistema liberal. Mas os líderes chineses estavam numa felicidade profunda pelo que viam como a redenção final das humilhações sofridas em dois séculos de domínio imperial e a afirmação da China no cenário internacional.

Faltava ver se a China seria capaz de administrar o patrimônio excepcional que recebera. Até aqui todos os sinais são de que não pretende matar a galinha dos ovos de ouro. As declarações de Jiang Zeming e Li Peng foram dirigidas claramente a tranquilizar a comunidade internacional. Registrei em meu diário o seguinte comentário:

> "Entretanto, não se pode saber como evoluirão muitas dimensões:
> — As liberdades democráticas de Hong Kong, mesmo que apenas relativas, terão algum impacto sobre a população chinesa. Que efeito terá isso? Hong Kong será o irrecusável cavalo de Troia que terminará destruindo o poder do PCC?
> — A comunidade de negócios ocidental seguirá confiando em Hong Kong ou perderá a confiança por causa dos métodos chineses, da corrupção, da inconfiabilidade do sistema de justiça local?
> — A pressão que os países ocidentais, principalmente os EUA e o Reino Unido, provavelmente farão na área de direitos humanos em HK deve complicar ainda mais as já difíceis relações com a China.
> — A China é tão grande, tão diferente e tão complexa que qualquer exercício de futurologia é vão."

Lampreia com Zhu Rongji

Mas, passados 12 anos, é preciso reconhecer que a liderança chinesa, em seu despotismo esclarecido, tem sabido administrar muito equilibradamente o importante ativo que é Hong Kong.

O governante chinês com o qual estabeleci melhor relação pessoal foi Zhu Rongji, o primeiro-ministro de 1998 a 2003. Estive pela primeira vez com ele em dezembro de 1998, em Pequim, quando tivemos uma conversa excelente. Pareceu-me um homem sério, pragmático, de muita determinação e responsabilidade. Tinha cara de mau e fama de administrador severo, mas comigo foi muito cordial.

Reconheceu que a crise asiática daqueles anos impactou a China, especialmente no seu comércio com os países da região, mas reafirmou que não pretendia desvalorizar a moeda para não seguir um "caminho egoísta que só olhe para os interesses da China e atinja fortemente outros países". Zhu Rongji sabia que uma desvalorização poderia dar uma vantagem competitiva à China, mas seria muito danosa globalmente.

Posturas como essa demonstravam um espírito construtivo, que Zhu desejava valorizar e se aprazia em proclamar. Ele também me reafirmou a sua determinação de prosseguir na reforma das empresas estatais e das instituições financeiras.

Fez grandes referências ao Brasil e à nossa "parceria estratégica". Sem dizer-lhe completamente o que pensava (isto é, que nossa parceria estratégica não tinha base suficiente e precisava urgentemente de reforço para não cair em retórica vazia), comentei sobre a necessidade de expandir e diversificar o comércio. Também precisávamos dar maior horizonte à cooperação espacial, que não podia se restringir apenas aos dois satélites inicialmente previstos, e construir bases mais sólidas na área hidrelétrica. Zhu pareceu concordar, mas não fiquei seguro de que a burocracia o acompanharia.

Pareceu-me incrível imaginar o poder que um homem como ele detinha em suas mãos. Perguntei-me como ele se via, como um deus todo-poderoso ou como um administrador que, sentindo a imensidão dos problemas e desafios, sabe que precisa tomar as coisas com algum relativismo.

Nunca tive intimidade com Zhu Rongji para discutir esse tipo de assunto. Mas quando soube que ele decidira aposentar-se e deixar o posto apenas cinco anos depois de tomar posse, tive a confirmação de que era um homem moderno e esclarecido, consciente da necessidade de renovação dos quadros dirigentes.

7ª PARTE: A DÉCADA ATUAL E A PRÓXIMA

No Brasil, os políticos só deixam os altos postos do Estado no fim do governo, no olho de um furacão ou para disputar uma eleição. Meu caso não se enquadrou em nenhuma dessas hipóteses, provavelmente por eu não ser político. Também devo ter sido o primeiro e único ministro das Relações Exteriores pertencente ao serviço diplomático que deixou a carreira definitivamente ao término de suas funções, quando poderia ter tido mais dez anos em grandes embaixadas, levando uma vida protegida, agradável e bem remunerada, o que a todos os meus colegas pareceria um objetivo supremamente desejável.
Na verdade, cansei. Cansei de mudanças e de ficar tão exposto aos azares da política. Cansei de ver o mesmo filme pela quarta ou quinta vez. Voltei definitivamente ao Rio de Janeiro no dia 12 de janeiro de 2001 e, no avião saído de Brasília vim me lembrando das frases do conselheiro Aires, que Machado de Assis escreveu em *Memorial de Aires*:

> "Trouxe-me à memória o dia do desembarque, quando cheguei aposentado à minha terra, ao meu Catete, à minha língua... O mais do tempo vivi fora, em várias partes, e não foi pouco. Cuidei que não acabaria de me habituar novamente a esta outra vida de cá. Pois acabei. Certamente ainda me lembram coisas e pessoas de longe, diversões, paisagens, costumes, mas não morro de saudades por nada. Aqui estou, aqui vivo, aqui morrerei."

Tenho-me governado por essa receita sábia do nosso amado mestre. Embora tenha tido uma carreira sempre próxima do poder, ele nunca me seduziu completamente, nem me dispus a todos os sacrifícios no altar desse deus que hipnotiza os homens. O poder é fascinante na medida em que propicia a oportunidade de pôr em prática nossas ideias, mas é desgastante por causa dos embates, dos patrulhamentos e das incompreensões. Devo dizer que tive uma trajetória muito feliz e, com pequenas exceções, poucos dissabores.

Giulio Andreotti, um expert no assunto, afirmava que "o poder desgasta sim, mas desgasta muito mais a quem não o tem". Embora ache sutil e importante a frase da velha raposa romana, não faço parte de seu time.
Tive uma saída muito prestigiosa. Como sempre, Fernando Henrique foi muito amigo, incluindo no seu discurso que deu posse ao meu sucessor e caro amigo Celso Lafer uma longa e elogiosa referência a mim. Em grande jantar no Alvorada, o presidente conferiu-me a Grã-Cuz da Ordem Nacional do Mérito, a maior honraria a que um brasileiro pode aspirar. Falei do orgulho que sentia por ter estado ao lado dele, durante seis anos, nos mais prestigiosos centros do poder mundial e da gratidão por tudo que ele me dera.
Depois, pronto, tinha-me transformado em cidadão comum, aposentado, morador do Leblon. Minha meta era seguir em frente, sem olhar para trás com nostalgia sufocante e sem perder o orgulho e a dignidade, procurando organizar minha vida com espírito positivo e empreendedor. Tudo acaba, os ciclos de que é feita a nossa vida se completam e a sua inexorabilidade apenas nos deve impulsionar a viver do melhor modo cada novo tempo, e não a ficar apenas recordando ou lamentando o que passou.
Tinha a convicção de estar fazendo uma escolha correta. Tenho sido bem-sucedido na vida privada, ultrapassando todas as expectativas que tinha à partida, com uma experiência variada e muito interessante, atuando em diversos níveis do mundo dos negócios no Brasil e no exterior.

Estive em Nova York logo após o ataque às Torres Gêmeas do World Trade Center, no dia 11 de setembro de 2001, participando de uma reunião do Council on Foreign Relations. O ambiente na cidade era sombrio e tenso, por qualquer motivo as pessoas se desentendiam e se chamavam de terroristas. Havia uma perplexidade profunda, causada pela perda da sensação de invulnerabilidade e pelo medo.
Havia um sentimento grande de solidariedade na reunião. O ex-primeiro ministro francês Michel Rocard expressou-o dizendo: "Hoje somos todos americanos." Em lugar de valerem-se, porém, daquela imensa onda de simpatia, os Estados Unidos concluíram que tinham de responder unilateralmente. Compareceram altos funcionários do Pentágono e das forças armadas americanas que já delineavam essa postura. Perdeu-se assim uma oportunidade importante para agir de forma concertada e iniciou-se a fase

do governo Bush que dois anos depois levaria à invasão do Iraque e ao impasse.

No ano seguinte, estive em Nova York novamente para a mesma reunião e presenciei o grande temor internacional com a eleição de Luiz Inácio Lula da Silva para a Presidência da República. Baseada nas palavras inflamadas do candidato ao longo de toda a sua carreira política, a comunidade financeira julgava que o Brasil iria voltar aos erros do passado com uma guinada brusca, abandonando oito anos de estabilidade monetária e boa governança econômica.

Nossas reservas estavam baixíssimas e a vulnerabilidade do Brasil não podia ser maior. Talvez mais do que em qualquer outro momento, as perspectivas para nosso nosso país eram consideradas péssimas. Fui convidado a dar minha opinião em reuniões no Council on Foreign Relations e no Council of the Americas. Disse que a política econômica já tinha adquirido credibilidade junto à sociedade brasileira e aos agentes econômicos e por isso não seria alterada drasticamente.

Expressei minha confiança em que os novos governantes saberiam encontrar um ponto de equilíbrio, até porque certamente tinham a informação de que a implementação de uma política econômica "petista" levaria o país rapidamente ao caos e o governo ao descrédito total. Felizmente foi o que ocorreu. Tendo diante de si a alternativa da guinada radical, como fizera Juan Domingo Perón, com consequências desastrosas duradouras para a Argentina, Lula tomou a decisão fundamental de manter o rumo.

Certamente influiu nisso seu condicionamento de operário e líder sindical integrado no segmento moderno da economia. Antes de mais nada, porém, ele decidiu optar pelo caminho pragmático do crescimento econômico com inclusão social, e não pelo da ruptura. Até hoje a decisão anunciada na Carta aos Brasileiros, de 2002, é a principal credencial internacional do presidente Lula e de seu êxito político interno.

Uma cadeira permanente para o Brasil no CSNU?
Já fiz referência à decepção que tive com a ONU no início de minha carreira. Certamente não quero filiar-me aos que julgam a ONU terminal e irrecuperável. Estes, de modo geral, são céticos a tudo que não seja baseado na força em matéria de acordos internacionais.

É preciso considerar, em primeiro lugar, que a ONU é a base do sistema multilateral e que, malgrado as decepções e os limites que lhe são impostos pela própria vontade de seus Estados membros, continua a ser fonte da legitimidade internacional.

Diversos organismos a ela pertencentes, como a Organização Mundial da Saúde (OMS), o Alto Comissariado para os refugiados e muitos outros órgãos especializados, prestam serviços relevantes na área social e na promoção da paz em diferentes regiões conflagradas do mundo.

A própria OMC, que não é tecnicamente parte da ONU, é a instituição global mais bem-sucedida dos últimos trinta anos. Com as forças de paz, a ONU por vezes consegue equilibrar situações de extrema tensão interna. Em Timor Leste, com Sérgio Vieira de Mello, a organização foi capaz de partejar um país.

O impasse principal está centrado no Conselho de Segurança, que não é capaz de chegar a acordos e, portanto, de agir coletivamente frente a questões graves na área político-militar, como se viu tantas vezes desde a fundação da ONU. Nunca o Conselho funcionou plenamente como um diretório internacional capaz de impor a observância da Carta da ONU e promover a paz e a segurança internacionais.

Já na Guerra Fria, o veto das superpotências em confronto global bloqueava a ação do Conselho. Ademais, sua composição continua a refletir a distribuição do poder existente em 1945 e não a realidade atual do mundo. Há muitos anos, está em marcha uma discussão sobre a reforma do Conselho de Segurança, que deveria resultar em sua expansão, incorporando novos países como membros permanentes para dar-lhe mais representatividade e, supostamente, autoridade.

O Brasil é um candidato natural ao lugar, por sua tradição pacífica, pelo papel construtivo que sempre desempenhou na ONU, por seu peso específico e sua representatividade na nossa região.

A questão da cadeira permanente no Conselho de Segurança é, certamente, de toda a nossa agenda externa, a que mais desperta interesse na opinião pública brasileira. O prestígio que decorreria dessa decisão da ONU é, de fato, enorme. O Brasil adquiriria um ativo geopolítico de grande valor. Em 1995, quando assumi no Itamaraty, uma solução positiva parecia alcançável. Em meu diário, fiz a seguinte entrada: "15 de setembro de 1995 — hipótese do assento permanente no Conselho de Segurança não é mais uma miragem." Já se passaram 15 anos e a miragem continua no mesmo lugar.

No Itamaraty, os que fizeram carreira na ONU — são numerosos e geralmente muito qualificados — consideram que a cadeira no CSNU é um objetivo nacional profundo e permanente. Nunca foi o meu caso. No início do governo FHC, o presidente não tinha essa visão, tampouco eu.

O secretário-geral que escolhi, Sebastião do Rego Barros, também não. Não que subestimássemos a importância do tema, mas achávamos que o assunto não podia ser o norte absoluto de nossa política externa, subordinando tudo mais a ele. Havia também, de nossa parte, fortes dúvidas sobre as vantagens reais para o Brasil, afora a óbvia relevância do prestígio que daria a nosso país.

Basta dizer que a agenda do Conselho de Segurança não incluía, nem inclui até hoje, nenhum tema de interesse primordial para o Brasil: comércio e finanças internacionais ou questões de paz e segurança na América do Sul, em particular. Foca-se sim em temas importantes, sem dúvida, mas não centrais para nós, como os problemas graves que neste momento trazem fortes ameaças à paz no Oriente Médio, na Ásia Central e Oriental ou os riscos do terrorismo e da proliferação nuclear. Podemos e devemos contribuir, na medida de nossas possibilidades, para a solução dessas questões, mas elas não estão na esfera mais prioritária de nossa inserção internacional.

De todo modo, é um assunto que precisa figurar em nossa agenda diplomática, porque é importante que o Brasil seja percebido como sendo um candidato forte. Só o fato de ser candidato forte já é importante em si e dá mais peso internacional ao país. Não é a mesma coisa que ter a cadeira permanente, mas não é um ativo ao qual se possa renunciar. Por essa razão, mesmo não atribuindo prioridade número um ao assunto, fizemos desde o início do governo uma campanha diplomática ativa.

Antes da visita presidencial aos Estados Unidos, concedi uma entrevista ao jornal *O Globo*, em que me foi perguntado se o nosso projeto de ter uma cadeira permanente no Conselho continuava de pé. Respondi que continuava, mas sobretudo o que existia era "o grande propósito da política externa do governo Fernando Henrique de expandir a voz, o peso e o papel do Brasil nos foros em que se tomam as grandes decisões internacionais. O Brasil está sub-representado. O Conselho de Segurança tem uma ênfase político-militar. As aspirações brasileiras são econômicas, comerciais, financeiras. Mas queremos ter uma presença maior".

Em Washington, o presidente apresentou nossa reivindicação ao presidente Clinton e, na reunião que tivemos na Casa Branca, pediu-me que detalhasse nossa visão. Enfatizei a folha de serviços que o Brasil prestou à ONU desde sua fundação, os ativos de nosso país, como população, tamanho, PIB e representatividade regional.

A reação americana foi — naquele momento e sempre em minha gestão — bastante vaga, *non commital*, para usar a expressão inglesa que descreve mais fielmente a postura dos Estados Unidos. Levantei o assunto muitas vezes mais depois disso, com Warren Christopher e Madeleine Albright. Nos dois primeiros anos de seu governo, o presidente FHC voltou a ele com seus colegas Boris Yeltsin, da Rússia; Tony Blair, do Reino Unido; Jacques Chirac, da França; e Jian Zeming, da China, completando assim o círculo dos membros permanentes. Encontrou eco em Chirac e Yeltsin, mas pouca receptividade nos demais. Em 1995, celebrava-se o cinquentenário da ONU, e parecia haver uma janela de oportunidade. Em artigo em *O Estado de S. Paulo*, no dia 21 de outubro de 1995, apresentei com detalhes nossa posição:

> "Para que possamos compreender claramente o alcance da posição brasileira em relação a esse tema, é útil alinhar os seguintes pontos básicos:
> 1) Antes de discutir quais países ocupariam eventuais novos assentos permanentes, é preciso que as Nações Unidas definam conceitualmente o formato que se deseja dar a um CSNU ampliado.
> 2) Para que a reforma faça sentido, é preciso que ela aumente a eficácia e a autoridade do CSNU, através de melhor representatividade, e preserve a sua capacidade de atuação; não se deve desejar uma reforma a qualquer custo, que possa comprometer a ação do CSNU.
> 3) O processo de reforma do CSNU de fato constitui um paradigma da reforma da ONU e dela será um catalisador; embora não seja iminente nenhuma decisão a respeito, as tendências vão-se desenhando e é importante que participemos intensamente do processo.

4) O Brasil não favorece a criação de novas categorias de membros, nem fórmulas que estão claramente voltadas a satisfazer aspirações ou inquietações de países individuais; a reforma diz respeito ao prestígio do próprio CSNU, e não de países ou regiões.
5) O Brasil não tem obsessão com o assunto, nem subordina ou condiciona qualquer dos seus objetivos e das áreas de ação da política de externa à obtenção de uma vaga permanente no CSNU ou ao apoio a essa aspiração.
6) Não estamos conduzindo uma campanha, nem achamos que o CSNU seja um órgão ao qual um país postule o seu ingresso; mas estamos preparados para assumir responsabilidades próprias de um membro permanente se e quando formos convocados a isso pelas Nações Unidas.
7) O Brasil não deseja gerar ou alimentar polêmica ou competição com seus parceiros a respeito da reforma do CSNU; nossos interesses nas relações bilaterais com alguns países são de tal ordem, que seria inadmissível permitir que o tema da reforma lance qualquer sombra sobre essas relações.
8) A reforma do CSNU não pode obscurecer a necessidade de uma reforma em todo o sistema das Nações Unidas, para torná-lo mais eficiente; há diversas propostas interessantes para um enxugamento de certos órgãos, melhor utilização de recursos e maior concentração em áreas básicas.
9) O Brasil, como o décimo contribuinte das Nações Unidas, não está alheio a esse processo e favorece uma reforma da ONU que a torne mais ágil e menos burocratizada.
10) Preocupa-nos, particularmente, o aperfeiçoamento do setor de operações de paz, cuja importância tem crescido em forma sustentada."

A oportunidade do cinquentenário passou e nada ocorreu. Para mim, ficara claro que as cinco potências com assento permanente e poder de veto no Conselho não estavam realmente dispostas a abdicar de suas prerrogativas, compartilhando-as com os outros países, mesmo que parcialmente (ou seja, sem que o poder de veto fosse concedido a outros membros). Daí por diante mantivemos nossa posição e atuamos diplomaticamente para vê-la consagrada, mas convenci-me de que a reforma do Conselho de Segurança da ONU não ocorreria tão cedo.

Em setembro de 1997, registrei em meu diário, após uma conversa com Madeleine Albright, então já secretária de Estado em Washington, depois de quatro anos como embaixadora junto à ONU:

> "Em matéria de reforma do CSNU, senti-a quase enfadada pelo tema e completamente sem desejo de mostrar flexibilidade ou ímpeto de concluir esta novela. O seu período no Conselho deve tê-la convencido de que não é bom para os Estados Unidos que haja novos atores com maior poder neste foro e que o número dos participantes aumente de forma a complicar o processo decisório. Albright está inflexível sobre a expansão do CSNU e, com isso, o debate não vai avançar nos próximos meses."

Sem deixar transparecê-lo com a franqueza do estilo direto americano, creio que esse era o sentimento dos demais membros permanentes do Conselho, mesmo que sua retórica pública fosse distinta. Como a reforma só pode ser feita com a incorporação de novos membros de cada região do mundo, também colocam-se às vezes problemas bilaterais para os potenciais candidatos. A China tem um conflito histórico com o Japão, a Índia possui uma rivalidade profunda com o Paquistão e a candidatura da Alemanha é vista com preocupação pela Itália.

Mesmo em nossa região, colocavam-se na década de 90 resistências da Argentina e do México. Em diplomacia é sempre muito importante fazer uma avaliação cuidadosa das questões. No governo FHC, depois de 1995, tivemos clareza de que a reforma do Conselho de Segurança não era viável. Assim sendo, o Brasil não deveria jogar todas as suas fichas diplomáticas no assunto da cadeira permanente.

Estávamos dispostos a pagar um certo preço diplomático, se fosse necessário, para atingir esse objetivo. Mas nunca fizemos um "jogo para a arquibancada" ou focamos toda nossa estratégia diplomática na cadeira permanente. Hoje o Brasil talvez seja o mais forte candidato de todos os que estão no páreo. Nosso país não tem nenhum dos problemas que inviabilizam ou dificultam as postulações de outras nações. Ao contrário, o aumento crescente da influência brasileira no cenário internacional permite antever que o resultado virá naturalmente se e quando houver condições na ONU para tomar uma decisão de expandir o Conselho.

Sem conflitos regionais ou ameaças internacionais que nos obriguem a colocar a segurança nacional como prioridade, o Brasil tem como primeiro objetivo de política externa a promoção de seu desenvolvimento econômico. O comércio internacional é, obviamente, de importância central para atingir essa meta nacional.

Neste domínio, até hoje o Brasil tem alguma ambiguidade quanto às perguntas básicas: desejamos ou não abrir nosso mercado? Em que condições o Brasil pode aceitar um novo movimento de abertura franca ao comércio internacional? Que riscos reais haveria para o nosso setor produtivo? Que possibilidades existem de ganhos efetivos para nossas exportações? Frequentemente acusamos o protecionismo dos outros, mas também temos nossos pecados. Como dizia o personagem masculino do filme *Hiroshima, mon amour*, moralidade duvidosa é a moralidade dos outros.

Em um artigo brilhante publicado no jornal *Valor Econômico* de 20 de fevereiro de 2009, o professor da USP Naércio Menezes Filho escreveu:

> "Em resumo, não devemos estranhar que a Fiesp e outros grupos de pressão empresariais defendam seus interesses corporativos, afinal, esse é o seu papel. O que é de se estranhar é que o governo não enxergue que esses interesses nem sempre coincidem com os da sociedade brasileira e que ceda tão facilmente a esses grupos de pressão. Precisamos resolver isso antes que voltemos aos tempos mercantilistas."

No Brasil, a reação dominante até hoje é a seguinte: "O livre-comércio pode ser uma bela teoria, mas não vamos fazer disso uma espécie de objetivo nacional superior." Não há uma convicção de que o livre-cambismo é o melhor caminho. No entanto, o número de países que chegaram à prosperidade com comércio livre é infinitamente maior que o dos que se armam de couraças protecionistas. Mesmo com esses resquícios que ainda subsistem, não há como negar, porém, que o setor produtivo brasileiro está hoje muito mais receptivo à competição internacional dentro das regras que a OMC representa.

A esse respeito, conto uma história muito ilustrativa. O negociador principal da Índia na Rodada Uruguai — o brilhante embaixador B.K. Zutshi — era oriundo do *Indian Administrative Service*, a elite burocrática que desde a independência regulou e geriu os detalhes mais minuciosos da vida pública do país.

Durante a fase em que estivemos juntos na linha de frente em Genebra, Zutshi defendia os aspectos particulares de interesse para seu país, mas empenhava-se igualmente pelo sucesso da Rodada. Tempos depois fui a Nova Delhi. Zutshi veio ver-me na embaixada do Brasil e conversamos longamente. Perguntei então como, tendo sido um membro tão destacado da elite burocrática indiana, que era totalmente protecionista, ele se batera pelo êxito de um acordo tão liberalizante quanto o da OMC. B.K., como eu o chamava afetuosamente, respondeu-me que "porque é o único caminho para tirar a Índia da miséria e permitir que ela cresça".

Desde os anos 90, o país asiático de fato promoveu uma mudança de modelo e tem apresentado as mais altas taxas de crescimento, sempre sob a liderança do primeiro-ministro Manmohan Singh. Figura como uma das nações emergentes de maior destaque no mundo, depois de ter patinado por décadas no protecionismo e no intervencionismo do Estado.

Que papel podem ter os acordos internacionais de comércio para o Brasil?

A ALCA foi uma oportunidade que poderia ter-se aberto, mas foi perdida. Tinha havido uma politização tão grande do debate sobre o tema que, ao chegar ao poder, o governo Lula dificilmente poderia rever, mesmo que tivesse querido, sua posição negativa sobre ela. Nos termos usados pelo então secretário-geral do Itamaraty, Samuel Pinheiro Guimarães, a ALCA representaria uma anexação do Brasil pelos Estados Unidos.

Não pesou o fato de que a maior parte de nossas exportações de manufaturados se dirige exatamente aos países do continente americano, e que ficar de fora de um acordo preferencial significaria prejudicar a competitividade das exportações brasileiras. Depois do fracasso da ALCA, os Estados Unidos concluíram acordos de livre-comércio com uma boa parte dos países das Américas, à exceção dos que integram o Mercosul. Criou com isso uma rede de preferências que nos exclui.

Sabíamos todos — e em capítulo anterior expus todas as nossas relutâncias e problemas — que a ALCA era uma negociação muito difícil. Mas havia razões intransponíveis que levaram o Brasil a fechar a porta e inviabilizar a negociação?

Desde o início do governo Lula, tinha-se firmado a convicção de que as vantagens da ALCA eram sensivelmente menores do que seus riscos e por isso convinha não negociar e não ceder. Essa posição inviabilizou qualquer negociação. O governo defendeu a teoria de que não houve fracasso, mas sim a preservação da autonomia nacional para políticas públicas.

Em 2003, na reunião ministerial de Miami, os Estados Unidos ainda fizeram uma tentativa final de manter o projeto, propondo a divisão da ALCA em duas etapas distintas. Na primeira, haveria um acordo básico a que todos os países deveriam aderir. Na segunda, só os países interessados participariam, fazendo entre si acordos de aprofundamento da primeira etapa.

Mesmo para quem optasse, como seria o nosso caso, pelo formato mais restrito, a negociação continuaria sendo muito difícil, especialmente pela relutância americana em liberalizar o comércio agrícola e eliminar os subsídios do chamado *Farm Bill*. O governo brasileiro manteve-se intransigente, porém, numa demonstração de força, e conseguiu bloquear a negociação. Nos Estados Unidos, o clima também havia mudado, surgindo resistências políticas e sindicais a uma abertura maior de mercado. A ALCA tornara-se inviável e provavelmente não será retomada.

* * *

Existe a alternativa dos acordos preferenciais de livre-comércio, embora não sejam muitas as possibilidades atualmente. Creio que esse caminho dos acordos regionais encerra grandes riscos, que resumiria em três:

1) O risco de obtermos muito pouco em termos de acesso adicional a mercados em áreas em que já existem contenciosos e onde os lobbies protecionistas são muito entrincheirados, em especial na agricultura.

2) O risco de sermos pressionados para fazer concessões grandes sobre o acesso a nossos mercados de bens, serviços e compras governamentais, sem contrapartidas equivalentes.
3) O risco de termos que nos excluir do acordo por considerarmos que o produto final das negociações não é do interesse do Brasil e ficarmos, então, isolados. Esse risco existia de forma muito real na negociação da ALCA, entre 1995 e 2003.

Não creio, por isso, que devamos priorizar o caminho dos acordos regionais. Não temos as condições especiais do México no Nafta, nem muito menos, como ingenuamente às vezes se sugere, as possibilidades de Portugal ou da Espanha com a Comunidade Europeia. Com um poder de barganha muito reduzido pela atual situação econômica do Mercosul (e temos necessariamente que negociar em bloco com os sócios), os benefícios que podemos obter de acordos regionais são bastante relativos, a meu juízo.

A Organização Mundial do Comércio avulta claramente como o foro preferencial para nossos interesses. Nela temos feito, desde sua criação em 1995, uma aposta considerável em dois planos: a possibilidade da abertura dos grandes mercados agrícolas e a utilização intensa do mecanismo de solução de controvérsias para buscar reparo às distorções que nossos produtos sofrem.
Temos sido competentes e eficazes no que está a nosso alcance. Nossos representantes são personagens centrais de todas as negociações da Rodada Doha e comandam um respeito muito superior ao peso específico do Brasil no comércio mundial. Temos sido muito atuantes na defesa de nossos interesses em Genebra, onde o Brasil é o quarto maior usuário do sistema de solução de controvérsias e o mais bem-sucedido de todos. Mas não está a nosso alcance levar a bom porto as negociações da Rodada Doha, nem fazer recuar sensivelmente o protecionismo agrícola.
Nada autoriza a crer que, em poucos anos, estejam zeradas as barreiras tarifárias e não tarifárias que hoje são obstáculo para diversos produtos em que temos vantagem comparativa clara e que sofrem com o protecionismo dos ricos. O crescimento de nossas exportações agrícolas continuará, pois, a ser

entravado por níveis tarifários altos, quotas, barreiras não tarifárias, especialmente na área sanitária e fitossanitária, por apoios e subsídios à produção e à exportação praticados pelos países mais desenvolvidos do mundo.

O protecionismo agrícola é uma constante em todo o Primeiro Mundo, embora cada vez seja menor a fatia de sua população que se ocupa de agricultura. Como os consumidores gastam uma parcela pequena de seus rendimentos com comida (cerca de 10% na França, por exemplo), não há uma mobilização contra os preços mais elevados que o protecionismo gera.

Os Estados Unidos, que há poucos anos pareciam dispostos a liderar o esforço de liberalização na OMC, têm aprovado sucessivamente, por razões de política local, leis agrícolas que significam enormes passos atrás, na medida em que aumentam em dezenas de bilhões de dólares o valor dos programas de subsídios para os próximos dez anos. Isso por si só já tolda as perspectivas de avanços em Genebra.

Sabemos que as dificuldades de acesso para nossos produtos não vão sumir logo no que depender da OMC, mesmo quando vencemos processos, lentos por natureza, no âmbito de seu sistema quase judiciário de resolução de disputas comerciais.

Segundo a Organização para a Cooperação e o Desenvolvimento (OCDE), os fluxos comerciais mundiais recuaram 16% em volume em 2009, uma estimativa significativamente pior que a contração de 9% previstos pela OMC. Malgrado algumas ações pontuais, o comércio internacional despencou, mas não regrediu para uma selvageria protecionista, como se poderia temer naquela que foi a mais grave crise econômica do pós-guerra. Não tenho dúvida que o dique das regras da OMC, e o interesse geral em sustentá-las, foi essencial para esse êxito. Esse é o mérito maior da OMC, ainda que não seja possível concluir a Rodada Doha.

O impasse nas negociações da OMC tem um responsável claro atualmente. Depois da crise iniciada em 2008, os Estados Unidos deixaram seu papel de impulsionador das negociações comerciais e tornaram-se o maior obstáculo ao avanço da Rodada Doha, uma vez que o apoio político deixou de existir no Congresso e na opinião pública americana.

Relatei anteriormente a importância enorme que o Mercosul já teve em nossa política externa. Hoje, ao contrário, há uma perda clara de interesse da sociedade brasileira, assim como em todos os outros três países. Mas o Mercosul é mais do que uma união aduaneira ou um mecanismo de promoção do comércio. Ele tem criado uma série de níveis de entendimento com a cooperação militar, a cooperação entre profissionais liberais, o intercâmbio educacional e cultural. Em suma, criou uma intimidade que não existia antes, até porque vivíamos de costas uns para os outros. Essa era uma situação anormal, mas real. O Mercosul abriu as portas e novos horizontes se descortinaram.

Considero muito difícil um relançamento do Mercosul, em futuro previsível, nas linhas do projeto ambicioso que chegamos a perseguir na década de 90. Como a Europa, queríamos chegar a um mercado único de circulação de mercadorias, serviços, capitais e pessoas. Tampouco acredito que o Brasil só deva pensar sua inserção internacional por meio do Mercosul. Mas seria desastroso abandonar o belo projeto de integração regional que chegou a florescer consideravelmente. Precisamos encontrar caminhos possíveis e não insistir em forçar o que é irrealista.

Na década de 90, havia a percepção de que o Mercosul podia ser um fator que acrescentaria muito, em termos de poder, de atratividade e de representatividade, a cada um de seus quatro membros individualmente. Estávamos em uma fase muito otimista: tinha havido, em 1994, uma forte expansão do comércio entre nós, e havia também um compromisso com a ideia do Mercosul como uma bandeira.

Certa vez, tomando um café da manhã de trabalho no apartamento de Henry Kissinger, junto de um grupo de jornalistas, presenciei um episódio que muito me esclareceu. Abe Rosenthal, um dos maiores jornalistas e colunistas americanos, que trabalhou por mais de cinquenta anos no *The New York Times*, ouvindo-me apresentar o Mercosul como uma força nascente na cena internacional, perguntou discretamente a Henry Kissinger: "O que é o Mercosul? Eu nunca ouvi falar."

Sempre que me perguntam qual é a solução para os dilemas do Mercosul, lembro-me da frase de Getúlio Vargas: "Deixa estar como está para ver como fica." A sabedoria do velho líder estava em perceber a importância dos processos e não querer tutelá-los excessivamente. É a melhor receita para o Mercosul.

O oposto disso é transformar o Mercosul em um bloco político, e não em um espaço de integração, coisa que ocorrerá se a Venezuela vier a ingressar na instituição.

De todos os assuntos que me ocuparam em toda a carreira, o fornecimento de gás natural boliviano ao Brasil deve ter sido o que mais esperanças e frustrações me deu. A introdução do gás natural na matriz energética brasileira sempre me pareceu um objetivo muito importante por suas implicações ambientais, pela modernização do padrão de consumo nos lares das nossas famílias e por acrescentar um insumo de importância para melhorar a produtividade e a qualidade da indústria nacional. A Bolívia era sempre o fornecedor de escolha.

Quando o gasoduto ficou pronto e os contratos de fornecimento de gás foram assinados, regozijei-me por ter completado uma tarefa de 25 anos. Estava equivocado. A instabilidade boliviana — que o governo brasileiro no passado havia considerado como impeditiva para os contratos de fornecimento de gás — não havia sido superada. Foi um erro considerar que o nacionalismo exacerbado tinha sido arquivado na Bolívia.

Nos primeiros anos da década atual, os preços e a demanda pelo gás estavam em alta. A Petrobras havia construído um gasoduto adicional ligando os campos produtores no sul da Bolívia ao tubo principal, que partia de Santa Cruz para o Brasil. Ela preparava — para expandir suas operações, pois o mercado brasileiro crescera com a criação de uma demanda industrial significativa — o uso do gás no abastecimento doméstico e a construção de grandes termelétricas.

A Bolívia, marcada há séculos pela desigualdade e pela prepotência das classes dominantes, vinha sendo o cenário ideal para uma atuação incisiva da combinação partidos de esquerda-ONGs-movimentos indígenas. O movimento indigenista surgia como a nova força no cenário político boliviano.

Depois de quinhentos anos servindo apenas de massa de manobra a outros interesses, os índios que formam a maioria da população boliviana assumiram um papel protagônico. Segundo a Fundación Jubileo, de um total de cerca de 10 milhões de habitantes, 3,7 milhões vivem em condições de ex-

trema pobreza. Essa foi a base política de Evo Morales, que se transformou em porta-voz dos desvalidos, em especial dos seus iguais, os índios aimarás do Altiplano. Com ele, se iniciaria o movimento de refundação da Bolívia, que pretende colocar no poder a maioria indígena, marginalizada e pobre. O ponto zero foi a chamada "guerra da Água", que teve lugar em Cochabamba no ano 2000 — um protesto violento contra um consórcio internacional liderado pela Bechtel Co., que havia elevado os preços do líquido. Com sua capacidade de liderança, Evo Morales, até então um obscuro pastor de lhamas e cultivador de coca, acabou por conseguir que a privatização fosse revertida, expulsando da Bolívia uma empresa multinacional que lá estava legalmente, pois havia adquirido uma estatal local e vinha cumprindo um grande programa de investimentos. Depois disso, Evo Morales chegou muito perto de ganhar a eleição presidencial de 2003.
O segundo capítulo, ainda mais dramático, ocorreu em 2003, com a "guerra do gás". Movimentos populares contra o regime de exploração do gás natural levaram a um aumento de violência que ocasionou um bloqueio com barricadas da principal artéria que liga La Paz à cidade satélite de El Alto, ao aeroporto e ao resto do país. O presidente Sanchez de Lozada, já muito acossado, determinou a repressão militar do bloqueio, da qual resultaram oitenta mortes.
A situação tornou-se insustentável e o presidente foi forçado a deixar o país, sendo substituído pelo vice Carlos Mesa, um político sem luz própria e com pouca experiência. Houve então uma escalada que inicialmente se centrava no aumento da carga fiscal sobre as receitas do gás natural, enquanto crescia o passionalismo com que o tema gás era tratado na Bolívia.
Em fins de 2005, um descontentamento popular crescente e protestos agressivos levaram Mesa a renunciar, abrindo caminho para a eleição de Evo Morales em dezembro daquele ano. Servi durante vários anos, desde que deixei o governo, no Conselho Consultivo da Petrobras na Bolívia e viajava a Santa Cruz a cada dois meses. Podia perceber que a tendência nacionalista se tornava cada vez mais forte.
Todos os que acompanhavam o quadro político boliviano, inclusive o competente embaixador de La Paz, Antonino Mena Gonçalves, o percebiam. Era evidente a iminência de uma violência contra a Petrobras. Ninguém em Brasília se preocupou ou tomou qualquer atitude. É claro que o Brasil

não pode ameaçar brutalmente seus vizinhos, mas podia ter evitado a nacionalização, dando avisos claros sobre a intocabilidade da Petrobras.

Tenho a convicção de que, se isso tivesse ocorrido, Evo Morales pensaria duas vezes antes de montar o espetáculo lamentável da tomada dos campos de San Alberto e San Andrés com tanques do exército. Em lugar de aproveitar a oportunidade histórica da parceria com o Brasil, que inclusive era reforçada pelo aumento substancial dos impostos sobre o gás natural já em vigor, em maio de 2006 ele optou por partir contra a Petrobras, em um de seus primeiros atos.

Contou com a ajuda comprovada de Hugo Chávez e seus técnicos venezuelanos. Evo investiu no populismo e nacionalizou a nossa empresa em maio de 2006. Com isso, destruiu a confiança brasileira na Bolívia enquanto fornecedor, forçando a busca de fontes alternativas de suprimento, interrompendo os planos de investimentos que permitiriam expandir a capacidade produtiva do seu país e suas receitas de exportação. Em suma, matou a galinha dos ovos de ouro.

O governo reagiu com timidez e passividade, em lugar de defender os interesses de nossa maior estatal, que é um verdadeiro patrimônio do povo brasileiro. Ao contrário, em todas as declarações, expressaram-se a "compreensão" e o "direito da Bolívia". É ridículo dizer que "não faltou uma molécula de gás" para o Brasil.

Não faltou porque a Bolívia não tem outra alternativa e não pode dispensar a venda de seu gás. Ao contrário, hoje quem precisa do nosso mercado são eles. Escrevi na ocasião no *Globo* de 9 de fevereiro de 2007:

> "Recordei-me de uma frase do embaixador Antonio Azeredo da Silveira. Num dos comentários que o fizeram famoso pela originalidade e agudeza das imagens que usava, disse Silveira: 'Trata-se de um toureirinho de um metro e vinte dando um passeio num touro de 800 quilos'. Essa é exatamente a situação das relações entre o Brasil e a Bolívia."

É difícil encontrar um exemplo mais nítido de interesse nacional no exterior e, no entanto, a atitude de nossos governantes foi de completa omissão. Temos hoje reservas de gás natural cada vez maiores e podemos expandi-las com a exploração do pré-sal. A Petrobras já sabe que terá volumes exportáveis de gás no fim da próxima década e está definindo as tecnologias mais adequadas para retirar o combustível das plataformas produtoras. O quadro mudou completamente, estando previstas plantas de liquefação para exportar ou importar gás natural. A Bolívia passou assim a ser uma de várias opções de fornecimento. Em bom português, a Bolívia deu um tiro histórico no pé.

A América do Sul ruma à esquerda

Fernando Henrique Cardoso escreveu que, "queiramos ou não, somos parte do Ocidente, mesmo que na condição de Extremo-Ocidente, com as vantagens e desvantagens que isso acarreta". Essa era a imagem que sempre tivemos de nós mesmos e que a Europa, pelo menos a Europa latina, fazia de nossa região. Mas continuará a ser assim? Hugo Chávez, Evo Morales, Rafael Correa, Fernando Lugo, Daniel Ortega estão empenhados em desmenti-lo.

Em 11 de novembro de 2007, o intelectual Sérgio Fausto publicou um artigo excepcional sobre o tema em *O Estado de S. Paulo*:

"Um espectro ronda as Américas: a deformação dos regimes democráticos em hiperpresidencialismos aberta ou veladamente autoritários. O espectro materializou-se por completo na Venezuela, assumindo tendências totalitárias, com a formação de milícias leais ao presidente Chávez, doutrinação e mobilização ideológicas em larga escala. Em segundo lugar, por razões estruturais, isto é, a persistência de amplos contingentes da população em condições de pobreza, tornando-os suscetíveis aos apelos e benefícios do governo de plantão. Além da Venezuela, a presença do hiperpresidencialismo salta aos olhos na Argentina. Lá a concentração de poderes em mãos do presidente Nestor Kirchner só encontra paralelo histórico, afora as ditaduras, no primeiro governo de Perón. Legislação aprovada por um congresso subserviente lhe permite modificar a lei orçamentária, redirecionando gastos com uma simples canetada. O fenômeno está presente também no Equador e na Bolívia, embora neste país o hi-

perpresidencialismo esteja rapidamente cedendo lugar ao impasse político-institucional.
No passado, as democracias na América Latina morreram de morte matada. Ainda que houvesse um processo de crise interna, o desenlace classicamente assumia a forma de um golpe militar. Hoje os riscos são de uma morte mais lenta, por degeneração progressiva, mais ou menos veloz, uma morte em vida, por assim dizer, em que se preservam somente as aparências de vitalidade. O certo é que, se o hiperpresidencialismo não encontrar resistência à altura, a democracia não sobreviverá para valer."

Reside aí, a meu ver, a questão mais grave com que se defronta o Brasil em nossa região nos próximos anos, juntamente com a ameaça crítica do narcotráfico: o surgimento de governos ditatoriais na América do Sul.
O Partido dos Trabalhadores impulsionou o Foro de São Paulo, nome genérico de um encontro de partidos políticos de esquerda, que se realizou pela primeira vez em São Paulo, em 1990, e desde então se reúne a cada dois anos em cidades diferentes. Nesses encontros, forjou-se um pacto de solidariedade visando chegar ao poder e tudo fazer para conservá-lo.
A solidariedade vem daí e explica a leniência com que nosso governo aceitou os agravos de Chávez e Evo Morales. Explica igualmente que, ao contrário de nossas tradições diplomáticas arraigadas, o governo brasileiro venha tomando partido sistematicamente em eleições presidenciais, optando por candidatos com os quais tem afinidades políticas.
Mesmo com as profundas diferenças de estilo e orientação entre o nosso governo e os desses líderes latino-americanos, prevaleceu sempre a simpatia e o apoio de Lula, carregado por doses amplas de populismo. Será possível para seu sucessor, seja quem for, sustentar essa linha? Haverá alternativas plausíveis?
Os ciclos de poder, tão sincronizados na América Latina, vieram em diversas ondas desde o fim da Segunda Guerra Mundial. Em primeiro lugar, surgiu o populismo nacionalista, com Perón à frente, definido inteligentemente pelo sociólogo americano Seymour Lipset como fascismo de esquerda. O modelo foi replicado em numerosos países, inclusive por Getúlio Vargas, com menos estridência.

Seguiu-se a proliferação de governos militares no contexto da Guerra Fria. Contavam geralmente com a bênção e até o incentivo de Washington. Durante algumas décadas, com matizes diversos, cobriram quase toda a região. Nos anos 90, restabelecida a democracia em todo o continente, à exceção de Cuba, governantes social-democratas numerosos puseram em prática políticas econômicas liberais e políticas sociais que poderiam ser consideradas de esquerda, como foi o caso do Brasil.

Era previsível que a esquerda latino-americana chegasse a ter sua vez, após a perda de vigência do anticomunismo militante como o instrumento de ação política que bloqueava seu acesso ao poder. A democratização fez do caminho eleitoral o veículo para que a esquerda vencesse em diversas eleições, carregada pela insatisfação das massas com a continuação da desigualdade de renda extrema e da pobreza generalizada que as apostas liberais não conseguiram superar.

Como os males sociais e econômicos que castigam as populações da região seguem constituindo terreno especialmente fértil para o populismo nacionalista de esquerda, na década corrente surgiu uma safra de líderes menos comprometidos com a democracia e com a condução equilibrada da economia. Chávez constitui o paradigma dos processos radicais que sacodem a região. Sua base política são os excluídos, produtos da acelerada urbanização que ocorreu a partir dos anos 60.

Eles habitam a periferia das grandes cidades sul-americanas e pouca ou nenhuma esperança têm de ascensão social. Na Bolívia, no Equador e, até certo ponto, no Peru, a população indígena é um elemento importante. Hoje, esses marginalizados são a base de sustentação dos regimes de esquerda radical na América do Sul, que têm o objetivo final de refundar seus países, fazendo *tabula rasa* das instituições e dos regimes socioeconômicos.

Chávez é o discípulo mais dileto de Fidel Castro. Através de seu herdeiro político, o velho ditador cubano certamente sonhou em realizar vicariamente na América Latina as transformações revolucionárias que tentou, mas não conseguiu realizar na década de 60 (com a fracassada aventura boliviana de Che Guevara) e na década de 80 (com os sandinistas e outras apostas que falharam).

No poder desde 1999, foi assumindo gradualmente seu autoindicado papel "bolivariano" e, a partir da elevação dos preços do petróleo já na atual década, deu início a um programa de governo agressivo, revolucionário em muitos aspectos. Depois de uma desastrada tentativa de golpe contra ele, em 2002, Chávez cada vez mais impõe, com audácia e estridência, um modelo de governo de caraterísticas ditatoriais — que intitula de socialismo do século XXI. O presidente venezuelano é um fator de instabilidade e perturbação na América do Sul, inclusive porque serve de referência e modelo para outros políticos da região, em cujos países estão dadas as condições para a eliminação das estruturas políticas tradicionais e o surgimento de plataformas populistas e nacionalistas. Do seu êxito ou de seu fracasso dependerão em grande parte as experiências em curso na Bolívia, no Equador e no Paraguai.

A pregação bolivariana só vinga até aqui nos países andinos, com populações indígenas grandes, e na Nicarágua de Ortega. Todas essas nações são governadas por discípulos de Chávez e também se beneficiam de sua ajuda generosa em petróleo e em dinheiro, o que naturalmente reforça sua fidelidade ao venezuelano.

No resto da América do Sul, as massas da periferia têm uma expectativa clara de mobilidade social e por isso não são sensíveis aos discursos messiânicos de refundação. Nesses países Chávez não tem qualquer apoio significativo e, ao contrário, encontra forte rejeição. Nossa região amadureceu e dá preferência ao equilíbrio democrático sobre as propostas excessivamente voluntaristas e cerceadoras das liberdades públicas. O prestigioso instituto chileno Latinobarómetro fez uma pesquisa recente em que constatou que nos países da América Latina há um alto índice de apoio ao processo de integração econômica, mas muito mais relutância no que concerne à integração política.

Segunda a diretora do instituto, a socióloga Marta Lagos, isso se deve à presença polarizante de Hugo Chávez. Em contraste, Tabaré Vasques, Michelle Bachelet, Alan Garcia e, particularmente, Lula — todos originários de partidos de esquerda — foram bem-sucedidos em suas políticas de governo, que ampliaram os espaços de ascensão social das populações sem rupturas institucionais.

Em nosso tempo, quando na maior parte dos países a primazia é dada ao respeito do pluralismo político, à tolerância com a diversidade e à boa governança da coisa pública, haverá cada vez menos espaço para governantes prepotentes como Hugo Chávez. É falso, a meu ver, afirmar que a Venezuela é uma democracia apenas porque conduz eleições plesbiscitárias a intervalos regulares. Ela foi substituída por um regime revolucionário que concentra todo o poder nas mãos de um homem.

Seu objetivo não é implementar um programa de governo em condições de negociação política entre forças plurais, e sim operar transformações profundas nas estruturas socioeconômicas e nas instituições. O álibi de Chávez são os referendos frequentes. Não se pode negar a força de sustentação que tem nas camadas mais pobres da população venezuelana. Mas democracia é mais do que referendos: é separação de poderes, meios de comunicação livres, respeito à propriedade privada, observância das leis, respeito às liberdades individuais.

Nada disso existe mais na Venezuela, que, antes de Chávez, tinha uma longa tradição democrática. Os nove anos de chavismo marcaram o país, criando ódios e rancores que hoje dividem uma sociedade antes cordial e democrática. Essa será a principal herança de Hugo Chávez. O cenário atual para o coronel é sombrio: queda forte de seus índices de popularidade nas pesquisas; radicalização da campanha para nacionalizar todas as empresas a seu alcance, com o consequente fechamento das oportunidades de investimento estrangeiro, inclusive na área do petróleo; perseguição renovada dos meios de comunicação de oposição; crise nas políticas sociais do governo e uma desorganização crescente da economia onde cada vez mais falta tudo.

Ficou patente como é lamentável a sua gestão pública com as carências de água, luz e alimentos. As perspectivas econômicas são instáveis para os próximos anos. Porém, não creio que seja realista pensar que o líder bolivariano é apenas um episódio que vai passar em breve. As marcas profundas do "bolivarianismo" não vão desaparecer, como ocorreu muitas vezes na América Latina. O protagonismo político das massas antes excluídas da Venezuela e da Bolívia não vai ser anulado depois que Chávez e seus discípulos se forem.

Parece-me claro que Chávez vê em Lula o seu maior concorrente como líder político latino-americano. Pelo êxito das políticas econômicas e sociais do Brasil, pela ascensão crescente do país, o presidente desfruta de grande prestígio internacional, ao contrário de Chávez. A política externa da Venezuela tem sido assinalada por arroubos e desatinos. Os resultados geralmente são pífios.

No campo internacional, só na América Latina, Chávez já se indispôs com os presidentes da Colômbia, do México, do Peru e do Chile, para não mencionar a Espanha, mãe pátria da Venezuela, e o famoso "por qué no te callas?" do rei. Creio que o presidente Lula já se terá dado conta há algum tempo de que Chávez não é boa companhia, mas prefere conviver com ele e até segui-lo, como no caso de Honduras.

A empresa estatal de petróleo PDVSA é sangrada e não consegue evitar uma queda crescente da produção, por não poder investir na medida necessária na manutenção e desenvolvimento de seus campos petrolíferos. As contribuições da estatal venezuelana de petróleo para programas de desenvolvimento social — as "missões", na linguagem bolivariana — caíram 47% no primeiro semestre de 2008. É bom recordar que os preços do petróleo só começaram a cair em julho, quando estavam na faixa de 140 dólares por barril. Isso sugere que, como a receita bruta subiu muito devido à alta do petróleo no período, a PDVSA tem procurado aumentar seu investimento destinado a recuperar capacidade produtiva.

Chávez não tem nenhum poder de convocatória no Brasil, mas penso que faríamos bem em manter uma distância crescente do coronel. É certo que as relações com a Venezuela são muito importantes e que o volume do comércio bilateral só tem feito crescer. Nossas exportações, que eram de 753 milhões de dólares em 2000, passaram em 2007 a 4,7 bilhões, com saldo de 4,3 bilhões para o Brasil.

Há, portanto, interesses tangíveis a conferir relevância às relações bilaterais. Mas o comércio e a proximidade política são coisas bem distintas, como demonstra o fato de que o principal cliente do petróleo venezuelano são os Estados Unidos. Por isso, o possível ingresso da Venezuela no Mercosul será um fato muito negativo, já que o único objetivo de Hugo Chávez é transformar radicalmente o Mercosul, tornando-o um foro de combate político e não um espaço de integração. O Mercosul nunca teve uma vocação antiamericana, mas com a Venezuela de Chávez passará a ter.

No final de 2008, o governo equatoriano de Rafael Correa, também nacionalista e populista, ameaçou o Brasil com o não pagamento de uma dívida relativa a uma obra pública financiada pelo BNDES. Temeu-se na ocasião um calote em cadeia da ordem de 5 bilhões de dólares e questionou-se a política de conceder empréstimos aos nossos vizinhos. No caso da América do Sul, é justificável que tenhamos feito empréstimos para projetos de infraestrutura em nossos vizinhos. Afinal, eles são parte integrante da política externa brasileira para a região desde os anos 70, quando financiamos a hidrelétrica de Itaipu.

Nos últimos anos, o governo brasileiro colocou tal prioridade na integração econômica sul-americana e na solidariedade regional que aceitou subordinar tudo mais a esse objetivo. Por isso vinha tolerando atitudes negativas, expropriações e outras agressões com benevolência. O caso do Equador terá marcado um divisor de águas.

Dentro das normas jurídicas e dos preceitos da boa convivência internacional, era essencial contestar a ação do governo equatoriano. Houve uma reação, com a convocação para consultas do embaixador em Quito, e o governo de Correa bateu em retirada, pagando a dívida como contratada. Foi uma modificação importante de atitude do Brasil que produziu resultados.

Com a eleição de Fernando Lugo no Paraguai, agora existe um quarto integrante da esquerda radical sul-americana no poder. Como Chávez, Evo Morales e Rafael Correa, Lugo comprometeu-se a levar adiante políticas de combate à pobreza e ascensão social das massas miseráveis do Paraguai, o que evidentemente é um objetivo legítimo. Mas a principal fonte de recursos desses programas só poderia ser o aumento substancial da arrecadação, com a venda da energia de Itaipu ao Brasil.

Ora, as fórmulas que ajudem o desenvolvimento do Paraguai não devem criar uma penalização injusta para o consumidor brasileiro ou para o Tesouro Nacional. Devemos contribuir na medida de nossas possibilidades para que aquele país possa renovar sua economia, tornando-a menos dependente do comércio eufemisticamente chamado de "triangular" e até de atividades ilícitas. Temos todo interesse em que a economia paraguaia se fortaleça e que haja uma distribuição de renda melhor, capaz de permitir um efetivo progresso social. É necessário ter sempre em mente, da mesma forma, que toda a ajuda brasileira não garantirá a governabilidade no Paraguai.

A ideia de uma renegociação que rompa o equilíbrio do Tratado de Itaipu é inaceitável. O argumento de que foi celebrado por governos militares não tem qualquer vigência. Tampouco é verdade que o tratado não dê todas as garantias e não remunere adequadamente a parte paraguaia. É legítimo que o Brasil abata dos pagamentos pela energia o serviço da dívida contraída exclusivamente por nós para financiar a obra. Em 2023, quando esse pagamento for completado, o Paraguai será dono de metade de um ativo muito valioso como Itaipu, recebendo pagamento integral pela energia que vender.

A questão das relações econômicas e políticas com nossos vizinhos é cada vez mais delicada. Não pretendo que seja fácil conduzir esses assuntos, nem que haja uma receita mágica. São problemas novos que o Brasil enfrenta hoje e, provavelmente, vai enfrentar em escala maior amanhã, na medida em que seu peso relativo e seus interesses concretos na região forem aumentando. Mas certamente não será dando primazia a considerações de solidariedade ou timidez que o Brasil terá de enfrentá-los. Lidar com todos esses desafios de forma inteligente e responsável será uma das maiores tarefas da diplomacia brasileira na nossa região.

É indiscutível que o Brasil destacou-se dos demais países da região, sendo hoje visto como um líder inconteste da América do Sul. A ascensão do Brasil é um tema fundamental no continente, especialmente no momento em que a influência dos Estados Unidos declina. Quais são os limites e as possibilidades da liderança brasileira?

A principal iniciativa nos últimos anos foi a criação de novas instituições políticas e de defesa, com resultados duvidosos até aqui. Por exemplo, no confronto verbal sobre o acordo de bases entre a Colômbia e os Estados Unidos, a União de Nações Sul-americanas (Unasul) foi palco de desavenças apenas e em nada contribuiu para o maior entendimento. Vejo na Unasul uma tentativa de criar um bloco sul-americano que se contraponha à inflência dos Estados Unidos. Em um artigo recente, Rubens Ricupero escreveu:

> "As iniciativas da Unasul e seu Conselho de Defesa avançaram num terreno incomparavelmente mais ambicioso e acabaram por configurar um claro exemplo de voluntarismo diplomático. Ainda que

sejam desejáveis, esses objetivos dificilmente encontrarão viabilidade num continente onde nem todos estão preparados para escolher entre os Estados Unidos e o Brasil como alternativas excludentes."

Vejam dois casos históricos. Em dezembro de 1978, o governo militar argentino tinha suas forças prontas para deslanchar a chamada Operação Soberania, uma tentativa de ocupar as ilhas do canal de Beagle, no extremo sul do continente, declarando assim guerra ao Chile. O embaixador americano em Buenos Aires, Raul Hector Castro, transmitiu à junta militar a mensagem de que os Estados Unidos não tolerariam uma agressão ao Chile. Essas gestões surtiram efeito, abrindo caminho para a mediação papal, através do cardeal Antonio Samoré, que encerrou definitivamente o conflito. Foi uma ação decisiva de potência hegemônica.

Em 1995, eclodiu a guerra entre Peru e Equador. Como já foi relatado anteriormente, foram três anos de atividade diplomática intensa liderada pelo Brasil para pôr fim ao conflito. Foi uma ação persuasiva paciente.

No momento existem diversos conflitos entre países da região. A Venezuela faz frequentes ameaças à Colômbia, Peru e Chile se desentendem, Argentina e Uruguai mantêm há vários anos uma querela em torno de fábricas de celulose instaladas na margem oriental do rio Uruguai. O Brasil, embora seja de longe o maior e mais influente país da região, não tem poder, nem desejo de arbitrar todas essas controvérsias, como os Estados Unidos fizeram.

Nos meios especializados, muito se discute se o Brasil precisa primeiro consolidar-se como potência regional antes de pretender ter uma projeção global. Creio que esse é um problema falso. O Brasil claramente não pode ser hegemônico, mas está completamente envolvido na sua região e não pode abdicar deste enraizamento, ainda que não possa resolver todos os problemas políticos da América Latina

O episódio infeliz de Honduras expôs essa precariedade. O governo brasileiro tinha uma posição confortável antes de receber Manuel Zelaya, presidente deposto, na nossa embaixada em Tegucigalpa, pois sua atitude de condenar o golpe era juridicamente inatacável. Ao procurar mostrar-se

o campeão da democracia, porém, assumiu um ônus político com o qual não precisaria arcar e deixou de prever as dificuldades que esse consentimento acarretaria.
A partir daí, a diplomacia brasileira viu-se sujeita a sucessivos constrangimentos, tendo estendido sua ação muito além dos limites de sua influência. A entrada de Zelaya, com centenas de seguidores, e a utilização de nossa representação para arengar seus apoiantes foi a primeira. Tornando-se com isso parte atuante do enfrentamento com o governo *de facto*, o Brasil violou a regra básica da não intervenção nos assuntos internos de outro país e inviabilizou qualquer papel de mediação.
Houve eleições presidenciais e elas foram concorridas e lisas, tendo ganhado um candidato da oposição. Em seguida, o Congresso hondurenho votou esmagadoramente contra a recondução de Zelaya ao poder. Malgrado isso, em lugar de contribuir para uma solução que atenda aos interesses do povo hondurenho, normalizando a vida do país, o Brasil preferiu isolar-se na companhia de Hugo Chávez e seus aliados da Alianza Bolivariana para los Pueblos de Nuestra América (Alba). No final, a solução foi encontrada pelos próprios políticos hondurenhos e Zelaya partiu tranquilamente para o exílio. Para a diplomacia brasileira, responsável por um indisfarçável erro de avaliação, restou um saldo nulo.

Mudanças climáticas: a questão central de nosso tempo

Não há fenômeno mais global, menos restrito às fronteiras nacionais, do que o aquecimento global. Em todo o mundo, o que era um tema marginal transformou-se num tópico essencial. O acúmulo de evidências científicas sobre a extensão dos danos ao meio ambiente, que vão se acelerando em nosso tempo, criou uma nova consciência internacional.
Os relatórios do Painel sobre Mudanças Climáticas da ONU (IPCC) e outros estudos importantes, como o relatório encomendado pelo governo britânico ao professor Nicolas Stern, constituem a mais ampla e irrefutável avaliação dos efeitos da atividade humana sobre o clima do nosso planeta. Tomei conhecimento dos trabalhos do IPCC mais em profundidade du-

rante uma reunião do Conselho Internacional da Toyota Motor Corporation em 2007, quando Rajendra Pachauri, seu presidente, que também integrava aquele órgão, fez apresentações detalhadas.

Em suma, temos evidências científicas sólidas hoje de que a velocidade da degradação do meio ambiente no planeta não tem precedentes na história e está aumentando. Não há mais espaço para ceticismo sobre essas realidades. Em todo o mundo, o tema das mudanças climáticas está em foco. Existe uma atenção constante da grande imprensa internacional.

Na esfera política interna da maioria dos países, é uma prioridade cada vez mais elevada, verificando-se uma redução dos que se opõem a ações contundentes nesse campo. As empresas já estão adotando e pesquisando tecnologias limpas e, sobretudo, nos setores de energia, transportes e indústria pesada, preparando-se para cumprir normas mais estritas de emissões, a fim de permanecerem competitivas.

Em outros termos, estão incorporando a sustentabilidade às suas estratégias principais. Os consumidores vão adotando cada vez mais critérios ambientais para avaliar as companhias e comprar-lhes os produtos. Mas é fundamental reconhecer que há uma tensão clara entre os esforços para reduzir as atividades geradoras de efeito estufa e a livre atuação das forças do mercado. Como disse o saudoso professor Gilberto Dupas em artigo na *Revista Brasileira de Política Externa*:

> "A questão central é que lutar contra a lógica do crescimento econômico — que bem ou mal mantém a máquina econômica em movimento — significa atacar os próprios princípios do capitalismo no momento em que nenhum outro sistema, ainda que sob forma de utopia, aparece no horizonte como alternativa."

Nosso planeta chegou a uma situação de fragilidade tal, que o clima pode vir a afetar drasticamente as condições de vida e a prosperidade de grande parte da população mundial. Será possível uma ação concertada de todos os principais emissores de gases de efeito estufa? Confesso que sou relativamente cético. Não creio que estejam dadas as condições para um acordo intergovernamental amplo sobre o aquecimento global e para uma ação internacional coesa antes que as evidências das mudanças climáticas se façam sentir mais claramente. Estamos muito longe de um consenso global.

A conferência de Copenhague comprovou a enorme dificuldade de chegar a compromissos precisos e por isso um grande acordo com regras mandatórias estritas revelou-se inviável. Mas não se deve exagerar o pessimismo: o acordo de Copenhague constitui um arcabouço, um caminho para lograr resultados mais precisos. Esse processo foi posto em marcha. Quanto tempo demorará para dar frutos? Será possível definir medidas realmente eficazes para reverter os efeitos perversos das mudanças climáticas? É impossível dar respostas hoje.

Existem, contudo, algumas tendências muito positivas. O relatório Global Trends in Sustainable Energy Investment 2009, preparado para o Programa Ambiental das Nações Unidas (Unep), revela que foram investidos 155 bilhões de dólares em 2008 em projetos e empresas de energia limpa, dos quais 13,5 bilhões foram destinados a novas tecnologias e 117 bilhões orientados para projetos de energia renovável — geotérmica, solar, eólica e biocombustíveis. O investimento em 2008 foi quatro vezes maior do que aquele de 2004, o que evidencia a velocidade do progresso feito. Como disse José Serra, em artigo publicado em *O Globo* no dia 14 de dezembro de 2009:

> "Entendo que o processo em curso de descarbonização das economias levará a um novo padrão de produção e de consumo no mundo. Distinto daquele erigido desde a Revolução Industrial no século XVIII, nasce outro paradigma na geração de riquezas que levará finalmente à economia verde, gerando novos empregos e renda para combater a desigualdade social. Acredito que, nessa construção, os países e as empresas que tomarem a dianteira das inovações tecnológicas sairão ganhando na competição internacional. Nós não podemos perder essa chance da história, transformando o Brasil numa verdadeira potência ambiental."

Muitos preconizam a tese de que os países que não aderirem a uma disciplina de limitação de emissões deveriam ser penalizados. Como parte de sua estratégia ambiental, a comissão europeia sugeriu uma tarifa adicional sobre as importações oriundas de países que não participem dos esforços internacionais para limitar as emissões de gases. A iniciativa europeia cria um precedente que, eventualmente, poderá abrir caminho para que outros países também imponham taxas sobre importações, com base em considerações ambientais.

A França já propôs uma sobretaxa sobre importações de mercadorias. Agora quer elaborar com a União Europeia propostas a serem apresentadas até 2011 para aplicação de taxas contra bens provenientes de países que se recusarem a contribuir para a redução de emissões após 2012, com a finalidade de "assegurar uma concorrência equitativa". O grande desafio da OMC daqui por diante será compatibilizar a liberdade de comércio e a preservação do meio ambiente. Nesse terreno, podem surgir dificuldades que abalem a organização, pois os requisitos de observância das normas de controle de emissões serão um critério muito importante.

Como foi dito antes, é provável que a tentativa de chegar a um acordo internacional vigoroso sobre medidas para combater o aquecimento global falhe no curto e no médio prazo. Provavelmente haverá um processo de aproximações sucessivas na tentativa de reduzir as emissões de gases. Mas, seja como for, já é irreversível o reposicionamento da indústria internacional no sentido de adotar tecnologias e processos produtivos mais limpos.

Haverá uma pressão crescente contra produtos agrícolas ou manufaturados que não se encaixarem nessa lógica produtiva. Certamente surgirão manipulações protecionistas, mas isso não constitui novidade nem será o principal foco das novas ações. O movimento básico será para barrar o acesso aos mercados mais ricos de produtos que não respeitem os postulados básicos da preservação ambiental. Já tivemos exemplos no Brasil, com a penalização por grandes usuários de derivados da pecuária na Amazônia.

A própria OMC já indicou, de forma cautelosa, que os países que adotarem sistemas de limitação e comercialização de direitos de emissão de gases causadores do efeito estufa poderão criar impostos sobre importações, para proteger setores do mercado doméstico que paguem taxas de carbono. Em relatório conjunto com a Unep (Programa Ambiental das Nações Unidas) publicado em junho de 2009, a OMC afirmou que é aceitável, de acordo com suas normas, a imposição de sobretaxas ambientais.

Diz o relatório que "o objetivo dessas taxas é equalizar a competição entre empresas de países que adotem impostos ambientais e seus concorrentes externos que não tenham esses ônus. Assim as sobretaxas seriam neutras do ponto de vista do comércio". Esse é um passo provocativo, abrindo caminho para uma nova espécie de protecionismo e talvez colocando em xeque os fundamentos do sistema internacional, englobados na OMC.

Embora o assunto tenha sido discutido desde a Rodada Uruguai, a organização nunca adotou regras sobre a relação entre comércio e meio ambiente. Agora surge o que deverá ser um de seus maiores desafios futuros: evitar que o esforço internacional contra o aquecimento global leve a profundas distorções no comércio internacional e, talvez, a um impasse para a OMC.

O Brasil encontrava-se em posição dúbia e obsoleta, insistindo apenas no princípio da responsabilidade histórica dos países que primeiro se industrializaram e em sua conclusão lógica, segundo a qual as nações em desenvolvimento não podem limitar seu crescimento em nome de uma culpa que não têm.

Temos uma tradição longa e honrosa nas negociações internacionais sobre mudanças climáticas. O Brasil hospedou a Conferência do Rio, em 1992, na qual foi assinada a Convenção Quadro das Nações Unidas sobre Mudança do Clima; foi o autor original do Mecanismo de Desenvolvimento Limpo do Protocolo de Kyoto; propôs a criação de estímulos financeiros para reduzir as emissões derivadas do desmatamento e deu uma contribuição significativa na conferência de Bali, onde começou a ser desenhado o rumo de um novo regime internacional sobre mudanças climáticas.

Somos um país emergente que não está obrigado a cortar suas emissões conforme as normas de Kyoto, mas que tem grande importância no cenário global, tanto por sua influência no processo negociador quanto pela enorme extensão de seu território e das suas florestas. Não há como negar que, sendo o aquecimento global uma ameaça crítica, a responsabilidade de reduzir emissões é de todos os países, e não apenas dos mais desenvolvidos. A ela não podemos furtar-nos, já que nosso país é atualmente o quarto maior emissor de gases de efeito estufa, com cerca de 3% do total mundial.

Até poucos anos atrás, o Brasil era responsável por uma porcentagem desprezível do total de emissões de gases de efeito estufa do planeta. Porém, nos últimos anos, as emissões brasileiras aumentaram geometricamente, atingindo proporções preocupantes por causa das altas taxas de desmatamento. Convém recordar que as emissões decorrentes das queimadas de florestas na Amazônia provocam danos consideráveis à biosfera.

Há pelo menos 15 anos o governo brasileiro tem posto em vigor decretos, leis e planos para combater o desmatamento da Amazônia. Temos hoje uma das legislações mais completas e avançadas do mundo sobre essa matéria. Mas não há nenhuma garantia sobre sua eficácia. Ao contrário, as observações empíricas demonstram a progressão acelerada do desflorestamento.

O governo brasileiro apresentou uma meta ambiciosa de redução de 80% do desmatamento até 2020. Segundo afirmou o ministro Carlos Minc em dezembro de 2009, a entrada de recursos do Fundo Amazônia, a sanção do Fundo de Mudanças Climáticas e os recursos que serão trazidos pelo Mecanismo de Redução de Emissões por Desmatamento e Degradação (REDD), entre outras ações, poderão fazer com que o Brasil ultrapasse a meta de 80%.

Nosso país precisa apresentar resultados duráveis na preservação da Amazônia, cujo desmatamento é uma forma dramática de acelerar as emissões de gases de efeito estufa. Bons planos não bastam. Esse é um dos maiores desafios que temos hoje como nação. Atualmente, embora ninguém no exterior pretenda seriamente ocupar a Amazônia, como alguns temem, a equação mudou. Surgiram novos condicionamentos que, respeitando a soberania nacional, nos impelem a ter maior cuidado com a floresta, a implementar e fiscalizar mais rigorosamente nossos próprios planos, a buscar cooperação financeira internacional para levá-los adiante. Sejam quais forem os acordos globais que poderão ser alcançados, essa será nossa agenda ambiental.

Se efetivamente puder honrar seu compromisso de reduzir em 80% o desmatamento da Amazônia, o Brasil terá credenciais fortes, baseadas no papel das usinas hidrelétricas e dos bicombustíveis em nosso modelo. Desse modo, poderá dar uma contribuição mais afirmativa para essa causa essencial de toda a humanidade. O Brasil também terá condições excelentes para desempenhar um papel muito importante nas negociações internacionais.

Pouco antes da reunião de Copenhague, o governo brasileiro atentou para os riscos que a ambiguidade de nossa posição encerrava. Com a mobilização internacional que se acentuava para dotar os principais países industrializados de instrumentos de redução de emissões de CO_2, desenhava-se também a possibilidade de uma crescente penalização dos países vistos como pouco respeitadores do meio ambiente.

Mesmo que não se chegasse em curto prazo a um acordo internacional para regular a questão do aquecimento global e das mudanças climáticas, estava sendo construído um conjunto de regras nacionais para limitar as emissões de carbono. Com isso, o Brasil mudou de posição e anunciou uma posição revista com compromisso voluntário de redução das emissões em 36% a 39% até 2020. Essa alteração permitiu que a delegação brasileira, em particular o presidente Lula, tivesse uma atuação afirmativa e muito presente nas negociações de Copenhague.

As negociações sobre mudanças climáticas que se seguirão certamente constituem um dos campos em que o Brasil poderá ter uma presença internacional mais destacada.

O maior perigo da atualidade

A proliferação de armas nucleares, seja por governos ou por outras entidades, constitui a maior ameaça à segurança internacional. Os esforços do Irã para adquiri-las, a chantagem nuclear da Coreia do Norte, bem como as investidas de organizações terroristas como a Al-Qaeda para possuí-las são um ponto crítico da atualidade.

O problema é global. Nove estados (China, França, Índia, Israel, Coreia do Norte, Paquistão, Rússia, Reino Unido e Estados Unidos) são possuidores de armas nucleares. Mais de trinta outros países teriam a capacidade tecnológica para adquiri-las rapidamente e muitos podem ser levados a fazer essa opção se houver a convicção de que a proliferação está fora de controle. Se isso ocorrer, a probabilidade de um conflito nuclear aumentaria exponencialmente.

Índia, Israel e Paquistão adquiriram capacidade nuclear durante a Guerra Fria. Outros países buscaram esse objetivo — como o Iraque de Saddam

Hussein, o Irã, a Líbia e a Síria —, mas foram dissuadidos. Mesmo assim a Coreia do Norte de Kim Jung II e o Irã seguem nesse caminho e demonstraram que os esforços internacionais para contê-los foram insuficientes.
Estará o Tratado de Não Proliferação de Armas Nucleares morto? Muitos analistas creem que a batalha da não proliferação está perdida. Não compartilho dessa avaliação, mas para que isso não ocorra é necessário que haja resultados em diversas frentes. Em primeiro lugar, é indispensável que os países nucleares cumpram o seu compromisso solene, englobado no artigo 6 do TNP, de "entabular, de boa-fé, negociações sobre medidas efetivas para a cessação em data próxima da corrida armamentista nuclear e para o desarmamento nuclear e sobre um Tratado de desarmamento geral e completo, sob estrito e eficaz controle internacional". Já transcorreram mais de quarenta anos da assinatura do tratado e os países nucleares não honraram suas obrigações.
Em artigo publicado no *Wall Street Journal*, quatro respeitados estadistas americanos — George Shultz, Henry Kissinger, Sam Nunn e William Perry — assumiram posição a favor da proscrição das armas nucleares e discutiram como os Estados Unidos poderiam trabalhar para isso. O presidente Barack Obama já manifestou ser favorável, indicando que o país reduziria o papel das armas nucleares na estratégia de segurança nacional, negociaria com a Rússia um novo acordo de limitação e buscaria a ratificação do Tratado de Proscrição dos Ensaios Nucleares.
Essas são pré-condições para que os Estados Unidos possam lograr o fortalecimento do Tratado de Não Proliferação, descrito por Obama como a peça central de sua estratégia nuclear. Mas a obtenção de resultados em todas essas questões terá custos altos, demandará tempo e muito empenho político. Sem essa liderança americana, o TNP irá cada vez mais à deriva, e aumentarão os riscos de multiplicação de países detentores de armas nucleares.
Os dois casos mais sérios no momento são a Coreia do Norte e o Irã. A primeira já havia abandonado o Tratado de Não Proliferação de Armas Nucleares em 2003, citando a cláusula do supremo interesse nacional (artigo X) e afastou-se das Conversações de Seis Países para reativar seu reator, anunciando que recomeçaria a separar plutônio.

Depois disso detonou uma bomba atômica e fez dois testes de mísseis. Esse desenvolvimento cria uma ameaça gravíssima para a segurança regional, em particular da Coreia do Sul e do Japão. Tendo falhado todos os meios internacionais, a única expectativa é de que a China pressione seu aliado, que protegeu discretamente até agora, a abandonar seu perigoso caminho.

O Irã é um caso diferente. Citando seu direito inalienável de adquirir tecnologias pacíficas, inclusive as de finalidade dupla que podem levar à confecção de armas nucleares, o país vem levando adiante seu programa atômico. Isso não seria questionável. Mas o Irã não tem garantido salvaguardas apropriadas sob a forma de inspeções internacionais, nem agido com a transparência necessária como reportou a Agência de Energia Atômica, em setembro de 2008.

Tem-se esmerado em despistar a agência e em praticar um perigoso jogo duplo. Há indicação por parte da mesma agência de que o Irã já teria suficiente urânio de baixo teor para fazer uma bomba. O governo Obama tem-se empenhado em um diálogo mínimo com Teerã, mas os episódios dos protestos contra a reeleição do presidente Ahmadinejad e as alegações iranianas de envolvimento americano abortaram uma aproximação.

Com uma presença iraniana agressiva no Oriente Médio, através de seus aliados Hamas e Hezbollah, a posse de armas nucleares criaria uma ameaça intolerável para Israel, que provavelmente buscaria, mesmo sem o apoio americano, destruir as instalações desse país. Não é difícil imaginar a comoção e a radicalização que isso causaria no mundo islâmico.

Como disse Henry Kissinger em artigo publicado na revista *Newsweek* de 16 de fevereiro de 2009:

> "O perigo criado pelas armas nucleares não tem precedentes. Elas não podem ser integradas numa estratégia como apenas um explosivo mais eficiente. Voltamos ao desafio: nossa era roubou o fogo dos deuses; será possível limitá-lo para fins pacíficos antes que nos consuma?"

Em sua enorme miopia, George Bush não percebeu que o país já não detinha uma parcela majoritária absoluta do poder internacional, como na década de 90, após a vitória na Guerra Fria. Lançou-se assim na aventura da invasão do Iraque sem o respaldo da Aliança Atlântica, que o país liderou por cinquenta anos e sempre havia conduzido conforme seus interesses. Foi uma decisão lamentável que deixou marcas profundas e enfraqueceu a imagem e a própria autoconfiança do país.

Em fins de 2008, o National Intelligence Council, a principal organização americana de inteligência, advertiu que o mundo está entrando em um período crescentemente instável e imprevisível, no qual os Estados Unidos não poderão mais dar as cartas sozinhos, já que vai-se esvanecendo seu poder. Diz o estudo, intitulado *Global Trends 2025: a World Transformed*:

> "A multiplicidade de atores influentes e a falta de confiança nos poderosos deixam menos espaço para os Estados Unidos e exigem o apoio de parceiros fortes."

Está muito na moda falar em "declínio do império americano". Para as viúvas da União Soviética, seria a mais doce das revanches. Mas ninguém deve acreditar nisso. Os Estados Unidos continuam a ter a maior economia do mundo, e a capacidade empresarial de seus agentes econômicos é inigualável. Nenhum país do mundo tem a sua capacidade militar e seu orçamento de defesa. Como disse o analista Minxin Pei na edição de julho/agosto de 2009 da revista *Foreign Policy*:

> "Não acredite no falatório sobre o declínio da América e o nascer de uma nova era asiática. Levarão décadas antes que a China, a Índia e o resto da região tomem conta do mundo, se é que chegarão lá."

Descrevi no início deste livro como nos anos 60 tínhamos a crença ingênua de que a união dos países subdesenvolvidos nos daria força para mudar a face do comércio internacional. Essa ideia continua a perpassar nossa política externa atual, revelando-se sempre precária, como foi na primeira Unctad, em 1964. A tentativa de defender os interesses dos países em desenvolvimento através do G-20, composto pelos principais países emergentes, por exemplo, revelou-se infrutífera nas negociações da Rodada Doha, em julho de 2008, porque acabou desembocando em contradições de interesses entre a China, a Índia e o Brasil.

Existe agora o propósito de tornar os BRICs um grupo capaz de ter uma voz coesa e de ser uma força real na política internacional. Creio que é um equívoco. Dizer que os BRICs são os *new kids on the block* é uma expressão juvenil, sem fundamento. Seria bom para o Brasil que os BRICs pudessem ser um grupo forte, mas ainda estamos muito longe disso, pois há poucas motivações para que os quatro países surjam na cena como um bloco coerente.

O futuro dos BRICs dependerá em grande parte de ser reconhecido como um interlocutor internacional legítimo. De todo modo, a crise financeira de 2008 gerou uma situação singular. Enquanto o centro do sistema econômico mundial se apresentou em recessão, a periferia liderou a recuperação da economia global. Houve uma inversão histórica de liderança e os BRICs estiveram na sua vanguarda.

Nos Estados Unidos — em especial na burocracia governamental e empresarial — há uma prática de criar acrônimos para descrever negociações, processos ou grupos de países. Assim, um economista do banco Goldman Sachs produziu em 2003 um relatório cunhando a expressão BRIC, no qual afirmou que as economias dos quatro países deveriam ser as maiores e mais prósperas no ano 2050.

Na reunião de cúpula de Yekaterinburg (não se percebe por que foi escolhida a pequena cidade dos Urais onde o czar Nicolau II e toda a sua família foram assassinados), os BRICs indicaram que pretendem ser considerados um grupo internacional. Essa afirmação reflete a força crescente dos quatro países que o integram e o enfraquecimento da hegemonia americana. Mas cada Estado que o compõe tem prioridades divergentes e a nenhum convém dar ao movimento um cunho antiamericano, embora o denominador comum seja a necessidade de contrabalançar o poder dos Estados Unidos.

É evidente que, para ser considerado um grupo harmônico capaz de pesar na cena internacional, os BRICs teriam que superar a sua diversidade de objetivos estratégicos internacionais, que por vezes chega a ser contraditória.

A China é, sem dúvida, o pais mais poderoso do grupo. Seu PIB de 4,5 trilhões de dólares, suas reservas monetárias de 2 trilhões de dólares, seu peso decisivo como uma das principais bases industriais e comerciais do mundo, o poderio militar e nuclear que possui — tudo faz da China uma superpotência, só comparável aos Estados Unidos. A grande pendência do país é sua capacidade de continuar incluindo velozmente grandes contingentes populacionais rurais na economia moderna que construiu. A China conseguiu superar os choques da crise econômica e financeira de 2008/2009 e emergiu mais forte ainda.

O crescimento da década atual comprova que, com uma administração moderna, a Índia pode encontrar o caminho do desenvolvimento e da superação de seus impasses. Entre 2003 e 2008, teve uma taxa de crescimento médio de 8,8%, com um PIB que já chega a 1,2 trilhão de dólares. No ano fiscal de 2008/2009 a previsão era de 9%, mas a recessão enterrou o sonho e estima-se que seja de cerca de 6%, em razão da queda brusca da produção industrial. Antes ela era um país muito fechado. Só 21% do PIB veio de comércio internacional em 1997. Atualmente, chega a 35%.

Será que a Índia — com o seu 1,3 bilhão de habitantes — vai conseguir incorporar parcelas crescentes de suas massas à classe média ou vai permanecer sendo uma sociedade polarizada entre extremos, com Mumbai ou Nova Delhi, de um lado, e os exércitos de miseráveis nas ruas de suas cidades e no campo, de outro? É uma das grandes questões de nosso tempo. A vitória clara do Partido do Congresso e do primeiro-ministro liberal Manmohan Singh nas eleições de maio de 2009 abriu uma oportunidade para a consolidação do progresso já conseguido.

Quanto à Rússia, ela é uma ex-superpotência, ainda importante do ponto de vista militar, mas que ostenta fragilidade econômica, que a crise econômica de 2008 só acentuou. A transição para um sistema capitalista ainda é precária, não há diversificação e a economia continua a depender basicamente do petróleo e do gás natural que exporta. Além do mais, ela vive uma crise demográfica, com forte declínio da população. Provavelmente por constatar essas vulnerabilidades, o governo de Moscou tem sido o principal proponente da institucionalização dos BRICs como um grupo, inclusive sondando a possibilidade de criar um secretariado permanente.

O Brasil, por sua vez, tem nos BRICs uma oportunidade muito interessante que lhe caiu no colo. É a primeira vez que fazemos parte de um grupo desse porte. Se ele adquirir status internacional, pode vir a mudar nossa política externa. Como disse com lucidez o embaixador Rubens Barbosa, em artigo publicado no *Globo*, no final de 2009:

"Não me parece adequado considerar ainda o BRIC como ponto focal da política externa brasileira. Mas não há dúvida que veio para ficar e gradualmente deverá afirmar-se encontrando um objetivo que não tem — talvez na área da coordenação econômica."

O novo papel internacional do Brasil

Para assumir plenamente seu novo papel internacional, o Brasil precisa livrar-se de certos preconceitos que ainda não estão totalmente superados. Por exemplo, considerar que a OCDE é um clube de ricos no qual não ficaríamos à vontade é uma atitude caipira. Por que não ingressar na OCDE?

O jornalista Cristiano Romero escreveu sobre o possível ingresso do Brasil na OCDE no *Valor Econômico* do dia 24 de junho de 2009:

"Fazer parte do clube funciona assim: quando, por exemplo, financiam a venda de um avião de US$ 28 milhões, com prazo de financiamento de 12 anos e taxa de seguro de 2%, a Boeing e a Airbus oferecem uma prestação mensal ao comprador em torno de US$ 227 mil; se o mesmo comprador quiser comprar um avião de igual porte da Embraer, terá que pagar prestação mensal de US$ 246 mil, um preço 8,3% maior. Grosso modo, em 12 anos, a diferença acumulada é superior a US$ 8 milhões. Esse é um exemplo claro do custo adicional que o país, e não apenas a Embraer ou qualquer outra multinacional brasileira, tem que arcar por não fazer parte de foros como a OCDE. A Embraer cometeu a ousadia de competir diretamente com os Estados Unidos e a União Europeia em mercados significativos de aviões. Felizmente, ela não está sozinha. Está em curso, já há alguns anos, como fruto da estabilização e do amadurecimento da economia brasileira, um processo de internacionalização das companhias nacionais.

Diante dessa realidade, não se trata de defender a adesão imediata e incondicional do Brasil a todo e qualquer acordo internacional. Por outro lado, não parece coerente o fato de o país perseguir, de forma acertada, um papel de liderança no cenário mundial, como vem fazendo no caso do G-20, e ao mesmo tempo rejeitar uma aproximação com uma entidade como a OCDE, que ainda é tratada de forma pejorativa por alguns setores da burocracia e da diplomacia nacionais, como o clube dos ricos."

Durante o governo FHC, o Brasil aproximou-se gradativamente da OCDE, ingressando em diversos comitês que nos interessavam. No atual governo, porém, houve um afastamento. A principal resistência ao ingresso do Brasil na organização é de natureza política e está localizada no Ministério das Relações Exteriores. Assim como nesse caso, a ascensão internacional do Brasil requer mais maturidade e um comportamento mais consentâneo com as responsabilidades globais que o país vai adquirindo.
O jornalista Carlos Alberto Sardenberg perguntou-me, durante uma entrevista na rádio CBN, se o Brasil podia aspirar a ser uma potência global se não tiver armas nucleares. Minha resposta foi que não há nenhuma justificativa de segurança nacional que o requeira e, mais grave, isso significaria romper tratados e compromissos nacionais do mais alto alcance, como está expressado na Constituição de 1988, o que traria grave dano à reputação internacional do país.

Não devemos pretender ser uma potência nuclear. Essa é uma das convicções mais arraigadas que tenho há trinta anos. Não faz sentido que o Brasil embarque nesse curso. Em primeiro lugar, porque seria um desperdício de recursos, quando há tanto que fazer para melhorar o nível de vida do povo brasileiro. Em segundo lugar, porque não sofremos qualquer ameaça nem da parte de nossos vizinhos, nem de potências globais que já possuem armas nucleares.
Não havendo imperativo de segurança, investir pesadamente num programa que vise a adquirir armas nucleares seria uma irresponsabilidade. As consequências internacionais de uma guinada brasileira seriam desastrosas: problemas graves com nossos vizinhos, que passariam a ver no Brasil uma ameaça e também buscariam armar-se; sanções do Conselho de Segurança da ONU; bloqueio do acesso a tecnologias avançadas.

Por outro lado, o Brasil deve procurar desempenhar um papel significativo nas discussões para reforçar o sistema internacional e evitar a proliferação de armas nucleares. A última conferência de revisão do Tratado de Não Proliferação, em 2005, foi presidida por meu competente colega, o embaixador Sérgio Duarte, mas não avançou em nada. Nessas conferências, que se realizam periodicamente, devemos fazer uso pleno de nossas credenciais, que são impecáveis e incontestadas.

O único ponto ainda em aberto para o Brasil é o Protocolo Adicional, de 1997, que permitiria inspeções não programadas em suas unidades de enriquecimento de urânio. Esse protocolo aumentou a capacidade da Agência de Viena (AIEA) para detectar atividades nucleares não declaradas. Foi ratificado por 93 dos 189 membros do TNP. No momento, o Brasil está sendo objeto de pressões internacionais para aderir a esse instrumento.

O protocolo é importante, mas não precisa ser tratado como uma prioridade absoluta para o Brasil, que tem as credenciais de signatário de três tratados de não proliferação — o próprio TNP, o Tratado de Tlatelolco e o acordo que criou a Agência Brasileiro-Argentina de Contabilidade e Controle de Materiais Nucleares (ABACC), de fiscalização mútua, além do acordo abrangente com a Agência de Viena.

Não devemos, no entanto, afastar a possibilidade de subscrever o protocolo, o que seria bastante favorável ao Brasil, inclusive na medida em que nos permitiria exportar urânio enriquecido.

Algumas declarações, inclusive de altas autoridades da República, podem ter criado ambiguidades na comunidade internacional. Não devemos permitir esta volta ao passado, em que dávamos margem para suspeitas sobre o verdadeiro propósito de nosso programa nuclear.

Historicamente, os Estados Unidos sempre foram a potência hegemônica em nosso continente. Hoje a América Latina é uma prioridade baixa para eles, inclusive por sua relativa estabilidade. Mesmo Chávez e seus discípulos estão longe de preocupar Washington ou de despertar propósitos intervencionistas, como seria o caso se ainda estivéssemos na Guerra Fria. Preocupados com seu envolvimento militar e político em zonas muito mais conflitivas do mundo, os Estados Unidos não querem abrir novas frentes no nosso continente, nem têm nenhum desejo de brigar com Chávez ou com seus discípulos. Até mesmo com Cuba — uma fixação de cinquenta anos — vai sendo posto em marcha um processo gradual de normalização, sem que isso provoque uma comoção política em Washington ou Miami.

Muito se discute sobre o papel que os Estados Unidos querem atribuir ao Brasil na América do Sul. Antes de mais nada, o Brasil de Lula é, para eles, a melhor alternativa à linha bolivariana. Talvez haja um desejo de que o Brasil gerencie as idiossincrasias da região, coisa que certamente não interessa ao nosso país. A liderança brasileira não pode e não deve ser intervencionista, mas sim equilibradora.

Passou o tempo em que os Estados Unidos buscavam subxerifes para a região. Com o governo Obama deverá haver diálogo, inclusive buscando amortecer tensões com Chávez e os demais. Em artigo publicado no *El País* em março de 2009, o editor da revista *Foreign Policy*, Moisés Naim, afirmou:

> "Espera-se que a abertura feita por Obama para o Brasil assinale uma mudança na velha propensão dos Estados Unidos de passar todo o seu tempo com pequenos países e pequenas questões da América Latina, negligenciando o imenso país sul-americano. Se o atual governo americano investisse no Brasil a atenção e o capital político que foi gasto em Cuba, teria muito melhor retorno."

Creio que essas frases espelham bem o pensamento hoje instalado no governo Obama.

O que realmente quer o governo brasileiro?

O Brasil desfruta hoje de um prestígio inédito, graças sobretudo ao manejo eficiente da nossa economia ao longo de governos sucessivos e às bases sólidas em que ela repousa. A maneira como atravessamos a crise financeira de 2008/2009 permitiu que nosso país reforçasse seu status internacional. A trajetória pessoal e a habilidade do presidente Lula constituem, sem dúvida, reforço de peso para o Brasil. Mas a política externa do Itamaraty acumula erros. Numa sequência inédita, coleciona derrotas sucessivas de candidatos brasileiros altamente qualificados para postos internacionais de importância. Está em descompasso com a política econômica e social do governo. Com sua nova posição na hierarquia internacional, maior para o Brasil é a necessidade de um comportamento responsável: não é possível convidar Ahmadinejad, mandar um embaixador para a Coreia do Norte, fazer gestos positivos para o ditador do Sudão. São iniciativas gratuitas que nos subtraem credibilidade e criam óbices a um crescente peso internacional do Brasil. Tais iniciativas recordam-me o dito de Lenin sobre o esquerdismo ser uma doença infantil.

A visita do presidente do Irã, em novembro de 2009, foi o ponto mais gritante de uma orientação equivocada. As declarações odiosas do iraniano sobre Israel e sua negação do Holocausto já seriam motivos suficientes para não recebê-lo. Não era possível esquecer tampouco a atuação de Ahmadinejad como o chefe da repressão brutal dos protestos que se seguiram à sua eleição duvidosa, em junho de 2009.
Argumentava-se mesmo assim que o Brasil poderia, como novo ator global, exercer um papel destacado nas negociações sobre o programa nuclear iraniano, diminuindo as fricções existentes. São óbvias as limitações da influência brasileira em questão tão delicada. Basta dizer que dias após a visita ao Brasil o governo iraniano anunciou a construção de mais dez centrais de enriquecimento de urânio em um esforço claro para acelerar sua busca de armas nucleares.
Por outro lado, o abraço que o presidente Lula deu em Ahmadinejad contribuiu para reforçar o prestígio interno e internacional do regime iraniano. O Brasil por sua vez não ganhou nada. A obsessão com a cadeira permanente no Conselho de Segurança não produziu resultados, porque não se logrou até agora organizar um consenso internacional para a reforma da Carta da ONU nesse capítulo. O propalado apoio do Irã ao pleito brasileiro de uma cadeira permanente não tem nenhum valor e deve, ao contrário, ser contado como um ponto fortemente negativo, pois os membros permanentes estão todos em posição oposta a esse país na essencial questão nuclear e eles têm poder de veto na eventual decisão sobre a reforma do conselho.
A ambiguidade que tem caraterizado nossa política externa terá custos crescentes na busca legítima de um maior protagonismo internacional do Brasil. A multiplicação de iniciativas diplomáticas que excedem totalmente

nosso alcance — como a tentativa de exercer um papel de mediador no conflito do Oriente Médio — vão revelar-se infrutíferas.

Falharam os dois maiores objetivos da política externa desenhada pelo Itamaraty: a cadeira permanente no Conselho de Segurança e a finalização da Rodada Doha. A obsessão com a cadeira não produziu resultados porque não se logrou até agora organizar um consenso internacional para a reforma da Carta da ONU nesse capítulo. Não foi possível reunir forças suficientes para completar a rodada e, a meu ver, o ministro Celso Amorim iludiu-se ao julgar que a união dos países emergentes, representada pelo G-20, poderia ser suficiente para alavancar o resultado final. A última reunião, em julho de 2008, mostrou que países como a China, a Índia e o próprio Brasil não podem diluir-se em um grupo de vinte nações, pois na hora crucial regem-se por seus interesses nacionais.

Já faz tempo que o governo usa a política externa como um contraponto à política econômica, em vigor desde 1994. Mas nos últimos anos tem aprofundado o esquerdismo nesse setor, aproximando-se de Hugo Chávez e afastando-se da comunidade internacional, como no caso da intimidade com Ahmadinejad. O Brasil vai-se tornando menos confiável para as grandes potências.

Em 2009, houve a maior alteração institucional do período pós-Guerra Fria, com a transformação do G-8 em G-20. O Brasil figura, pela primeira vez, no primeiro círculo mundial. É certo que, no presente quadrante da História, o mundo tende a ser muito mais pluralista e não se espera que as nações apenas adiram a regras já estabelecidas. Mas não há razão para que a afirmação global do Brasil seja assinalada por uma postura antiamericana, como tem sido o caso no governo brasileiro em anos recentes. Não será com estridência ou ambiguidade que a voz de nosso país se fará mais relevante e influente. Não será tampouco com um protagonismo excitado que, frequentemente, é inútil ou beira o ridículo.

Creio que a aspiração brasileira legítima de receber tratamento de potência global vai conduzir a uma participação muito ativa em diversos níveis internacionais. Já me referi antes à questão importantíssima das mudanças climáticas na qual o Brasil já demonstrou seu peso na conferência de Copenhague.

Outra área é o comércio internacional. Já somos reconhecidos em todos os foros e por todos os profissionais do ramo como um país que tem uma voz de ressonância superior ao seu poder inventarial, graças ao respeito que seus negociadores obtiveram nos organismos comerciais internacionais nos últimos vinte anos. A dificuldade em fazer prevalecerem nossos interesses deve-se antes de mais nada a fatos estruturais e políticos, como enunciado acima.

Deve-se também ao deficit de poder que inevitavelmente um país com menos de 1% do comércio internacional tem. Compare-se esta participação com a dos países que aplicam constrangimentos às nossas exportações (basicamente Estados Unidos e União Europeia), que possuem cada um mais de 20% do total do intercâmbio internacional de mercadorias.

Não devemos ter ilusões: nenhum esforço negociador do Brasil pode superar completamente esses óbices, pois é muito difícil obter resultados extraordinários em negociações comerciais se não há uma grande massa crítica. Mesmo assim, no plano global, é impensável que o Brasil não desempenhe papel importante nas principais negociações internacionais.

O terceiro plano, no qual até há pouco era inimaginável que o Brasil tivesse um papel relevante, é o das negociações financeiras, particularmente nos organismos internacionais. Também nessa frente, colhemos o resultado dos 15 anos de estabilidade macroeconômica conquistada com o Plano Real e consolidada de lá para cá.

A compra de bonds do FMI no valor de 10 bilhões de dólares é emblemática desse novo papel. Desde 2008, com a crise global iniciada nos Estados Unidos, o G-20 substituiu o G-7/G-8 como foro central de deliberação sobre temas econômicos-financeiros. O Brasil, que presidia o grupo no momento da eclosão da crise, teve atuação destacada.

O fortalecimento do G-20 representa um primeiro e importante passo na mudança da arquitetura financeira mundial. As duas primeiras reuniões de cúpula, em Washington e Londres, em vez de pretenderem partir do zero, trataram de investir em uma revalorização do Fundo Monetário Internacional, cujos recursos foram ampliados substancialmente e cujos

instrumentos de financiamento se tornaram mais flexíveis e menos sujeitos às condicionalidades do passado.
Falta agora reformar o funcionamento do FMI, bem como do Banco Mundial, aumentando a representação e o poder de voto dos países em desenvolvimento. O Brasil, juntamente com outras nações emergentes, como China e Índia, lidera essa luta por maior poder decisório. Esse vai ser um tema significativo. Resta ver se os países desenvolvidos — sobretudo os europeus, super-representados amplamente nas instituições de Bretton Woods —, que sempre detiveram o poder nesses organismos, irão concordar em ceder tal espaço, aceitando uma correspondência maior entre a influência pelo voto e o peso efetivo de cada país na economia mundial.
São batalhas ainda em curso: nem o G-8 desapareceu, nem americanos, europeus e japoneses deixaram de dar as cartas na rua 19 de Washington, onde estão as sedes do Fundo e do Banco Mundial. De outra parte, também é verdade que os BRICs têm hoje um peso com o qual nem os mais otimistas de nós sonhavam pouco tempo atrás.

Os brasileiros se unem pela esperança em um futuro que compense um passado bastante medíocre e um presente ainda muito marcado pela desigualdade social. Durante muito tempo, fomos prisioneiros de um certo complexo de inferioridade à la Nelson Rodrigues. Hoje já é possível descortinar um amanhã, como queria Juscelino Kubitschek, de superação e de uma presença internacional afirmativa.
Acredito sinceramente que o Brasil está, pela primeira vez, próximo de realizar seu sonho antigo de ter um lugar destacado no concerto das nações. Como nenhum outro país, ele possui uma fartura de recursos naturais, que para a maior parte das nações são escassos. A água, por exemplo, que constitui um problema grave na Ásia, no Oriente Médio e em partes da África, é abundante no Brasil.
Com a oferta imensa de terras aráveis e o grau de insolação existente, completa-se uma combinação única de fatores que faz do Brasil o maior fornecedor de alimentos para uma população mundial que busca consumir parcelas crescentes de proteínas.
O Brasil vem conseguindo, em quatro sucessivos mandatos presidenciais, preservar a estabilidade monetária, vencendo definitivamente a inflação,

que por tantas décadas corroeu a economia nacional. Com isso será possível continuar o processo de inclusão social que, desde o Plano Real, em 1994, vem permitindo um aumento do consumo das classes mais desfavorecidas e uma melhor distribuição de renda. Assim, nosso país se encaminhará para a superação de sua dívida histórica e de seu principal desafio. Não se pode dizer que nenhum dos países emergentes esteja mais próximo do Brasil de atingir esse objetivo.

Conheça mais sobre nossos livros e autores no site
www.objetiva.com.br

Disque-Objetiva: (21) 2233-1388

markgraph

Rua Aguiar Moreira, 386 - Bonsucesso
Tel.: (21) 3868-5802   Fax: (21) 2270-9656
e-mail: markgraph@domain.com.br
Rio de Janeiro - RJ